C2C

C2B

互联网+

的创业流程

尚垚 著

O2O

BAT

B2B

PE

B2C

经济管理出版社

ECONOMY & MANAGEMENT PUBLISHING HOUSE

图书在版编目（CIP）数据

互联网+的创业流程/尚垚著. —北京：经济管理出版社，2016.1

ISBN 978 - 7 - 5096 - 4062 - 3

Ⅰ.①互… Ⅱ.①尚… Ⅲ.①企业管理—研究—中国 Ⅳ.①F279.23

中国版本图书馆 CIP 数据核字（2015）第 289717 号

组稿编辑：张　马
责任编辑：张　马
责任印制：黄章平
责任校对：张　青

出版发行：经济管理出版社
　　　　　（北京市海淀区北蜂窝 8 号中雅大厦 A 座 11 层 100038）
网　　址：www. E - mp. com. cn
电　　话：（010）51915602
印　　刷：北京银祥印刷厂
经　　销：新华书店
开　　本：720mm×1000mm/16
印　　张：21.25
字　　数：300 千字
版　　次：2016 年 2 月第 1 版　　2016 年 2 月第 1 次印刷
书　　号：ISBN 978 - 7 - 5096 - 4062 - 3
定　　价：48.00 元

目　录

第 2 章 产品设计

第3章 众筹资本

第4章 O2O营销

第 5 章　大数据物流

第6章　柔性化生产

第 9 章　改革红利

第 10 章 创业者

绪　论

"这是最好的时代，这是最坏的时代；这是智慧的时代，这是愚蠢的时代；这是信仰的时期，这是怀疑的时期；这是光明的季节，这是黑暗的季节；这是希望之春，这是失望之冬；人们面前有着各样事物，人们面前一无所有；人们正在直登天堂，人们正在直下地狱。"

我觉得引用狄更斯100多年前在《双城记》中，对18世纪伦敦和巴黎的描述作为本书的开篇，还可以加上无数个互相矛盾着的"最"。在这样的年代，你可以跻入富贵，身世显赫，也可以堕入贫穷，声名狼藉。而这样的结果，可能只是源于你年轻时一个不经意的想法。

1

中国的工业化可以上溯到 19 世纪五六十年代的洋务运动。我们比英国的工业革命只晚了 100 年左右，和德国工业革命的时间很接近。但在帝国主义列强铁蹄下的自强求富，在封建主义牢笼中的舒精活血，注定不能成功。接下来的甲午战争和上百年的动荡，把工业革命的气息荡涤得无所逃逸。所以，100 年后的新中国，只能再次吹响工业革命的号角。但这场革命比政治革命要艰难得多，一场又一场以科学和知识为革命对象的运动，使中国工业革命误入歧途。直到 20 世纪 80 年代，中国的工业革命才谈得上真正的起步，而此时，我们比英国第一次工业革命晚了整整 200 年。

中国科学院《中国现代化报告 2015》称，中国工业落后德国 100 年，落后日本 60 年。也就是说，过去的 30 多年，我们和西方发达工业国家的距离缩短了 100 年，照这样下去的话，我们还需要三四十年的时间，才能跻身发达工业国家之列。

在后人记述的历史中，2014 年可能会像 1978 年一样被经常提起，因为大变革的一些迹象再度显现出来。只不过 1978 年是因为政治——中共十一届三中全会的召开而名载史册，而 2014 年则是因为技术——移动互联网正在延伸它的触角将整个世界都笼罩起来。

移动互联网成了中国人现代生活的标配。在中国网民中（每周至少上网一次），智能手机使用率已达 84%。在 13.6 亿人口中，手机用户达 12.4 亿人（这当然包括一人双机或一人多机的情况），手机已成为人们日常生活中最主要的媒介设备。在我们醒着的时候，几乎机不离手；在我们睡着的时候，它也处于待机状态，自动帮我们处理一些信息。

在中国,用户平均拥有 3.3 个上网设备(智能手机、平板电脑、笔记本电脑、PC、智能电视、游戏机手柄等),每天平均上网时间 6 小时,其中手机上网时长 3.11 小时,权重高达 52%,这一比率全球平均为 36%。

2014 年前,我们总是用最新款的电脑,但今天,越来越多的人用着旧式电脑,而不断更新手机,这不仅仅是因为价格的原因。手机产业能够给中国企业带来的空间远远超过 PC 时代,PC 的芯片、操作系统都不掌握在我们手里。但手机时代,中国无须依赖国外的芯片,操作系统也开源了,很多国产手机处于世界一流水平。

手机具有许多 PC 所没有的功能,比如位置、拍照等。移动互联网时代,从根本上打破了 PC 时代人们在物理上的限制——人们不再拘泥于在办公室、在书房打开电脑而进入互联网世界。现在,我们可以随时随地把虚拟的世界和现实的世界融合起来。互联网作为一个产业被颠覆了,互联网已渗透到我们生活的每一个角落、产业的每一个方面。

以 2014 年为标志,中国进入了移动互联网时代,也是真正的网络时代。

2

世界工业革命曾经花费了 200 多年的时间才发展到今天的水平。中国工业革命几次起步、几经折腾,也才缩短了和发达国家上百年的距离。而全球网络时代的形成,仅仅用了 50 多年的时间,中国取得今天的成就也仅仅花了 20 多年。这主要拜六个定律所赐。

（1）摩尔定律。1965 年，Intel 的创始人之一戈登·摩尔提出：半导体使芯片上集中的晶体管和电阻数量每 18 个月会增加 1 倍。这导致电脑、数码设备的价格持续下降，使越来越多的人能承受上网的基本成本，从而使越来越多的人进入网络，并壮大成规模，组成广袤的新媒体世界。

想一想我们的智能手机，与 18 个月前相比，是不是价格下降了50％，或承载的功能软件是否增长了 1 倍以上。

（2）吉尔德定律。20 世纪 70 年代，被称作数字时代的思想家乔治·吉尔德预言：在未来 25 年，主干网的宽度每 6 个月增长 1 倍，其增长速度是摩尔预测的 CPU 增长速度的 3 倍，而且将来上网会免费。从 20 世纪 90 年代末期以 K 计算的网络速度，发展到今天要以 M 计算，从而证明了这一预言的正确。

网速的提高，使我们只用了几年的时间就从 2G 到了 4G，视频网站将造成完全 3D 化的虚拟世界。

（3）梅特卡夫原则。发明了以太网的罗伯特·梅特卡夫指出："网络价值以用户数量平方的速度增长。"的确，在互联网社会化后，它的价值在成倍增长，带来的商业价值成指数级上升。

在网络中，每一个发出声音的地方都是一个节点。整个互联网的价值就是这些节点的平方。这个价值是指对人类文明的贡献。

（4）病毒扩散原则。一个事件或一项服务的扩散每天以几何级数扩散。今天，无论是政治事件的发酵还是商业营销的成功都无数次地印证了这个原则。网络谣言也同样拜这一原则所赐。

（5）六度分隔理论。米尔格兰姆认为，你和任何一位陌生人之间所间隔的人不会超过 6 个。极端的例子是假设每人都拥有 30 位朋友（且不重复），经过六度传播后，可以覆盖到 7.29 亿人，借助网络社会，六度分隔理论让"地球村"的概念得以在事实上成立。

微信的成功，再度证明了这一理论的意义。

（6）马太效应。出自《圣经》中《新约·马太福音》第 25 章。好的越好，坏的越坏；多的越多，少的越少。

资本主义经济的发展不断演绎了这一现象，中国政府在改革开放后，一直在努力克服这种现象。事实证明，在商业社会中，我们可以遏制这种现象的发展速度，但我们无法根除这一现象。

经常琢磨一下这六大定律，既可以帮助我们认识这个时代，也可以帮助我们把握未来。

3

中国民间有一门十分古老的学问叫"命理学"。它根据一个人出生年月日时，依天干地支 8 个字形成四柱，把四柱与一个人的大运流年一一对应形成"命局"。按阴阳五行相生相克的原理来判断一个人的"命"好与不好，"运气"旺与不旺。在人的一生中将按"十年一大运、五年一小运"的规律演进。俗称"算八字"。这门技艺流传了几千年，无论科技怎样发达，不管我们如何批判它，它在中国民间始终不衰，甚至不少达官贵人和饱学之士都乐此不疲。

就创业而言，每个人的机会、时代与祖国的命运是紧紧联系在一起的。在中共十一届三中全会之前，新中国的公民是没有属于个人的事业的。那个时代倡导的是："革命战士是块砖，哪里需要往哪里搬。"在几千年的农业社会中，也鲜有个人创业成功的案例。打开中国历史史籍，除了帝王将相、政治人物驰骋天下外，就是文人学士花前月下的吟唱，很少有科技、实业成功的人士名留青史。

改革开放给了我们创办个人事业的舞台。越来越多的人在个人

"大运"和"小运"的交替中寻找成功的机会。中国人珍爱"五"和"十"这两个数字。比如,我们党和政府的领导机构就是五年一小换届、十年一大换届。由于领导人的更迭,自然会导致政治经济和社会生活发生相应的变化。我国国民经济和社会发展也是以五年期、十年期为主进行规划的,一旦在全国人大会上通过,国家就会集中主要的资源来支持这个规划的实施,从而对我们的商业活动和经济生活产生重大的影响。这就形成了中国时代与国运特色,同样是"五年一小运,十年一大运。"

"命理学"认为一个人从出生到"起运",短的十几天,长的八九年。起运后将按"五年一小运、十年一大运"的运程演进。也就是说,对每个人而言,每隔五年会出现一次小的机会,每隔十年会出现一次大的机会。假定一个人2岁"上大运",他的运程就会排列成12、22、32、42、52……的大运运程,还会有7、17、27、37、47……这样的小运运程。每一次交运脱运,对人生都是一个考验。须知机会的出现往往也会伴随陷阱的形成,算命先生总是会特别提醒当事人在这种紧要关口需谨慎从事。譬如打高尔夫,攻上果岭的一杆需慎之又慎,因为果岭的周边往往不是沙坑就是水塘,稍有不慎,就可能前功尽弃。

如果一个人创业的运程从22岁大学毕业时算起,直到72岁,他有5次大运、5次小运。如果把每一个运程都当作一次机会的话,那么我们每个人至少会有10次这样的机会,何况我们这个时代不乏十七八岁创业或七八十岁创业成功的案例。

80后女生兰玉,其母亲和外婆都是苏绣高手。高二时,她迷上了电影《花样年华》中古色古香的旗袍。暑假时,她和母亲一起开了家时装铺。用淘来的真丝面料,兰玉设计,母亲打版制作,卖出了几百件中式服装和旗袍,赚到了她人生的"第一桶金"。

2005年还是北京服装学院大二学生的兰玉创立了自己的工作室,大学毕业后,她创立了LAN—YU个人品牌,主要做高级婚纱和礼服定制。为章子怡、黄圣依、霍思燕、张雨绮等女星出席国内外电影节设计"红毯战袍"，为罗海琼、李小璐、谢娜、董璇、胡可等明星设计婚纱，成为"中国明星御用婚纱设计师"。2014 年，兰玉在巴黎高级定制时装周举行了婚纱发布会，是中国第一个在巴黎高级定制时装周发布的婚纱品牌。如今的兰玉工作室在北京和上海有 3 家店。LAN—YU 品牌的婚纱最低价 10 万元，但基本上每件都在 30 万元左右。2014 年，她定制的婚纱最高价是 198 万元。

90 后大学生阿迪力·买买提吐热，是新疆喀什地区莎车县人，祖传新疆特产"玛仁糖"制作技术。在湖南长沙理工大学上学期间，2012 年 12 月和同学蒋金亚、蒋春阳凑得 3 万元在淘宝网上开店，卖玛仁糖。2014 年 5 月 2 日晚，《舌尖上的中国 2》播放新疆特色小吃——玛仁糖，引发观众兴趣，引爆市场需求。同年 5 月他捐赠 5 吨切糕给云南地震灾区，引发社会好评。同年 6 月 4 日，与湖南中小企业创业基地"妙盛企业孵化港"正式签订孵化协议，注册成立湖南梦想起航电子商务有限公司，注册资本 200 万元，拥有生产车间 1000 平方米，生产工人 300 人。网络人称"切糕王子"。

现在社会上有一种说法：创业要趁早，发财要趁早。其实不然，在商界，大器晚成的也有不少。

力帆集团董事长尹明善，54 岁才开始创业（1992 年），投资 20 万元创办摩托车修理铺。创办"力帆摩托"，研制出了许多中国乃至世界摩托业都没有的新产品：如 100cc 电启动、双缸 125cc 型、400cc 及 600cc 发动机。力帆的许多摩托车新技术如水冷、多气门、电喷、双燃料、二次燃烧、大排量等，在摩托车行业都具有领先地位。2006 年，力帆 520 轿车在全球同步上市，也取得了成功，2010 年力帆有各类汽车专利 1566 项，居行业第一。2010 年 11 月，力帆股份在上交所上市。2014 年，力帆集团销售收入 114.17 亿元，出口创汇 10.33 亿美元。今年已经 78 岁的尹明善继续担任着力帆集团的董事长。

褚时健，原红塔集团董事长，他在 20 世纪 90 年代把红塔集团做成了全国最大的烟草厂商，1994 年被评为"中国十大改革风云人物"。1999 年 1 月因受贿罪被判处无期徒刑，减为有期徒刑后于 2002 年获得保外就医时，已经 75 岁了，到了颐养天年的年纪。但他并没有放弃，他和妻子回到老家哀牢山区，租赁了 2400 亩"响雷地"，种冰糖橙，开始了他人生中属于个人的事业。他拿出年轻人创业的劲头，和老伴吃住都在山上，凡事亲力亲为，重视技术，永不满足，力争第一。2012 年 11 月通过电商售卖"褚橙"，成功进入北京市场。目前拥有 35 万株冰糖橙，固定资产 8000 万元，年创利润 3000 万元。2014 年 12 月 18 日，87 岁的褚时健荣获由人民网主办的第九届人民企业社会责任奖——特别致敬人物奖。

2015 年 5 月，湖南卫视报道了湖南常德一个 98 岁高龄的抗战老兵，竟然创办"老兵泡菜"，并承诺以 10% 的利润来帮助抗战老兵的晚年生活，在当地引起了巨大的反响。

可见，创业不分早晚。年轻人创业固然有时间经得起失败，但年龄大的人创业，因为有生活的阅历和经验，却又会多几分成功的把握。在当今社会，一个人专心致志干某一项事业，五年能有小成，十年定可大成。无论我们起步早晚，我们都不必着急，尽可以从容选择、从容面对。

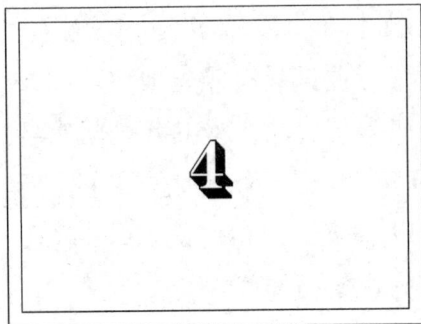

党的十一届三中全会后，因为生存问题，因为改革开放政策的实施，我们迎来了新中国第一波创业高潮。

第一个时期是 1980 ~ 1995 年的 15 年，从农村土地联产承包责任制的实施开始，农民率先挣脱了计划经济的桎梏。一个"包"字，明确了他们和集体（实际是政府）的关系，使他们在经济上重获自由。于是，他们搞多种经营、办乡镇企业，一批经济能人脱颖而出。1983年3月，浙江萧山宁围镇农民鲁冠球以自留地上2万多元的苗木作抵押，承包宁围镇农机厂。从乡镇企业起步，把一个镇办农机厂通过改制，办成了一个享誉全球的万向集团。1994年，万向钱潮股份公司在深市上市，2013年鲁冠球在中国富豪榜上以235亿元排第14位。

还有是回城知青，当年国家无法给他们提供那么多的岗位，他们只好选择自主创业，利用自己和农村的特殊关系，把农副产品贩运到了城市，搞活了城市市场，丰富了城市居民的生活。现在许多大中城市仍然十分活跃的农贸市场、服装鞋帽市场、小商品市场，都留下了他们的足迹。

再有是一批复退军人（尤其是百万大裁军时）、"下海"机关干部和科研人员的加入（1992年有10万名这样的人员"下海"创业），提升了这个阶段创业的整体水平。王石的万科、柳传志的联想、张瑞敏的海尔、任正非的华为、王文京的用友……都是这个时期杰出的代表。

但在这个时期，许多的一时风云人物，都已烟消云散。年广久的"傻子瓜子"、步鑫生的衬衫西服、马胜利承包的100家亏损企业、万润南的四通、牟其中的南德……都已了无踪迹。

这个时期的创业者有一个共同的特点，就是胆子大。尤其是早期，很多人为生活所迫，如电视剧《温州一家人》所叙述的那样，顶着"投机倒把"的罪名，冒着成为资本家的政治风险（当时规定雇工8人以上就存在剥削，就是资本家的行为）经商办厂。没有一定的胆量是不可能取得成功的。

胆大是他们成功的共同基因。但这一代创业者的失败大都也是胆子太大的缘故。比如四川的刘汉、刘维兄弟，创建四川汉龙集团，控股5家上市公司（其中海外4家），拥有全资或控股企业30多家。但因早期涉黑，晚期涉官，官商勾结，终于新账老账一齐算，落了个鸡飞蛋打。南德集团牟其中，早期用易货贸易的方式，弄来了苏联的两架飞机，名利双收，后来竟然扬言要在喜马拉雅山炸开一个口子，让印度洋温润的季风吹入中国的西北，最后以诈骗罪入狱，成为悲剧性人物。万国证券的管金生，南方证券的阚治东，君安证券的张国庆，还有唐万新、张海、顾雏军、李经纬……一时风云人物，都因胆大沦落为阶下囚。

胆大但不要妄为，更不能放弃自己的底线。比如王石做房地产，坚持从公开的土地市场拿地，坚持利润超过 25% 的项目不做，从而在房地产行业几度洗牌、全国土地贪腐案一桩接着一桩中，都能无惊无险，将万科做成了中国房地产业的第一品牌。旗滨集团俞其兵早年做房地产，后转向制造业，无论是从政府拿地还是兼并国有企业，都坚持公开市场操作，和官场始终保持距离，在短短的几年内，就把一家破产企业（株洲玻璃厂）做成了在主板上市的公司。从他们的成功，都可以看到他们对"底线"的坚守。

第二个时期是 1995～2014 年的 20 年，称为知识经济时期。美国总统克林顿上台后，搞了一个"信息高速公路计划"，奠定了美国在互联网领域执牛耳的地位。在硅谷创业和纳斯达克股市的推动下，一批互联网企业脱颖而出，微软、亚马逊、雅虎、苹果都是这一时期的杰出代表。中国共产党也敏锐地看到了这一经济发展的走势，时任总书记的江泽民向全党发出了大搞知识经济的号召，一批留美学子归国创业，把硅谷模式移植到了中国。地方政府经过 1992 年的开发区热后，到 20 世纪 90 年代中期，将高新技术产业开发区和经济开发区的建设推入良性发展轨道。

1996 年早春的一天，在北京中关村南大门零公里处矗立一个巨大的广告牌：中国的信息高速公路在哪里——向前 1500 米处，箭头直指赢海威信息技术有限公司总部，这是中国第一个互联网企业。1995 年 9 月，张树新、姜作贤夫妇出资 700 万元，1996 年 9 月扩股至 8000 万元，1998 年成为拥有 37000 家客户的全国知名 ISP 公司和除邮电系统之外的最大的电信网络公司。遗憾的是，它没能成为先驱，而成了互联网行业的"先烈"，2001 年后就逐渐淡出了人们的视野。但它为新浪、搜狐、网易等门户网站的崛起铺平了道路，拉开了中国新一轮创业的序幕，张树新也被称为中国"第一代织网人"。

学习美国，复制美国，到美国融资，到美国上市，成了这一轮创业者的标准动作。移动、联通、电信成为中国三大基础运营商，百度、腾讯、阿里巴巴成为今天中国的三大门户网站。京东在商业领域的探索，小米在制造业上的探索，顺丰在物流上的探索，他们成了当代创业者学习的好榜样，聚集了一批粉丝和追随者，把中国推向网络经济时代。

他们学习美国，复制美国，但根据中国国情进行创新，把美国的经验和中国的国情结合起来。而照搬照抄美国的，都无一例外地失败了。如金山和江民，曾经是中国最大的两家杀毒软件公司，占据了该市场 70% 以上的份额。但在 360 杀毒软件凌厉的攻势下，很快就败下阵来。他们并非技不如人，而是 360 的一招"免费下载"，击中了中国消费者的"痛点"。中国人比较容易认可物权，但对知识产权长期缺乏认识。一个软件，仅仅是编码，虽然有用，但它无形，又不占地方，要给个价钱还真不容易。所以，在美国能卖好价钱的东西，在中国未必就能卖钱。阿里巴巴的淘宝之所以能取得成功，一开始也是使用"免费"这一招，直到加入淘宝的商家赚了钱，才收缴网络空间的租赁费。

5

国务院总理李克强在 2015 年 3 月的全国人大会上，正式提出了互联网＋的概念，同时号召大众创业，万众创新。这标志着中国进入了第三轮创业时期。

这将是更为广泛的创业。不仅参与创业的人数是前所未有的，而且所涉及的行业也是前所未有的。知识经济时代，互联网行业不仅仅是一个经济部门。人们在互联网上的交往，不仅改变了中国的传媒方式，同时也催生了一些新的商业方式（如阿里巴巴）、一些新的生产方式（如小米）。今天，人们在线上的活动，会直接影响人们在现实物质世界的活动。比如购物、约会、寻求帮助等。人们通过大数据从事研究工作，通过物联网来满足人类的需要，互联网成了无所不在的东西，以至人们越来越离不开网络，人们开始习惯通过网络来解决现实中遇到的一切问题。物质世界开始和虚拟世界融合起来。

互联网领域的创业逐渐走出互联网行业本身，并且影响到一切新兴产业和传统产业。无论是王健林和马云下多大的赌注，无论董明珠是多么傲视雷军，他们都不能不接受这样一个事实：要么拥抱互联网，要么被时代抛弃。马化腾把互联网＋当作工业革命时期的电能，蒸汽机输给电动机，证明了电能对现代工业的意义。互联网＋的形成，也将证明互联网对现代产业的意义。

互联网已经不是一个独立的产业部门，而是新时期的"电能"，它将彻底改变各产业的动力方式和发展方式。不过，和电力取代蒸汽机不同的是，互联网没有取代以往产业的任何一个部门或环节，它只是给传统产业增加了一个新动能。因为它的加入，使传统产业比以往发展得更好、更快。

这将是一场更为深刻的创业。第一轮创业，我们改变了贫瘠的物质生活状况。第二轮创业，我们创造了一个新的经济领域——知识经济领域，使科技成为生产力在现实经济生活中有了清晰的体现。尤其是投资和金融业的发展，使一切创新、创意都可能直接用人民币（或美元）标注出来，使人类真真切切地感受到这种经济的魅力。

但无论是第一轮创业还是第二轮创业，都没有触动传统产业的根基，它们从不同的角度增加了传统产业的体量，使中国经济在过去30多年的时间里保持着持续高速增长。从2010年开始，中国经济开始进入"新常态"。由于 GDP 增速下降，中国许多行业和企业都出现了不堪压力的状况。利润下降，负债上升，资金链断裂，甚至出现了一批"僵尸"企业，不断吞噬新增的银行贷款。加上近些年出现的"劳动力荒"，使人们惊呼"人口红利"的消失，这意味着传统产业已经无法按照原有的方式存在下去。

这里只有两条道路供我们选择：一是沿着欧美走过的道路，提升传统产业水平，使企业能在低增长的状态下保持适度的增长和赢利。这意味我们要缩短与德国、日本、美国这些发达国家的差距，将花费更多的时间。二是借助网络的力量，推动传统产业超越欧美产业发展阶段，直接进入发达国家行列。为此，中国政府最近出台了《中国制造 2025》，把互联网＋作为传统产业升级的入口。实际上，经过 20 多年的追赶，中国在网络基础设施建设方面已经站到了和发达国家同样的起跑线上。

互联网＋不是简单地做加法，而是颠覆传统产业的发展方式。从项目规划到生产组织、到市场营销，甚至到财务管理，到组织架构都将发生革命性的变化。站在这个路口，意味着这一代的创业者将承受更多的痛苦和压力，我们既要懂传统产业，又要懂互联网，还要把二者结合起来。推动线上、线下的良性互动，这才是互联网＋的本质。自然也会产生更多的机会。

在我们尚没有弄懂泰罗和法约尔，没有真正理解 X 理论和 Z 理论（企业管理理论）的情况下，又要去破坏它们。我们固然没有包袱，但我们也缺乏一个坐标，缺乏航线和灯塔，使我们创业的大船注定要在大海上颠簸飘荡，直到发现一个新大陆，这或许可以比拟为哥伦布发现新大陆的震惊世界的航行。

一方面是对传统产业的颠覆，另一方面是对实体经济的再创，这就是当代创业者遇到的最大机遇。因为有传统产业的存在，我们不必在空白的基础上起步（中国是世界上最大的制造业国家）；因为传统产业的提升遇到了互联网＋的机会，使我们能比较容易地找到创业的入口。

我们不是要用一种新的工具来代替汽车，而是要寻找一种新的造车方式，造一辆符合时代要求的汽车（清洁能源、智能环保、安全迅达），正如雷军并没有造出代替手机的新通信工具一样。他的创新（包括技术创新），只不过是通过互联网创立了一个新智能手机的制造和销售方式。马云也没有否定传统的商业模式，他只不过把原来散落各个城市的市场搬到了网络，从而打造了一个无边界的贸易空间。无边界、无障碍，这正是互联网独有的力量。

这将是一场更为持久的创业。第一轮创业，我们持续了15年左右的时间，涌现了两代创业者。20世纪80年代初期的创业者只有少数幸存者，直到80年代中后期，尤其是邓小平南方谈话发表后，一批机关干部和科技工作者下海创业，他们创立了第一代的标杆企业。

第二轮创业持续了20年左右的时间。20世纪末21世纪初，一批新创业者纷纷涉足互联网行业，开启了中国知识经济的大门。这一轮创业的意义不在于为中国的GDP增加了多少个百分点，而是它对传统产业提出了严重的挑战。无论是马云叫板王健林还是雷军单挑董明珠，都代表了互联网产业向传统产业提出的宣言，互联网已经突破了行业自身的局限，它将对传统产业进行重构。几百年才形成的传统产业——一个庞大的产业体系，将在短时间内完成重构。

《中国制造2025》提出了一个重构中国产业体系的10年计划。通过这个计划，我们可以感受到互联网的威力，它触及了我们每一个产业和产业的每一个方面。但光有这样一个计划还远远不够，还必须有"2035计划"、"2045计划"。这一轮创业至少将持续到21世纪中叶，直到中国成为一个真正的现代化国家。由于科技、经济、政治、社会、文化等领域的全面发展和现代化的实现，我们的理想、价值观都将发生相应的变化。科学技术在新领域的重大突破，或许会引发新一轮的创业，为新中国第三轮创业画上一个圆满的句号。

6

总结第一轮、第二轮创业者成功的经验和失败的教训，有四点心得与大家一起分享。

（1）敢于抄袭（模仿）。因为我们和发达国家还有很大的差距，他们在实践中取得的成功，值得我们效仿，尤其是他们在高科技领域所取得的成就更是值得我们借鉴。抄袭和模仿就是承认我们的落后，承认我们技不如人，这是需要智慧和勇气的。尤其是今天的中国人，很容易看不起别人，往往有一种不过尔尔、不屑一顾的情绪。当今世界跑在我们前面的国家多的是，只要我们潜心学一学，就会发现我们有许多不足的地方。甚至我们还可以说：某某国家的今天就是我们的明天。既然我们是向着明天创业，为什么我们就不能学习模仿人家的今天呢？

中国是一个发展很不平衡的国家，北上广深等一线大城市与发达国家相差无几，但二三线城市则与发达国家存在很大的差距，农村地区的差距更大。所以农村向城市学习，二三线城市向一线城市学习，北上广深模仿美国进行创业，大抵如此。作为创业者，一定要跳出自己生活的圈子，到更好的地方去学习。只有这样才能发现差距，才会激发自己的创业激情，才会学有榜样，行动起来才会容易找到自己的标杆。把高一层次的东西搬到低一层次的地方去，其结果必然会提高低一层次地方的创业水平，使创业者有一个较高的起点。

（2）勇于创新。尽管美国的今天可能就是我们的明天，一线城市的今天就是二线城市的明天，但如果我们真的只是做些照搬照抄的工作，同样会遇到水土不服的问题。所以，我们要在他们的基础上稍加改变。

马云在北京工作期间，发现大量的中小企业面临出口难、销售难的问题。浙江又是中国中小企业发展得比较好的地方，于是，他萌发了用互联网帮助中小企业做生意的想法。为了使大量的中小企业能入驻阿里巴巴，他们组织了一个强大的"地推部队"，一个一个企业去说服，一个一个地方去攻克，使出浑身解数去做宣传推广工作。如果一开始，他没有那种过千山万水、走千家万户、说千言万语、吃千辛万苦的精神，把浙江商人吃苦精神和美国的互联网技术结合起来，又怎能有今天的阿里巴巴？

要把先进的东西和本地的实际结合起来，把美国高大上的互联网技术改造成能在中国落地的东西。腾讯在这方面的创新超过了他的美国老师。它创造的 QQ 聊天和微信，既有美国痕迹，但更多的是中国自己的东西，尤其是微信，美国投资人都把它当作是中国人自己的发明，已经完全超出了美国的范畴。

（3）守住底线。威武不能屈，富贵不能淫，贫贱不能移，是古代中国士大夫的底线。我们在创业过程中会遇到各种各样的问题，有困难、有诱惑，如何面对，关键在于我们有一个什么样的底线。

在过去几十年中，中国企业家都面临着很多机会的诱惑。很多企业家经不起这种诱惑，在多种经营的幌子下进军股市、房地产或其他产业，导致企业的资金和企业家的精力分散，结果满天的麻雀，一只也没有抓到。但万科、华为、海尔不为所动，终成为行业的老大。这种专注的精神，也应当成为企业家的底线。

中国经济和社会的转型并没有最后完成。中国在搞市场经济的同时，政府仍然掌握着大量的资源，和政府关系的处理，会涉及企业的切身利益。在政府体制不透明的情况下，搞定关键人物就成了企业家获得政府资源（特殊利益）的捷径。山西商人丁书苗就是因为搞定了铁道部长刘志军，从而能在高铁建设中呼风唤雨。山西官场塌方式的腐败，也活跃着许多没有底线的商人的身影，土地、矿藏、工程领域所发掘的各种窝案无一不与这些有关。这造成了中国官场和商场的两败俱伤。所以，王石的"不行贿"应当是中国商人最重要的底线。

还有一些企业家成功后耐不住寂寞，喜欢和官场搅在一起。一方面是政府需要，尤其是一些地方政府在 GDP 的牵引下，把自己的工作重点由关心人民的利益转移到关心商人的利益上来了。另一方面和政府打交道会给他带来一些实实在在的利益。典型的就是争取一个人大代表政协委员名额，不仅使自己和企业多了一道"护身符"，而且在拿政府项目时比别人多了几分把握。一些人为了选上委员、代表，不惜重金，终于酿成了震惊全国的衡阳贿选案，涉案金额竟达几千万元，几乎参加会议的全部会议代表都涉案。其实谁都清楚，企业家之所以成功，并非是因为当了委员、代表；相反，是因为企业家的成功，才会被推选为委员、代表，选上或没有选上，并不是什么大不了的事情。即使你想利用这个身份去表达一下自己的家国天下情怀，也不一定要通过这种方式。现在上传下达的途径还是很多的，何况成功的企业家本来就比一般老百姓多一些途径和机会。

（4）不改初衷。在我们的一生中会有很多机会：经商、从政、做公益、著书立说或传授弟子。我们选择了创业、选择了经商办企业，一定有自己的想法。尤其是这一轮的创业者，很少有因为贫困走上自主创业这样一条道路的。如果一个人只是为了生活得好一些，完全可以不选择这条充满荆棘和坎坷的道路。

在创业过程中有两个阶段容易迷失自己。

一是受尽挫折时期，在创业的路上似乎看不到出路，看不到光明，甚至怀疑自己的项目，怀疑自己的能力，怀疑自己当初所作的选择。其实，你可能离成功仅一步之遥了。如果你能挺下去，就能成功，否则将前功尽弃。想当年，英语老师马云在杭州办翻译社，靠扛包才能维持；创办企业黄页，四处推销，四处碰壁，连自己都不相信自己是个好人，但最终却成就了阿里巴巴的事业。当年刘永言、刘永行、刘永美（陈育新）、刘永好四兄弟在农贸市场卖鹌鹑蛋，在城市的电线杆、围墙上贴小广告，在田埂地头刷标语（广告），受尽白眼，受尽挫折，终于成就享誉全国的希望集团。哪一个创业者在创业的路上没有吃尽苦头的经历，正是磨难，才使他们变得不平凡。

二是创业有所成时，各种名誉纷至沓来，自己也觉得混入了当地名流，企图借官场来进一步提高自己的身价，甚至都不知道下一步该如何走下去。

王石在汶川大地震时，因谈捐款的事被无数网友围攻。而我认为，王石在这个问题上正是保持了一个企业家的初衷。王老吉捐款 1 亿元，受到无数网民热捧，甚至喊出了"要捐就捐一个亿，要喝就喝王老吉"的口号。把捐款搞成了一个营销事件，成功地使王老吉当年的销量跃上 100 亿元的台阶，把王老吉做成了一个全国性的品牌。假如王石也捐 1 亿元，能带来王老吉这样的效果吗？买套房毕竟不是买罐饮料那样简单，人们绝不可能一激动就去买一套万科的房子。所以，王石不可能把捐款搞成一个营销事件。

社会上的舆论比较容易指责中国富翁的吝啬。须知，中国富翁是在近 30 多年的时间才成长起来的。他们的根基还很不稳，很多企业连流动资金都十分困难。假使当初王老吉捐款 1 亿元纯粹只是一种捐款，很可能就是一个自杀性事件。如果一开始它就打算把捐款搞成一个营销性事件（正如后来的结果一样），它的捐款和王石的拒捐并没有道德上的高下之分。

7

有人讲企业经营管理是一门科学，也有人讲是一门艺术。但对创业者而言，它既不是一门科学，也不是一门艺术。它首先是一种思想，一种意识，是创业者头脑中的一种基因。正是这种基因，才会把你引导到创业的道路上来。

　　邓小平讲，学马列要学管用的。马恩列是无产阶级革命家和理论家。他们的著述之多，甚至穷尽我们一生都读不通透。如果大家都要读懂了马列再去革命，哪里还会有什么革命家。一本马列主义 ABC，一本《共产党宣言》，短短的几万字，就成了中国共产党成立的理论依据和领导中国革命的法宝。

　　搞企业也是一样。如果只有商学院的毕业生才能去创业，世界上一定不会有那么多的企业，尤其不会有那么多优秀企业。世界上知名的企业家鲜有商学院出身的。英语老师马云创办阿里巴巴，工程师马化腾创办腾讯，打工妹周群飞创办蓝思科技，退伍军人任正非创办华为……他们都不是学管理出身的，更不是商学院的毕业生。

　　但是我们也不要拒绝理论，穷苦人学一点马列理论更能懂革命的道理、更能坚定革命的方向。创业者如果在创业之初就学一点企业经营管理之道，一定会使自己少走许多弯路。

　　本书力图用不长的篇幅，勾勒出这个时期的创业流程。并且我把这个流程的背景定格在互联网＋这个时代。希望本书能帮助创业者，尤其是那些非商学院毕业的创业者走出校门时，尽快找到创业入口，确立创业路径。

　　本书不是简单的商学院教材的浓缩，而是把笔者过去 20 多年在学校、机关、官场、商场的阅历浓缩成自己对创业的感悟。笔者同样面临着重新创业，希望借本书来梳理一下创业流程。因为年龄的原因，笔者没有更多的时间去折腾、去失败，必须使自己创业中的每一步都力求踏实、稳妥，以减少失误和麻烦。笔者写出来，和准备创业的你一起分享，也希望以此结缘，作为你我创业的开始。

　　笔者相信人性是相通的。洞悉自己的需要，相信他人也会有同样的需要。这就是我写作此书的动机和信心。

　　如果你准备创业，读完这部分后，建议你用不长的篇幅写下自己的理想，记住你的初衷——你现在立下的志愿，今后都可能实现。

第1章 互联网＋些什么

　　李克强总理在 2015 年人大会期间接受中外记者采访时，用诗意的语言描述了一个新时代的到来：站在互联网＋的风口上，让传统产业飞起来。

1 国家行动

在传统 PC 时代，网民平均每天花在互联网上的时间是 2.8 小时，而在移动互联网时代，每个人的在线时间是 16 小时。这意味着，人的眼睛一睁开既从梦境回到了现实世界，又打开手机进入了一个虚拟世界（网络世界）。由于手机和人的这种密切关系（随时、随地、随身），现实世界和虚拟世界高度融合。2014年，中国智能手机的用户已经突破 6 亿人，占中国总人口的 52%，智能手机在网络上的渗透率达到了 84%，这标志着网络时代真正到来了。

时代特征

当我们生活的物质世界与互联网连接在一起时，我们的生活方式将发生根本的变化。现在你已经可以购买到网络驱动的灯光了，当你离家还有一段距离，你的汽车信号就可以帮你打开房灯。空调、咖啡机、电饭锅都可以通过你的智能手机启动。你甚至会看到这样的广告：早上查看天气，上网浏览食谱，玩社交网络，给家人留便条，冰箱门帮你搞定。

我们将进入物联网时代。2007 年有 1000 万个各种感应器与互联网相联结。美国社会思想家杰里米·里夫金认为，到 2030 年这一数字就会猛增加到 100 万亿个。平均每个人将有 1000 ~ 5000 件私人物品接入互联网，形成为个人服务的"物质体系"。很大一部分感应器都是很小的射频识别微芯片。它们附在商品上，在全球范围内流通。不论什么物体，不管它在什么地方，只要有这个我们甚至都没有意识到的芯片附在上面，它就会自动和物质世界联结起来，亦如人类社会。物体不再是单独地存在，而是作为整体的一部分存在，并且相互影响着。还有一些芯片会安装在自动售卖机、运货卡车、商场顾客通道、家畜、手机、汽车、天气监测设备、头盔、发动机、跑鞋及其他物品上面，生成的数据对简化生产、信息输送、提高生产率乃至改善人的健康状态意义重大。

我们可以吞下嵌入芯片的药片，它们被胃酸激活，根据医生的指令提供报告。当我们的身体佩戴了可穿戴技术设备，我们的机体活动，如心率、呼吸、睡眠等各类数据，都将发送到我们指定的数据中心。2014 年夏天，英国航空公司给每位从纽约飞往伦敦的乘客发放带有神经感应器的毯子，以便追踪乘客的感受信息。结果发现，乘客吃东西、喝饮料时最开心，睡觉的时候最放松。

汽车本身就变成了有轮子的电脑。它不仅可以自由调节座椅和可视镜的位置，而且还能了解到你偏好哪些音乐、服务站、旅馆……当你回家的时候，它甚至会提醒你别忘了给太太和女儿买些她们爱吃的甜食。

在物联网的世界里，你的手机、汽车、空调、冰箱、健康应用程序、信用卡、电视机、窗户、相机、电动牙刷、洗衣机……它们不断地将我们的身体、我们的生活、我们周边的环境"数据化"，科技对我们了解得越多，我们从中获益就越大。大数据时刻紧盯着我们，有时也会使我们不寒而栗。

我们的电脑（包括智能手机）可能会受到"黑客"的攻击，与互联网连接的交通工具似乎也不太安全。在谷歌眼镜面前，我们就是一个透明的人（没有隐私），我们与女朋友在公园里亲密的镜头也许会被路灯抓拍……电脑智能会不会最终超过人类智能，完全联结起来的物质会不会成为人类至高的统治者……当然，我们至今尚没有感受到这种威胁，人类正在尽情地享受这种新物质世界带来的满足和愉悦。

2008 年，一名自称来自日本名叫中本聪的人，在互联网上发表了一篇文章，勾画了一种新型互联网货币系统的基本框架。2009 年，他为该系统建立了一个开放源代码项目，正式宣告了比特币的诞生。它不受国家控制，没有统一的货币发行机构，在创造过程中充满竞争性。因为终极数量的恒定，可以避免贬值。比特币的自由主义特性，阻止了政府通过通货膨胀向人民变相征税的企图。

2013 年，因债务危机，美国政府停摆两周，人们开始担心美国——这个世界上最大的经济体兼储备货币最多的国家，已经陷入了财政危机。人们意识到，一个去中心化、不因政治或其他原因而受影响的货币体系是多么的重要。而比特币分布式、去中心化的特性，恰恰可以规避法定货币的风险。于是，它的身价暴涨至 600 美元，甚至一度冲破 1000 美元大关。

去中心化成为互联网时代人们的基本诉求。"开放、平等、分享、协作"是这个时代最重要的特征，人们不再把自身的安危、哀乐寄托在某一个中心和权威身上，不管它是国家还是政党。人们逃离中心、逃离权威、逃离层级，在网络上寻求自由平等和开放协作，寻求竞争和分享。国家净化网络，监控微博，于是人们就选择微信、QQ，在自组织、自媒体的圈子里寻找自己的快乐。他们在网络上发出不同的声音，并不是为了宣示自己的主张，只是为了证明他们的存在。他们在网络上围观，并不是主张什么、反对什么，而只是宣泄自己的情绪。

互联网一定会颠覆人们对传统的看法。由于智能手机的普及，"屌丝"虽是现实世界的失意者，却是网络世界真正的主人。一个段子、一个戏谑，就能把现实世界的端庄消解得体无完肤。他们是暂时的弱势者，"示弱不认怂，卖萌不装 B"。他们把自己降低到低无可低的地方，也不愤怒，也不张扬，成了当嘉奖，不成也不伤自尊，这就是他们的生存策略。资料显示，我国"屌丝"人数高达 5.26 亿人，这意味着有 4 成中国人属于这个人群，远远超过中产阶级在这个国家的比例。所以，一些营销专家喊出了"得屌丝者得天下"的口号。

"屌丝"不是社会的底层，至少他们在经济上的地位不是如此。他们不是第一代农民工，他们接受过比较多的教育，即使是农民工群体，他们也是新一代有知识的农民工，他们对主流社会保持一种温和戏谑的态度。他们对社会不满但不愤怒，对成功有渴望但不沉迷，因为他们通过网络、通过智能手机建立了属于自己的世界。

他们是网络的原住民。因为他们在网络上逗留的时间最长。以前，他们要通过电脑，现在他们人手一部智能手机就能做到。他们有的是时间，因为他们尚没有找到比网络更好的地方和更好的存在方式。他们中的很多人将逆袭成社会的主流人群，但他们的"屌丝"经历一定会在他们的大脑中留下深深的烙印。

"屌丝"们在网络上狂欢，中产阶级也会通过网络结成自己的"圈子"，并且通过网络来放大自己的声音。他们几乎无一例外地把眼光放到争取"屌丝"们身上，他们甚至会使出浑身解数来争取"屌丝"们的围观。政府也在关注这个人群，生怕大 V 们带坏他们。但政府不能采取压制的方式，而只能通过引导的方式，尤其是拿出货真价实的东西来帮助他们，使他们能"逆袭"成功，毕竟"屌丝"们对未来还有深深的渴望。

中心、权力、等级、地位、传统、秩序……在"屌丝"们那里消解得干干净净，从而升华出自由、平等、分享、协作的互联网精神，推动着互联网时期的创新创业。在新一代创业者中，"屌丝"们一定会占有相当的比例，因为他们是最懂得、也最能践行互联网精神的人。

美国精准医疗计划

奥巴马总统在其 2014 年度国情咨文中，正式宣布了精准医疗计划，随后，美国政府正式公布了精准医疗计划的内容。这是一项大胆的研究计划，它致力于颠覆我们改善健康和治疗疾病的方法。为此，奥巴马总统将在 2016 年财政预算中拨款 2.15 亿美元作为计划的启动资金。精准医疗计划将开创一个病患驱动的新模型。这一模型有助于加速生物医学发现，为临床医生提供新工具、新知识和新疗法，有助于医生选择对病患最有效的疗法。

精准医疗计划包括探索更多、更好的治疗癌症的方法。通过扩大基因临床癌症试验，探索癌症生物学基因，建成一个新的国家"癌症知识网络"，推动科学发现并指导做出医疗决策。

创立一支国家研究志愿者队伍。它由 100 万名甚至更多的美国志愿者组成。他们参与精准医疗计划的设计，并贡献自己的数据——包括医疗记录、病患基因、代谢物（化学组成）和身体内或身体上的微生物档案，环境和生活方式数据，病患生成信息、个人设备和传感数据。

要致力于保护隐私，实现监管现代化，建立公私伙伴关系。

这一计划，近期关注点在各种癌症疾病上，远期致力于可运用于整个健康和疾病范围的知识系统。通过创建一支超过 100 万名的美国志愿者队伍，由他们提供的各类数据分析，将使我们在适人、适药、适量上得到发展，确定治疗和预防的新目标；测试移动设备是否能鼓励健康的行为；为许多疾病的精准用药打下科学的基础。

这是迄今为止我们所看到的最为雄心勃勃的一项医疗计划，我甚至可以联想到克林顿总统的"信息高速公路计划"对美国和世界经济的影响。奥巴马总统"精准医疗计划"，改变的将不仅仅是美国保健医疗状况，而且对美国科技和经济的发展将产生深远的影响。

显然，由于 100 万名以上的志愿者的加入，将使美国医学研究获得前所未有的大数据的支持，那些以大数据为支撑的基因测序、生物医药都将获得前所未有的发展，为获得这些数据的支持领域也会有更好的发展机会。比如可穿戴技术设备、生物机器人等，正是这些领域的发展，或许就能成为引爆下一轮科技革命的入口。

　　科学技术的进步最终是以人类自身的发展和进步为中心的。在过去上百年的发展中，人类的寿命几乎增加了 1 倍，人类健康生活得到了相应的延长，这得益于人类医学的进步。但在近 30 年来，人类在这方面的进步却十分有限，人类一些器官的老化似乎已不可遏制，人类寿命的延长也遇到了极限的挑战。但人类从来就没有放弃在这些方面的努力。一方面是通过人类的外部化，用人工的方式把人类的一些器官功能加以强化，简单的如假肢，复杂一点的如心脏；另一方面则是对人类基因的研究，企图通过改变一些人类的基因，来排除一些病变性因素，甚至通过生物克隆技术的发展，使人类的一些器官组织在克隆的模式下得以再生。

　　人类在这些方面的努力取得了很大的进步，但没有一项伟大的计划来合成这些进步，就不可能使这些技术发挥应有的作用。因为这些技术毕竟是对人体机能的一个整体的改进，任何单打独斗，不仅不会取得明显的成绩，甚至还会适得其反。这正是过去 30 多年人类在医学上的进步并未给人类的寿命和健康带来明显好处的原因。

　　显然，奥巴马的"精准医疗计划"正是通过合成这些技术进步来解决这些问题的。加上一支超过 100 万名的志愿者队伍的支持，由此取得的医疗、医药和健康方面的数据，将足以颠覆传统的健康医疗的概念。

　　据统计，现在美国医疗技术市场的价值达到 1270 亿美元，占世界总额的 40%，美国医疗服务的规模为 2 万亿~3 万亿美元，占美国 GDP 的 20% 左右，在最近 15~20 年里，该行业的利润是巨大的，毛利率估计达到了 50%~70%。由于人类对健康和长寿的追求，健康医疗的产值一直保持持续上升的势头。一些美国权威机构预测，到 21 世纪中叶，这个部门的产值将占美国 GDP 总值的 50% 左右。由此可见，这一领域在人类经济发展的未来几十年中将处在一个何等重要的位置。

　　互联网产业发展报告证明，可穿戴技术设备将成为引爆互联网产业的一个关键领域。但是，简单地把目前手机和电脑的成果集合在一起是不会有多大成就的。它的出路可能就是与健康医疗的结合，从而使互联网的发展进一步体现出对人类自身的关怀。可见，即使从这样的角度来理解奥巴马的精准医疗计划，都可以算得上是一个伟大的构想，况且这还只是其计划的一个附带的成果。

美国政府之前也有振兴美国产业的计划，2009 年初，美国开始调整经济发展战略，同年 12 月，公布《重振美国制造业框架》。2011 年 6 月和 2012 年 2 月，相继启动《先进制造业伙伴计划》和《先进制造业国家战略计划》，实施再工业化，包括调整、提升传统制造业结构、竞争力和发展高新技术产业两条主线。提出要发展包括先进生产技术平台、先进制造工艺及设计与数据基础设施等先进数字化制造技术。2013 年 5 月，美国政府又宣布成立数字化制造与设计创新（DMDI）研究所，这是奥巴马政府继 3D 打印创新研究所（NAMII）后提出设立的第二家创新研究中心，旨在提升数字化设计、制造能力。

同时美国通用公司提出的工业互联网与德国的工业 4.0 战略有异曲同工之妙。工业互联网将智能设备、人和数据连接起来，并以智能的方式利用这些交换的数据。AT&T、思科（Cisco）、通用电气（GE）、IBM 和英特尔（Intel）已经在美国波士顿宣布成立工业互联网联盟（IIC），以期打破技术壁垒，促进物理世界和数字世界的融合。但迄今为止，美国制造业并没有因此取得突破性进展，这意味着美国经济的这轮反弹将随着这轮回迁的完成而结束。美国迫切需要找到一个向上突破的支点，奥巴马精准医疗计划的出台正是时候，或许会带领世界经济跃上一个新台阶，一如当年信息高速公路计划的实施。

中国社会未富先老，一直被视作是经济社会发展的一个包袱。但人类寿命的延长、健康生活的延长，一直是人类梦寐以求的愿望。即使再过 100 年、1000 年，人类都不会放弃在这方面的努力。中国也是世界上人口最多的国家，这样多的人都来追求健康长寿，这本身就会形成市场巨大的"刚需"。随着国家全面小康目标的实现，物质丰裕时代的到来，这个巨大的市场一旦引爆，将成为中国经济、科技发展最为强劲的动力。奥巴马的计划或许会给我们很多的启迪，紧盯这一计划在美国的进展，并且结合中国的国情，现在就着手一些基础性工作，为缩短中国和美国的距离提前做好准备。

德国工业 4.0 计划

这是默克尔政府 2014 年宣布的一项计划。德国政府根据互联网技术取得的成就，对德国工业制定了一项全面的改造和提升规划。

德国是世界制造业强国，有 8000 万人口，有 2300 多项驰名世界的工业品牌，世界上的一些顶级制造大都与该国有关。有关资料证明中国现在的工业水平比德国落后 100 年，由此我们可以推断德国工业的发达水平。他们敏感地意识到新兴技术对传统工业的挑战，把互联网 + 作为改造提升传统工业的动力，以再一次提高德国工业的水平。

所谓工业 4.0，是指工业从蒸汽机时代发展到现在的第四个阶段，这个阶段是以智能化为重要特征。随着信息技术与工业技术的高度融合，网络、计算机技术、信息技术、软件与自动化技术的深度交织产生新的价值模型，在制造领域，这种资源、信息、物品和人相互关联的"虚拟网络—实体物理系统"（Cyber – Physical System，CPS）被德国人称为工业 4.0。

目前已取得的成绩有：机器人和自动化生产线、智能汽车、3D 打印技术、智能化家居、无人飞机……通过工业制造，把人的脑力延伸到产品和设备上，以减轻人类脑力在生产劳动中的支出。比如计算机，在简单重复计算方面的功能，已经大大超过了人脑，其准确性是人脑不可企及的。如果把计算机的这些特长与工业设备、工业产品连接起来，其效率的提高、品质的保障、功能的强大，将大大超过我们的预期。显然，这不是工业自动化时期所能达到的状态。

智能工厂又是实现工业 4.0 的关键。在智能工厂里，人、机器和资源如同在一个社交网络里自然地相互沟通协作；生产出来的智能产品能够理解自己被制造的细节以及将如何使用。在智能工厂中，机器社区将自行组织，供应链将自动相互协调，未加工的产品将向机器发送完成其加工所需数据，然后由后者将其变成商品。机器和机器、机器和产品之间的数据传输通过使用微处理器、存储装置、传感器和发送器来实现，这些装置将被嵌入几乎所有可想象的机器、未加工产品、材料、智能工具和用于组织数据流的新型软件中。所有这些创新将使产品和机器相互通信并交换数据。换言之，未来工厂将可以从很大程度上自行优化和控制其制造流程，而不是如同现在通过中央控制中心来实现，柔性生产将得以实现。

德国将成为新一代工业生产技术（CPS）的标准制定者和供应国，使德国制造业在持续发展的前提下提升它的全球竞争力。这意味着德国人将创建新的生产环境，包括新的管理、流程、模型等，还将提供新的智能生产装备和新的技术手段；推动德国的机器人制造、成套装备、IT技术、控制技术、信息技术等核心产业的变革；借助新的工业体系生产制造出来的产品冲击着世界原有生产体系中的产品，确保了德国制造业的未来。

中国工业发展很不平衡。从手工生产到自动化时期的生产线都有，但从工业的总体水平而言，我们还很落后。这注定我们需要跨过很多发展阶段。德国工业之所以能很快取代英国在欧洲的位置，关键就在于德国抓住了第二次工业革命的机会，跨过了蒸汽机时代，直接进入了电气化时代。而英国则由于蒸汽机时代留下的包袱太多，在第二次工业革命的浪潮中负重前行，错过了继续领先的机会。

这一轮的工业革命与以往相比既有相同的一面，又有不同的一面。相同的是它同样会推动工业跃上一个新台阶，几乎可以肯定的是德国工业4.0比其3.0要高出一个层次。不同的是，以往的工业革命主要体现在能源和动力使用上，电力代替蒸汽是一种完全替代式的革命。而这一次工业革命就是在以往工业革命的基础上装备新的物件，它使工业系统的"大脑"发生根本性变革。它不是取代以往的成果，而是把以往的技术参数提高一个或 N 多个级别，从而使产品极致化。

这意味着中国工业不能跳过自动化阶段，甚至自动化时期的成果，构成了智能化时期的全部基础。一方面我们将继续追赶发达国家的工业水平，完成发达国家已经完成的工业革命。另一方面我们也应当瞄准智能化革命的前沿，及时采用智能化革命的成就，争取在这些先驱领域和发达国家并驾齐驱。否则，我们就会错失机会。

中国制造 2025

2015 年 5 月，经李克强总理签批，国务院印发了《中国制造 2025》，部署全面推进制造强国战略。提出了通过三步走来实现这一目标。第一步到 2025 年，跨入制造强国行列；第二步到 2035 年，我国制造业总体水平达到世界制造业强国阵营的中等水平；第三步到新中国成立 100 周年时，中国作为制造业大国的地位更加巩固，综合实力进入制造业强国前列。

这一计划明确了 9 项战略任务和 10 大重点领域：一是提高国家制造业的创新能力；二是推动信息化与工业化的深度融合；三是强化工业基础能力；四是加强品牌质量建设；五是全面推行绿色制造；六是大力推动重点领域突破发展，聚焦新一代信息技术产业、高档数控机床和机器人、先进轨道交通装备、节能与新能源汽车、电力装备、农机装备、新材料、生物医药及高性能医疗器械等十大重点领域；七是深入推进制造业结构调整；八是积极发展服务型制造和生产性服务业；九是提高制造业国际化水平。

从上述所列中国制造重点领域可以看出：中国既要完成第二次、第三次工业革命的任务，以强化国家的工业基础，树立中国工业的国际品牌，同时又要积极参与第四次工业革命——智能化革命，实现信息化与工业化的深度融合；我们既要做大做强制造业总量，又要调整制造业结构，使我们有足够的资源聚集影响中国制造业国际地位的十大领域。

《中国制造 2025》的本质是信息化与工业化的深度融合，是以制造业数字化、网络化、智能化为核心，建立在物联网与务（服务）联网基础上，叠加新能源、新材料等方面的突破而引发的新一轮变革。

这注定我们将在矛盾中前行。前三轮工业革命所强调的中心、权威、标准，而这一轮的工业革命将提出去中心、去权威、去标准化的问题。老实讲，中国的工业基础还很薄弱，传统工业应有的中心、权威、标准意识尚未形成坚实的基础，一些农业社会的散漫意识还在我们的工业中体现着，致使中国制造业大而不强、大而不精的问题十分突出。而以互联网＋作为入口的新一轮革命，仿佛会使我们回到农业社会的状态。我们甚至会比发达国家更容易找到这一轮革命的感觉，这将使我们很多人生出傲视群雄之心。但工业基础薄弱的问题、工业意识缺乏的问题，一定会在这一轮革命中体现出来。我们要么真心实意地补上前几轮工业革命的课，把我们制造业的基础真正打牢；要么我们只能得到这一轮工业革命的皮毛，在工业化的道路上继续拉开和发达国家的距离。

所以，《中国制造2025》既强调了互联网＋的意义，更强调了工业基础的意义。互联网＋的不是传统农业、手工业，而是现代农业和现代工业。我们在引入互联网＋之前，一定要从根本上改变我国传统农业和手工业的生产状态。

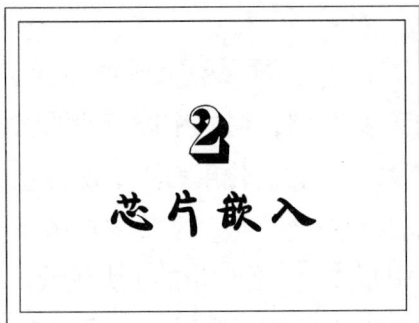

2 芯片嵌入

互联网＋既是一种新的"电能"，也是一种新的存在方式。任何产业或产品一旦进入互联网＋的领域，就会获得一种新的存在方式，获得一种新的能源。而这种互联网＋的最直观的形式，就是将芯片嵌入我们的物体和设备之中。

可穿戴设备

最早的被称作可穿戴设备的产品是 2012 年 4 月发布的谷歌眼镜，它几乎具有一部智能手机的全部功能，只不过不是通过触屏而是通过声音来控制的。虽然它的售价是 1500 美元，但还是受到了人们的热捧，人们通过谷歌眼镜似乎看到了互联网产业的下一个引爆点。

可穿戴设备的核心意义就在于数据的采集、计算、反馈，以及最终对人的行为的改变。这首先是一个需要在硬件、软件和互联网服务三个维度共同发力的过程。其次这又是一个必须不仅仅考虑数据采集和分析，更要考虑对人的反馈介质甚至是反馈机制，形态的显示和震动、语音交互以及社交关系、社会心理学的引入等，这将是技术与人文的高度融合，呈现高度智能化、人性化、自动化等特点，将对人类的感知、生活带来重大变化，具有深远意义的人类生存战略新模式。

如今，谷歌眼镜已经能记录你所看到的一切，通过它你甚至可以立即查到对面那位姑娘的一切资料；耐克运动鞋能记录你每天起跑的步数，甚至能监测你的脚的一些生理变化。各种智能手环、智能项链能监测你的睡眠情况，传输各种生活数据，记录你的生理机能，做出健康走势分析……

当智能眼镜、头罩、手表、手环、脚环、睡衣、鞋子、袜子等穿戴设备逐渐"侵占"人体的各个部分，形成人体信号的体域网时，智能可穿戴设备将从根本上改变人类的生活方式，它首先带来健康医疗领域的重大变化。

（1）通过智能可穿戴设备收集、整合和分析医疗保健数据，实现医疗健康信息的定制。健康专家将根据这些数据制定出个性化的健康方案，医生将根据这些数据制定出更符合患者的治疗方案。

（2）节约医疗成本，缩短治疗流程，颠覆整个医疗就诊模式。据测算，出院后的远程监护的全部医疗费用将降低 40%，看医生的间隔时间将延长 71%，住院时间将降低 35%。

（3）微型化。可穿戴设备大大方便了医生的出诊，尤其是偏远地区的巡医问诊将因此大大受益。

（4）与医疗大数据平台结合，对用户实行长期动态监测达到疾病预防，提升诊疗水平等健康管理目标。人类将进入"未病"时代。

正是智能可穿戴设备对医疗健康管理上的意义，奥巴马的精准医疗计划推动这一设备在医学上的普遍运用，尤其是这个计划将建立的超百万名的志愿者队伍，对他们的各类数据的采集，没有比智能可穿戴设备更适合的设备了。

可穿戴设备还将广泛地应用于各类养老事业。目前我国城市老年人空巢家庭的比例高达49.7％，大中城市高达56.1％，对他们饮食起居的关注，对他们身体的关注，是其子女十分焦心的事情。可穿戴设备将向他们的子女或监护机构随时提供他们身体的机能、生活的各类数据，数据的接收者将根据这些数据对他们的身体和生活照料及时做出更为妥帖的安排。

目前全球有3000多万名老年痴呆症患者，中国占了其中的1/4。可穿戴设备对他们行踪的监视，极大地方便了这类病患家庭对自己亲人的监护。

在2015年3月美国得克萨斯州一年一度的西南偏南大会（SX-SW）上，许多专家预测，未来的可穿戴设备，将变成一种"隐形"的概念——随着3D打印技术和智能纤维的出现和普及，技术和时尚可能合为一体——将技术植入到平时所穿戴的衣服、帽子、鞋子的纤维里，让这些产品具有可穿戴设备的功能。

可穿戴设备固然前景十分美好，但当下并没有取得应有的成绩，这大大出乎人们的意料。其根本原因就是缺乏直击用户"痛点"的"杀手级"功能及应用，这固然有这款设备本身的原因，也有与之相配套的产业方面的原因。比如对人体各项机能指标数据的采集，会经常性出现误判，这里有记录上的误判，也有探测上的误判。

生物机器人

这将会是令人惊悸的发明。我们在科幻电影和科幻小说中会经常看到：芯片嵌入人脑，使人脑具有超常的功能；电脑和人体的结合，使我们无法判断其是人还是机器；更可怕的还有人脑和机器的结合，使人脑能驱动比人体不知要强多少倍的机器躯体。虽然这样的场景离我们似乎还很远，但人体和机器的结合很早就开始了。

除了心脏起搏器和机器假肢外，我们日益频繁地携带电脑、谷歌眼镜和三星银河齿轮，我们绑上了记录我们心率和步伐的设备，我们用眨眼来照相，甚至老派的人都带上了手机，不仅用手机来交谈，还用来导向、获得信息和记录数据。我们已经离不开这些设备，实际上成了技术上得到加强的生物。

2014 年 6 月，美国最高法院对莱利诉加州警察局一案作出判决，法官们一致裁定警官在逮捕嫌犯时，在没有诉权的情况下，不可搜查被获手机里的数据。首席法官约翰·罗伯茨代表 8 名法官宣布："现代手机已经成为人们日常生活不可或缺的一部分。如果火星来客，多半会认为，手机是人体具有解剖学意义的重要特征。"这一决定，实际上认可了机器同样可以成为人体的有机组成部分，为人类描述了一个机器和生物体高度融合的未来。

现代残疾人装置不再是"无生命的独立实体"，而是"互动的假肢"，它们包括植入物、移植物、内置装置、纳米技术、神经修复物、可穿戴设备和生物工程装备。因为嵌入了芯片，它们获得了和人体有机互动的特征，成为人体的有机组成部分。因为有了这些装置，那些肢体残疾的人获得了和正常人一样的能力，如果拿掉这些装置，他们的能力，比如行走的能力就会立即大大下降。

其实，在当代社会，即使是正常人，由于各种装备，已经大大提高了我们生物体的能力。比如，我们越来越离不开汽车，它就成了我们腿的一部分；我们越来越离不开手机，它就成了我们记忆和语音的一部分……原来外在于我们的各类机器，越来越成为我们身体的一个部分，以致我们一旦离开这些东西，就会发现与20世纪的人类相比，原来我们从娘肚子里带来的那些生物体的功能在退化，而我们通过机器延伸的功能在加强。

由于生物体新陈代谢的规律，使我们人体的各项机能在岁月的磨蚀下会逐渐老去，或者在生活中受到创伤甚至不能修复。于是，人类医学的发展一直孜孜以求的就是用人工材料来修复这些损坏的或老化的机能。现代医学已经成功地把许多不属于人体的材料植入人体，以修复或增强人体的某项机能。从肢体到内脏，从骨骼到神经元，或许有朝一日，人类甚至可以用芯片来修复人脑缺损的记忆。

当然，医学的发展目前只在于修复，安装心脏起搏器一定是源于人体心脏的功能障碍，安装心脏支架一定是因为血管的堵塞。但科学的发展，一定会出现这样的一天：人类用这些机器设备不仅仅是修复人体的某项机能而且是用来加强人体的某项机能。必然会出现这些能增强人体某项机能与人体高度结合的状况，生物机器人不可避免地会成为人类社会的一个组成部分。

不断智能化的机器设备，不断增强的仿真制品，推动了生物机器人的发展和成长。有朝一日，生物专家、电脑专家和医学专家走到一起，用人工方式合成出高度仿真的人：不仅在外表上，而且在语言行为上，甚至在思考问题的方式上越来越接近生物体的人类。果真如此，美国的大法官们将如何定义人类的权利呢？

假如我们现在就用大数据和可穿戴设备技术，把一个人一生所有的数据都记录下来，通过电脑的合成，即使这个人生命已经终结，但他生命体的各项特征在虚拟世界里仍然会继续存在下去。我们甚至可以用电脑来继续演绎这个人的思想———一如他生前看问题的方式。比如这个人就是我们的祖父，他已故去多年。我们今天在生活中遇到一些问题，还是希望能得到祖父的帮助。通过大数据和电脑合成和推演能力，或许我们真的就能得到已故去多年的祖父对这个问题的看法。

如果我们把这些大数据完全移植到一个生物机器人身上，是不是会使我们感到在现实生活中已故去的祖父又复活了呢？如果生物机器人也具有学习能力，我们还有理由否认祖父仍活在我们中间吗？人类社会还能继续沿用过去的定义吗？

总之，生物机器人正向我们走来。我们已处在幼年的生物机器人时期。虽然这样的生物机器人看起来还很笨拙，但已经表现了不一般的能力。随着科技进步，生物机器人成长的速度会越来越快。或许在21 世纪就有可能出现人机混杂的现象。我们可以乐观地认为，它一定是人类社会的福音，人类的健康长寿会有更多的保障并突破一定的极限。

智能家居

2010 年上海世博会期间，就已经向人们展示了未来家居生活的场景。在此之前，这种完全智能化的家居生活就已经在各个层面、各个角度出现。因为有了嵌入各种芯片的家具，因为有了互联网，它们可以在互联网空间，把各项功能链接起来，更好地为人类家居生活服务。

还有半个小时下班，电饭煲可以开始工作了；还有 15 分钟到家，空调可以开始调节温度了，本来敞开的窗户自动闭合；还有 5分钟到家，咖啡机开始为你煮咖啡。手表告诉你全天的运动量消耗了多少卡路里，"燃烧了多少脂肪"，你是不是在下班后先做一会健身再回家？床垫真实地记录你睡眠的情况，并对你身体的各项机能进行全面监测；大便器、小便器会自动检测你储存的排泄物，自动生成你健康或生理病变的数据；沙发会感知你的身体状况甚至情绪，会自动调节角度使你更加舒适；冰箱门会显示你储存的食物并根据你的口味和习惯，推荐你今晚的食谱；茶杯会记录你的喝茶爱好，并提醒你喝茶的时间和温度；你的衣服、鞋子、袜子和你穿在身上的一切，都可能感知你并记录你的数据，发送到你个人的数据中心，监测你的健康状态。电视机会自动切换到你喜欢的频道和节目，因为它已经记住了你的爱好；你的音响设备会使你喜欢的音乐，萦绕在你的耳边。

智能化家居，使你过上智慧的生活，这一切都是为了你的健康和心情愉悦。在上面我们没有提智能手机，而是把它当作人体的一个组成部分，它会成为智能化家居的控制中心。通过它和网络，我们向各种家具发出指令，即使我们还在办公室或在外出差的路上，也可以为金鱼缸换水，为房间换空气。

总之，嵌入芯片的各类家具，可以准确地执行主人的各种命令，又真实地记录家庭成员的各类数据，自觉地调节着家庭的氛围，使我们居家的日子更加和谐、愉悦和健康。

3 颠覆传统

互联网＋将改造我们的传统产业，首先是因为互联网已经改变了我们的消费者、设计者、生产者和传播者，网络时代生成全新的交流方式、传媒方式、购物方式，已经从根本上影响了我们的生活方式、商业模式，也正在进一步影响我们的组织方式和生产方式。

消 费 者

消费者的变化是一切商业活动变化的原点。互联网在中国的出现，一方面是源于物质生活的逐渐丰富，另一方面又普遍性地提高了社会生产的效率，从而使我们逐渐由物质丰裕时代进入物质过剩时代。这意味着作为消费者的民众有着越来越多的自由，有着自主选择职业、选择商品、选择服务的权利。比如他不必为生存从事自己并不喜欢的工作，他可以留下一封"世界那么大，我想去转转"的辞职信后，就潇洒地转身离去。因为他不必担心明天会因为找不到工作而挨饿。他选择衣服不必只考虑保暖，选购食品不必只为充饥，传统的对商品"有用性"的评价，在他的购物取向中已经大大下降。他在考虑物品有用性的同时，可能会越来越多地考虑物品对其精神的愉悦性、思考性等精神层面的享受。甚至与购物环境、购物方式和物品的有用性有着同等的重要性。在越来越多的场合，购物本身就是一种消费方式，如同看一场电影，在购物中得到快乐和满足。

如今 70 后、80 后基本上已不知道挨饿受冻的滋味了，如今他们已经成为消费市场的主力军。90 后和 00 后，甚至对物品本身都失去兴趣，他们也正在进入消费者主力队伍。这些人对品牌、资讯、商品价值的理解和 50 后、60 后的人完全不同，你休想用"砸广告"的方式来影响他们，也休想通过几个证书来影响他们，他们不相信权威、不相信别人，只相信自己的体验。

因为他们处在网络时代。他们已经习惯通过网络来获得自己需要的资讯，理解品牌，解构商品。在他们身上，我们能真正理解消费者主权的含义。他们通过网络，用自己的方式，直接影响着资讯的传播，甚至影响着产品的设计、生产和投放市场的路径。他们决定商品的品质和价格。很多品牌一夜兴起，很多大牌一夜消失，甚至连倒下去的身子还是温的，只是因为这些大牌没有及时了解消费者已经发生的一些变化。诺基亚、摩托罗拉、索尼……许多消费者耳熟能详的大品牌，几乎在一夜之间就褪去光环，甚至坍塌消亡。2013 年 9 月，微软宣布以 74 亿美元收购诺基亚的手机业务——这个身价甚至比在中国刚刚创办 2 年的小米手机的估值还低 25%，与国美战斗了十几年的苏宁，好不容易超过了对手，猛一回头，发现自己已远远地被京东、天猫、淘宝抛在身后。这些大牌的失败，不在于他们自己没有努力，也不是因为他们在经营管理上出了什么问题，只是因为消费者的观念已经发生了变化，只是他们对这种变化的觉察稍迟了一点。

因为网络，孤立的消费者联结成一个整体，从而形成一股强大的几乎可以毁灭一切的力量。过去的消费者，即使被当作"上帝"，也是可以成为被厂商愚弄的对象。原因就在于消费者是孤立的，他获得的资讯是不对称的。厂商以其强大的经济实力，用广告方式形成强大的品牌效应，使单个的消费者在这种品牌和单向媒体的狂轰滥炸下失去理智。

移动智能手机可以使消费者随手拍、随手写、随口说，随时在网上发布，获得更多的消费者回应。这种回应很快就会形成一种强大的力量，影响其他消费者的购买行为。今天，我们仍看到很多知名品牌一边在电视报刊上做着巨幅广告，一边却在不断流失消费者。这可能并不是他的产品不行了，而仅仅是因为他缺乏对互联网应有的理解。

设 计 者

大洋彼岸的 Tesla 忽然引起了中国大众的兴趣，很多人和媒体都把这个兴趣点放在了"新能源"上，因为 Tesla 是一款靠电力驱动的汽车。其实，由于充电桩是一件很麻烦的事情，中国本土的新能源汽车虽然得到了政府的大力资助，但响应者还是寥寥无几。Tesla 真正的卖点是在智能上，这款售价数万美元的高端电动汽车，搭载了不少智能元素。其中光是用触屏代替汽车里的各种按钮，就给人以很强的科幻感。利用触屏，驾驶员可以完成最基本的导航、听音乐、调节温度、调整座椅位置，甚至还可以上网。

中国一些厂商把 Tesla 理解为新能源汽车，其实是找错了消费者的兴趣点。是否清洁能源，不是消费者所关心的事情，但如果是经济能源，他也许会感兴趣，但对于高端车的车主而言，他们更关心的是车内控制系统，互联网就是他们最为关心的事情。

问题是设计者的灵感从何而来？为什么 Tesla 的设计者会把他的

重点放在"智能"上面？是他受到了互联网的启发吗？谁都知道，当市场上根本就没有这一款产品时，人们是提不出对这款产品的需求的。比如：在汽车出现之前，消费者就不可能对市场调查人员说：请给我一辆汽车吧。他充其量只能说：我需要一辆跑得更快、更稳、更舒适的马车。或许，最早的汽车设计者就是从这一种需求中找到灵感的，这就是对人性的洞察能力！

乔布斯设计手机就不是从对市场的调查入手，而是从人性的自我认知入手。他想通过手机听到美妙的音乐，于是就有了 iPad；他希望手机有一个大的触屏，于是就有了 iPhone；因为他自己就是一个完美主义者，所以，他把苹果推向极致。他甚至不考虑苹果的价格，苹果的价格和其他手机有没有竞争能力，他相信只要把产品做到极致，即使价格高一些，也会有消费者喜欢。正是这种对人性的洞悉，他使智能手机从无到有，终于引发了手机市场的革命。它把那些大牌，如诺基亚、摩托罗拉打倒在地，也把三星远远地甩在后面。

那些划时代的、开创性的、革命性的发明、设计，一定是那些对人性把握得最深刻、最清晰的伟大人物。正如乔布斯所讲的，我不需要伟大的科技进步，我只需要最能打动人心，打动消费者自己尚不知觉的、隐藏在最深处的那根弦。

2010 年 11 月 29 日 23 时 58 分，张小龙在腾讯微博上写下这样一段话，"我对 iPhone5 的唯一期待是，像 iPad（3G）一样，不支持电话功能，这样，我少了电话费，但你可以用 kik 跟我短信，用 Google 跟我通话，用 Face Time 跟我视频。"

第二天，腾讯微信正式立项，1 年零 8 个月后的 2012 年 7 月，随着微信 4.2 版本的发布，可以看到一年多前张小龙对 iPhone5 的狂想在微信中得以实现。微信成为当代中国人最主要的社交工具。

对自己的洞悉，也就是对人性的洞悉。你的洞悉越深刻，就越能触动人性最深处的东西。这样的设计者一定会在消费者脑海中留下最深刻的印象。

　　还有一种设计就是用"众筹"的方式来吸纳各方面的意见（尤其是消费者的意见），最为成功的当数小米了。

　　雷军决定做智能手机，但他不是乔布斯，也找不到中国的乔布斯，但他还是找到了他认为中国最好的硬件工程师和软件工程师。他并不是让他们关起门来做设计，而是把他们设计的产品迅速地投放到市场中去，通过招募志愿者的方式来征求消费者的意见，让志愿者代表消费者投入到小米手机的设计中来。雷军的这一做法，极大地满足了用户参与设计的欲望，也使他比较容易地就找到了手机的"卖点"。尽管他推出的手机不断被用户诟病，但又不断受到消费者的追捧，形成了2000多万个的"小米粉丝"，他们几乎病态式地维护着小米的声誉，因为消费者把小米当成了自己的产品。他们非常热情地参与小米的互动，给小米的设计师提供设计灵感，推动小米快速迭代，使竞争者没有办法持久地批评小米某一款产品存在的缺陷。

　　当然，从创新的角度而言，乔布斯和雷军的地位高下有别，但就市场响应而言，则各有千秋。乔布斯的成功不可复制，他是一位天才的设计师。雷军的成功则随时可以模仿，尤其是像中国这样一个人口大国。2000多万个粉丝，不到总人口的2%，雷军的方式为追随者提供了无限的想象空间。

　　网络时代会使人性得到张扬和尊重，无论是乔布斯的成功还是雷军的成功都离不开这一点，只不过他们洞察人性的方法不同而已。

生 产 者

　　网络时代并没有给我们提供一个新的生产方式，尽管它注入了一种新能量，提高了生产率，表现了网络时代在生产方面的进步。

　　传统企业越来越难以招到年轻的劳动力了，现在全国各地都不同程度地出现了"民工荒"。劳动力工价几乎是"一日三变"，但仍然难以招到满足生产需要的劳动力。于是大量的劳动密集型产业被迫转移到东南亚国家，甚至搬迁到遥远的非洲。用机器人代替人工，通过自动化减少劳动力的使用成了国内企业不得不作出的选择。"五险一金"是必需的，劳动条件也不能差，工资要有竞争力，关键还要有足够的假期，甚至"弹性工作时间"也被经常提起，这对我们的生产管理者提出了严峻的挑战。必须把劳动力从生产主体的位置上拽下来，使他们成为生产的辅助者，成为仪表仪器的照看者，成为计算机控制中心的巡视员。

另外，劳动者的组织形式也在发生着深刻的变化。蓝领工人逐渐被白领工人代替，工人文化水平得到普遍提高，他们的生活条件得到普遍改善，网络和旅游使他们有更多的机会和企业之外的人群接触、交流。他们不仅可以"跳槽"，而且还可以自主创业。这意味着工人的自由得到了经济上的支持，任何企业的组织者和管理者都应当明白这一点：你无法控制工人，你只能选择和工人合作的方式，让工人分享企业进步的成果，只有这样，你才能建立起一支基本的员工队伍，才能保证企业的正常运转。

市场在经济生活中起决定作用，意味着订单式生产成为企业生产的普遍形式。企业生产必须保持足够的弹性，并且具有较强的接单和完成订单的能力。如果企业沿袭过去自产自销的路子，将难以均匀地组织生产，这几乎犯了现代生产的大忌。生产的组织者必须有比较强的接单能力，比较强的销售能力。

消费者对品质的追求，使生产者必须从原材料的选购、生产工艺上的改进到生产过程的管理，都达到精益求精的程度。互联网颠覆了标准化，但消费者通过网络的传播迫使生产者不断提高生产标准，不断改进自己的生产装备和生产工艺。

傻大粗笨的制造将无法继续生存下去。近几年发生的消费者到海外淘货抢购事件，向中国生产者提出了严厉的警告。中国和一些国家自贸协定的签订，跨境电商的快速发展，把中国制造直接推到了和发达国家强大的制造业面对面竞争的地步。邻近的澳大利亚和韩国的产品已经开始涌进中国，国内相关产业面临严峻的挑战。显然，忽视生产，企图绕过生产这个环节，肯定在实践中是无法继续下去的。中国工业发展到了这样一个阶段：用高端的生产设备来提高我们的生产效率，用高工资来培养我们的一线工人，用自动化和机器人来减少人工误差。或许这正是中国工业、中国制造、中国式生产脱胎换骨的机会。

传 播 者

互联网首先颠覆的就是传媒领域，就是我们传统的传播方式。

原先那种单向的、直线的传播方式迅速让位于双向的、多向的网络传播方式。信息双向或多向流动意味着每一个人既是信息的消费者，又是信息的生产者。随时随地拍，随时随地写，随时随地说，随时随地把自己的声音发送到网络中去。如果你有 1000 个粉丝，你就相当于拥有一个地方性的小刊物；如果你有 1 万个粉丝，你就相当于拥有一个地方广播站；如果你有 10 万个粉丝，你就相当于办了一个地方电视台；如果你有 100 万个粉丝，你就相当于拥有中央电视台的一个频道了。由此，我们可以想象一下网络大 V 的力量。

网络时代的每个人都是一个自媒体组织。如果你的文笔不错，拍的照片也有精彩之处，就有可能通过病毒式传播聚集网络"围观者"，其中就会有越来越多的人成为你的粉丝。你可以在网上和他们互动，听他们的心声，和他们交流，传播你的所见所闻和所思所想，你就有可能成为大 V 中的一员。

网络式的传播代替直线式的传播，不仅意味着传播与接受者之间的互动，也意味着传播的速度会起到"一石激起千重浪"的效果。六度分隔理论告诉我们，你和世界任何一个陌生人的距离不会超过 6 个人，也就是说你的信息如果能穿过这 6 个人就可以到达每一个人。

微信给我们创造了这样一个平台。假如你有 30 个微信朋友（这点根本就不难），你的微信朋友又有 30 个微信朋友（且不重复），经过这样六度传递后，就可以达到 7.29 亿人之多。这是一个当之无愧的世界大国的人口数字，仅次于中国和印度，比世界上排名第三的美国人口还多出 1 倍有余。而要让我们的信息进行六度转发，可能只是弹指之间的事情，你还能不惊异于网络传播的力量吗？

这意味着企业在选择传播方式时，一定要充分考虑网络的因素，用互联网的方式来传播自己的信息。现在我们打开电视机，还能看到一些大品牌企业在进行大把的广告投入，中央电视台的标王价格仍然在创新高。他们不知道现在大城市的电视机开机率已经下降到了 20% 以下，即使人们还在收看电视，也一定会跳过你花大价钱投放的广告播放时段，一些大品牌企业把电视广告的方式转移到了网络，殊不知，那样的效果会更差。每当我看到这些大品牌的广告投放方式时，就仿佛听到了巨人正在倒下去的声音。

4 跨界发展

浙江杭州市文艺路火了 23 年的胖子烧饼店，每天营业额 6000 元左右。老应和儿子小应一个负责收钱，一个负责出货。烧饼店 1 年营业 350 天，1 年卖掉 70 万个烧饼，用掉 70 万个纸袋，70 万个人捧着纸袋吃胖子烧饼。应氏父子凭一家烧饼店买了房，买了车——还是两辆奥迪 A6，既励志，又动人。房产商看到了机会，免费给胖子烧饼店供应纸袋，定期送货上门，只为在上面打上他们的房产广告。做烧饼的和做房产的有了紧密的链接，有好事者报道："跨界"火了烧饼哥。

互联网 + 就是一个跨界经营的入口。互联网没有创造新的经济部门，但它会用其强大的功能，使各经济部门进行信息交叉，注入新能量，提升发展水平。德国工业 4.0、《中国制造 2025》、美国精准医疗计划，都是通过互联网＋这个入口，整合当今科技和产业已经取得的成果，提升传统产业水平。

文化传媒

传媒是最先被互联网颠覆的一个部门。尽管中国的主流媒体仍然坚持平面媒体的方式，但也不得不把一只脚踏入互联网领域。几乎每一个平面媒体都会经营一个属于自己的网站，虽然这些网站有着太多的不尽如人意。一些新媒体产生着越来越大的影响，一些更新媒体又在悄悄地改变早先一些网络媒体的格局。新浪、搜狐、网易等门户网站，都已褪去了早些年的光环。

毕竟网络首先是作为人们交流的工具而存在的。人们在网络交流上的便捷性（尤其是移动互联网形成后），使人们越来越多地依靠网络来获取信息，通过网络进行交流。甚至人们在现实生活中的交流因此受到影响：很多人见面说不上几句话，而一旦在网上开聊竟然可以"如长江之水，滔滔不绝"。身边的人远了，远处的人近了。网络正在调整着人际关系。我不知道，是不是会有这样一天，家庭也需要一个局域网，家庭成员也只有通过网络才能进行更多更深入的交流。如果真是这样，真不好说这是时代的进步，还是时代的倒退。

人们交流方式的改变，首先受其冲击的就是传统媒体。美国的《华盛顿邮报》入不敷出，最终落得被人收购的局面。中国的许多报刊，如果不是用行政的方式来扶植，还有多少家能继续生存下去？如果一个报刊的发行越来越依靠行政力量，这种报刊的影响力还能有多大？

网络也改变了人们的阅读方式。碎片式的、浅表的、感性的阅读大行其道，一些长篇巨著无人问津，而一些荒诞不经的文字却大受欢迎。人们开始把阅读当作一种消费，不太重视阅读的最终结果。当文化不是用来塑造精神、丰富人类的精神世界，而仅仅是用来消费，用来愉悦读者的感性时，文化的意义是不是已经被颠覆了？为什么

"抗日神剧"能有那么多观众，为什么一些玄幻小说能拥有那么多的读者，这只能说观众和读者把这些东西当成文化快餐在消费，至于有没有营养和所谓的教育意义，他们并不太关注。

人似乎变得越来越浮躁了，不太愿意用自己的大脑去思考一些问题。比如网络上的"围观"现象，几乎所有的网民都喜欢这样"看热闹"，而不会去思考这些热闹事件背后究竟有些什么。

网络使人变得越来越懒了。宁肯在网络上去"百度"一下现成的答案，也不愿意自己思考出一个答案，这使网络谣言可以轻易生成，甚至一些显而易见的谎言也能大行其道。

网络中出现这样的状态，正是因为我们传统媒体人未能及时转型，以致网络成了"屌丝"和"草根"狂欢的场所。缺乏主流意识的渗透和主导，使网络变得更加浮躁和不安，这样对网络的发展并没有什么好处。

文化人和媒体人一定要认识到网络的力量，主动加入到互联网之中，通过网络发声。前些年，中央电视台一档"百家讲坛"的节目，使历史和电视有了一次全面的接触，易中天、于丹、王立群……成了讲坛上的明星，使中国文化和中国历史借助电视这个媒体走出了象牙书斋，进入了寻常百姓的日常生活。现在，我们更加需要一场类似于这样的革命，文化人、媒体人尽快掌握网络的语言和方式，在网络上传递中国文化、中国历史的力量。罗振宇（罗胖）每天60秒钟的知识性脱口秀所引发10万次视频评论，8000万人次观看。2013年发行《逻辑思维》，首印就是20万册，这应当是文化人在网络时代的一种有益的探索。

广播电台时期有罗斯福总统的"炉边谈话"，激励着美国人民战胜"大萧条"，投身到反法西斯战场；电视时期有美国总统候选人的电视演讲，阐述着各自的主张。下一届美国总统选举，候选人计划用"众筹"方式来筹集竞选经费，用网络体文章向网民宣扬自己和党派的观点（主张），用网络互动的方式来确立自己的亲民形象。中国的文化传播能否走出象牙塔？中国的正能量能否在网络生成？跨界不仅仅是文化人的事，也是政治家的事。中国的主流声音能否真正主导网络，关系到中国的网络能否真正健康地成长起来。

互联网教育

2013 年，以俞敏洪、徐小平、王强创办新东方的故事为原型的电影《中国合伙人》上映，无数心怀梦想的人为之洒泪，新东方光彩夺目。然而，2013 年 11 月 6 日新东方 20 周年庆典当晚，当所有员工狂欢时，新东方董事长兼总裁俞敏洪却陷入深深的焦虑之中——从 2012 年下半年到 2013 年上半年，新东方亏损 4 亿元！俞敏洪警告说："如果沿着这个方向继续走下去，新东方 3 年就被折腾完了。"

除了内忧还有外患。2013 年，国内互联网三大巨头 BAT，"招呼也没打一个"，就以横扫一切的姿态，纷纷上线教育平台，他们采取了和新东方完全不同的新模式。

还是在 20 世纪 90 年代，由国务院副总理李岚清主持中国教育的时候，就提出了教育产业化的问题，以后全国高校并校扩张如火如荼，中学教育名校机制建立，虽然颇为人诟病，但不可否认的是，中国教育获得了前所未有的发展。

产业化必定会和商业化挂钩，没有商业推动的产业是不可能获得持续健康发展的。由于我们改革的不彻底性，拒绝商业进入教育领域，以致教育产业化完全依靠政府行政的力量，导致了教育质量的普遍下降（可见并非只有商业才会损害质量）。新东方的崛起，彰显了商业对教育的意义。它的商业化运作不仅没有损害教育质量，而且还大大提升了教育质量，这应当是值得政府好好反省一下的案例。后来又有长江商学院、中欧商学院的崛起，推动了中国工商管理教育的发展。显然也是以商业的方式来办教育（包括北大、清华大学的 MBA 也不例外），但其教育方式和教育内容，在中国工商界大受欢迎。由此可见，教育质量和教育效果已经远远超过了我们传统的大学教育。

由于民办大学受到控制，官办大学的教学质量持续下降，网络大学将应运而生。或许正是它们将成为颠覆中国传统教育体制的力量。网络不仅可以整合国内各个大学优秀的专业和师资力量，它甚至还能把国外一些名校的优秀专业和师资力量整合进来。这种超越时空的整合力量，岂是政府的教育行政部门所能管控的？

2011 年，美国斯坦福大学教授塞巴斯蒂安·特龙在线提供了一个和他在学校授课方式类似的"免费"课程——人工智能，在课堂上约有 200 名学生选修了这门课程，他预计只会有几千名学生注册网上课程，结果有来自全世界的 16 万名学生坐在自己电脑前学习该课程。其中有 23000 人完成课程并毕业。2013 年 2 月，共有来自 196 个国家的约 270 万名学生报名参加了 Coursera 网校的数百门课程。

网络三大巨头的介入，凭借他们对网络的操控能力和对中国传统教育的深切体会，一定能实现教育的一个大胆跨界。显然，这种冲击的力量，比新东方、长江商学院、中欧商学院可能要强 10 倍、100 倍。把世界各地最优秀的教育资源都整合进中国的网络教育平台，让寻常百姓家的子弟也能接受这种先进的教育，这不仅是对传统教育的嘲弄，更重要的是通过这种方式将改变一代人。

产业化、商业化、网络化，中国的教育一定会沿着这样的路径走下去，虽然期间还会有很多障碍要跨越，但网络的出现使之成为一种不可阻挡的力量。我们确实可以期待马云的"湖畔大学"蹚出一条新道路，期待 BAT 教育平台上线，把中国教育真正推向发达国家行列，真正实现"面向世界，面向未来，面向现代化"的转变。

商业服务

1999 年 5 月，王峻涛在北京融资 260 万美元开设了 8848 网站，创办了中国第一家 B2C 电子商务网站。同年年底，马云等 18 个人，靠东拼西凑的 50 万元，在杭州西湖畔创立了阿里巴巴 B2B 网站，开始了他们"让天下没有难做的生意"的梦幻之旅。不过，当时国内互联网技术普及率很低，很多人都还不知道电子商务是怎么回事。

1999 年 9 月，苏宁集团董事长张近东从中关村考察回来，召开了一场后来被称作苏宁集团"遵义会议"的封闭研讨会。经过充分讨论，张近东决定，发展全国实体连锁，和国美一较高下。这个决定确立了以后 10 年苏宁发展的道路，也改变了中国家电零售模式，为亿万计的消费者提供了质优价廉的家电选择。

虽然张近东在作出全国实体连锁决定的同时，也在关注电子商务的发展，也酝酿成立 B2C 管理部，此后与 8848、新浪网都有合作，电子商务成为苏宁布局全国的一条暗线，但苏宁网上商城在整个集团所占的份额微乎其微。直到 2010 年 2 月 1 日，苏宁易购正式上线，2012 年 3 月，张近东提出苏宁的目标就是要做中国的"沃尔玛＋亚马逊"，2012 年底，苏宁易购实现销售收入 59 亿元，上线 2 年，跻身 B2C 行业前三的位置。

此后，苏宁陆续获得了第三方支付牌照、物流快递牌照。2013 年 6 月 8 日，苏宁推行网上网下同价，宣布同城同品同价。同年，苏宁快递服务覆盖全国 500 个大中城市、2000 多个县级城市以及发达地区的乡镇。同年 12 月在北京、上海、广州、深圳等一线城市推出 1.0 版本的互联网门店，在店内设置提供商品自提的"苏宁易购综合服务专区"，设置电子货架虚拟出样等，推动门店从以传统销售为主向销售、服务、体验、展示、社交等综合职能转型，提升所有消费者的购物体验。至此，苏宁的实体店和苏宁易购已完全融合，形成了一个传统商业和电子商务混合生长的商业业态。

互联网帮助商业突破了地域上的限制，在现代物流体系的支持下，很多商家足不出户，就实现了买全国、卖全国的梦想。马云的阿里巴巴为全国的中小企业、为大大小小的商户，提供了一个无限广大的市场。刘强东的京东依托电子商务的威力，一下子把那些老牌的百货公司、连锁超市远远地抛在后面。苏宁集团曾经用了 10 年的时间才基本完成实体店在全国的布局，而苏宁易购只用了 3 年左右的时间就完成了这一布局。况且，无论实体店如何密集，一定会在城市（更不要说在农村地区）留下大量的空白地带。而苏宁易购，一旦进入某个城市后，几乎不会留下什么空白，除非是消费者连一部智能手机都没有。

互联网大幅度削减了从生产到消费的诸多流通环节，这不仅节约了流通时间，而且还大大降低了流通费用。巨额的门店租赁费用、仓储费用、批发环节的费用，使过去的流通费用占了整个商品价格的 20%～50%，甚至更高。互联网的加入，缩短了从生产到消费者的距离，云仓储、云物流使商品的仓储费用、物流费用大大降低，商业门店的租赁费、人工费被降到最低限度，综合测算整个流通环节的费用降低了 1/2 甚至是 2/3，难怪我们通过网上购物，能够拿到价格要便宜得多的同类商品。这是互联网带给商家和消费者的福利。

互联网加快了商品（服务）品牌的形成。享誉全国的黄太吉煎饼，迄今为止没有花 1 分钱广告费，它完全依托消费者的口碑和网上的互动形成。小米手机一投放市场，由于其高出消费者预期的性价比，立即受到消费者的追捧，在短短的一二年内形成的品牌价值就远远超过了国内一些已经经营了一二十年的老牌厂商。我们不能不感叹互联网的力量。消费者不再被动地接受厂商的广告宣传，他们借助网络联合起来，形成和商家抗衡的力量，一旦厂商的产品和服务得到他们的认可，这种力量就会形成巨大的品牌效用；反之，这种力量就会彻底抵消厂商在广告上的一切努力。

医疗保健

可穿戴设备被广泛地应用于医疗保健领域。它真实地记录人体各项机能的数据，使医疗和保健专家能根据这些数据分析，制定出符合个人特征的医疗方案和健康方案，使精准用药、精准治疗有了可能。过去由于缺乏大数据的支持，医生只能根据病患的一般状态进行治疗，在适药、适量方面几乎毫无办法，使很多病症出现过度治疗和治疗不到位的状态。有了大数据的分析，凡是对治疗有影响的数据都将予以考虑，药物学家可以根据这些不同的人体特征，研制出有针对性的药物配方。

对健康数据的及时采集，不仅使健康专家能针对个人制定出更加合适的健康运动方案，而且对人体机能数据的监测，则完全有可能使人类进入"未病时代"。当人体机能的某些数据显示出病变的状态时，个人的医疗顾问就会采取措施予以治疗。因为任何生理上的病变都有一个过程，由于早期的过程往往不容易被人自身觉察，使某些病症一旦发现就已经到了晚期，如很多种类的癌症就是如此。医学证明，这类疾病如果在早期就能被发现，是完全可以控制的。人体机能数据的适时监测，应当有助于人类发现这类疾病，从而帮助人类对其控制。"未病时代"的到来，将使人类的寿命得以延长。

生物学证明，人体的各类细胞可以有200年以上的生命。即使人类不通过人体的外部化来更换器官，在人体机能感应技术、信息技术、健康医疗技术的支持下，寿命的延长和健康生活状态的延长也还有一个很大的空间。

健康医疗"云"将萦绕在我们的上空。由于互联网，很多数据分析完全可以后置化、平台化，前台的机器设备只用来采集数据，这将大大减少医疗器械的功能。比如CT机只负责对病患者进行扫描，将数据采集后发送到后台，由后台负责成像，通过互联网又将相片发回到诊病的医生手中。甚至在后台还可以进行精确的诊断，这可以减少因人工误差产生的误诊误判。

如果所有的医疗诊断都可以一分为二，前端只负责数据采集，后端进行数据分析和结果输出，很多医疗诊断器具就可以一分为二，前端大为简化，缩小体积便于携带，大幅度降低价格，使一些小医院也能装备这些设备，一些诸如乡村医生也能使用这些原本只有大医院才有的设备到乡村巡诊。我国深圳就有一家这样的科研机构，他们开发出来的便携式医疗诊断设备，在市场上大受欢迎。

由于远程医疗技术越来越成熟，"云"医院可以集中全国乃至全世界医疗领域的专家，对远距离的病人实行会诊和治疗，从而解决了世界和我国医疗资源分布不均衡的问题。前端负责采集病患者的数据，既可以通过医疗设备（包括可穿戴设备）进行采集，又可以通过现场医生问诊的方式进行采集。后台运用互联网传递的数据进行诊断并指导治疗，今后会成为医疗的一种常态。有人会认为，这是不是增加了那些专家们的负担？放心，不会。因为大数据技术的发展，完全可以使一些常规的病症通过电脑分析，自动生成诊断意见，它甚至可以避免一些人为的误差。

互联网金融

互联网金融是在电子商务的基础上发展起来的，如今已是如火如荼。可以断言，互联网金融的发展，使我们过去在金融领域中一些十分棘手的问题，在互联网时代可以迎刃而解。

阿里巴巴 2003 年上线淘宝网站，为商家和买家提供了一个全国性的自由市场。但实体市场由于当面交易，买卖双方当场议价、当场付款、当场交割，双方的诚信都受到了现场场景的约束。淘宝网上的买卖双方只在线上进行交流，买卖双方在时空上的分隔，使双方的诚信缺乏保障：如果买家先付款，会担心收不到货，或收到不满意的货不能退货；商家如果先发货，则担心买家玩失踪，收不到款。这种担心，影响了双方的交易。

2004 年阿里巴巴开发上线支付宝，通过第三方担保买卖双方在交易中的诚信和货款的安全。它的原理就是国际贸易中的信用证支付，即通过双方都信用的第三方平台来完成货款的交割。买家选定商品后下单，并把钱打到支付宝上，支付宝收到款后通知卖家发货，买家收到货并验收后，通知支付宝正式付款。这样双方都能放心交易，支付宝就成了双方交易的担保方，在国际贸易中这原本是由有实力的银行来担任的。

　　在这里支付宝实际已经履行了银行在商业活动中的支付作用，由于银行缺乏对电子商务的及时理解，也没有及时跟上互联网的步伐，使其错过了一个极好的金融工具开发的机会。2014 年，全国各种"宝宝"的支付额已经超过了银联卡的支付额，这场本应由银行领导的革命，就这样被互联网企业抢得了先机。

　　支付宝的频繁使用和现金在支付宝上的停留（由于物流和支付双方的约定），支付宝上聚集了一大笔现金，使支付宝完全有可能（事实也已经是这样）利用这笔资金进行投资理财。于是余额宝自动生成。阿里巴巴正是利用余额宝上的余额进行理财，由于理财产品的利息按金额多少设置利率，资金越大，利息越高，余额宝把余额集中起来形成巨款，获得高额利息，赚取利差，形成利润。迄今为止，阿里巴巴都没有公布这项收入，但我们可以从其庞大的销售数据和它对商家付款的承诺来计算这个余额，并推算出它的利差，利润一定十分可观。

　　余额宝理财给互联网金融带来了实实在在的几乎毫无风险的收益，全国各地的"业主"几乎一哄而起，甚至冲击了银行的存款业务，迫使我们的金融管理当局制定新规，规定消费者每次（天）往支付宝等第三方支付平台上打款金额不得超过 5000 元，这当然有规避风险的考虑，但主要还是为银行考虑。我不明白的是，为什么我们的银行就不能开发支付宝这种工具呢？

　　为了帮助淘宝网、天猫网上的商家做生意，阿里巴巴成立了网上小额贷款公司，由于阿里巴巴后台采集了商家真实的交易数据，由此可以判断商户的诚信和还款能力。这就从根本上解决了长期以来银行在办理中小企业贷款时出现的信息不对称问题。所以，商户向阿里小贷公司申请贷款，符合条件的往往在几个小时后就能得到贷款资金。这种效率使传统的金融机构望尘莫及。正是因为这种大数据的支持，使得阿里小贷公司有着无限的想象空间。

　　马云有一个基本的判断，认为中国的商业活动在今后 10 年内，将有 50% 以上会通过互联网来完成。这意味着中国将有 50% 以上的商业交易数据会得到真实的记录和保存。如果我们在保护隐私的前提下开放这些数据，将从根本上解决中国银行业务中存在的信息不对称问题，这意味着大量的中小企业的诚信和能力将得到大数据的支持。众筹的发布、P2P 平台的良性运作、网上金融机构的运行和传统商业银行业务范围的扩大，都将有一个美好的前景。当然，这有待于中国立法的进步，对大数据的开放和使用，是解决这些问题的根本所在。

互联网已经改变了中国的金融生态，还将从根本上颠覆我们传统的金融运作模式。在互联网的帮助下，银行高额的人力成本、物业成本将大幅度降低，存贷款的利差有望进一步缩小。当然，这一切不会自动到来，重要的是金融领域向民间资本的开放，目前，已经有 5 家民营金融机构拿到了牌照，再加上互联网＋的介入，中国商业银行的布局面临一次全面的洗牌，银行业务也将面临一次深刻的调整。虽然结果尚难预料，但肯定会朝着有利于存款人、贷款人的方向发展，朝着更有利于实体经济的方向发展。

实体经济

2012 年 12 月，"CCTV 中国经济年度人物"评选大会上，阿里巴巴集团董事会主席马云和万达集团董事长王健林有一个标的为 1 亿元的惊天豪赌，王健林说："10 年后，电商如果在整个中国零售市场份额占到 50% 以上，我给马云 1 亿元。如果没有达到，他给我 1 亿元。"2013 年，一场更大的赌局出现，赌约双方是格力和小米。格力董事长董明珠放言：小米在 3 年内销售收入不会超过格力。如果超过了，她输给雷军 10 亿元，如果小米没有做到，雷军输给董明珠 10 亿元。

无论是王健林还是董明珠，都是中国传统产业做得非常出色的人物，互联网就是这样十分野蛮地找上门来。到今天，仅仅过去几年，无论是王健林还是董明珠都开始在各种场合收敛当初的豪言壮语。在互联网的强大攻势下，他们都感到了这种扑面而来的压力。

在 2015 年的全国人大会期间，李克强总理放言：要让传统产业在互联网＋的风口上飞起来。接着出台的《中国制造 2025》又把信息化和工业化的深度融合当作提升中国制造业的关键入口。互联网以不可阻挡之势逆袭中国实体经济的各个领域。

互联网＋是中国经济的新动能。每场工业革命都以能源革命为标志，从蒸汽到电力，从电力到新能源，不断为工业注入了强劲的动力。美国近几年页岩油气的开发和利用，几乎改变了世界石油产业的格局，也推动了美国制造业的回归和提升。现在谁也不否认，美国重振制造业的势头强劲，有不可阻挡之势。

互联网＋向工业提供了一种新的、无形的但又无处不在的新动能。一方面它毫不留情地解构了传统的工业模式、企业模式，甚至颠覆传统企业经营管理的理念。另一方面又冲破一切障碍，对工业、行业、企业进行整合和重构，又一次大幅度提高工业的力量。它在技术上的解构和整合，它在供应、营销方面的解构和整合，使生产率的提高又一次前所未有地引起了人们的关注。

因为互联网提供了一个无限的空间和一个无障碍的世界，它将推动资本、技术、资源、劳动力等各种要素在全球范围内，按照最优的方式进行组合，这不仅考验本国政府的国家治理能力，也考验所在国企业家对互联网的理解和把握能力。

互联网＋是中国农业的新土壤。由于化肥和农药的过度使用，由于城乡工业所造成的污染，对农村土地、空气和水资源的破坏，中国农产品的安全问题已产生了严重的后果，甚至直接导致外国人来华旅游人数的下降。对于工业污染的治理已经引起了中国政府的高度关注，史上最严厉的《环保法》的出台，彰显了中国政府的决心。但化肥和农药带来的严重后果并没有引起人们足够的重视。其实，即使重视了，一旦面临粮食减产，人们的选择甚至国家的选择将能怎样呢？因为中国有 13 亿人口要吃饭，在这个问题上谁也不敢掉以轻心。

互联网将提供一套比较科学的解决方案。一是对土壤品质的监测，使农民在施肥方面得到更精确的指导，不仅可以大幅度减少化肥的使用，而且还可以进一步改善土壤结构。二是对天气的监测，气候是导致病虫害的主要原因，如果我们能对局部地区气候进行 24 小时监测，在使用农药方面就能做到精准用药、适量用药，大幅度减少农药对农产品质量的损害。

由于农产品是一个非标产品，对产品进行全面的检测并作出评价十分困难，也就增加了人们对农产品质量的疑虑。在互联网基础上形成的物联网技术，使消费者可以对农产品进行全过程的追溯，这样既可以使消费者对餐桌上的农产品放心，也可以对农民的生产行为形成一种全过程的监控。比如：消费者可以通过西瓜上的二维码，了解这只西瓜的生产和成长过程，了解它的生产环境，了解瓜农为这只西瓜付出的劳动情况。

互联网 + 是中国服务业的新领域。互联网不可能取消实体商店、实体服务业。因为任何商业、服务业的行为最终都必须在现实的空间内完成。但互联网一定会改变传统的商业模式和服务方式，它用自己的力量削减商业和服务业中的一些冗余环节，从而大幅度提高商业服务效率。比如"58 到家"对全城家政服务、搬家服务的配置，使家政服务员、搬运工的劳动效率得到提高。在传统方式下，他们几乎有一半以上的时间在等候生意或在从一家到另一家的路上。"58 到家"就近配置的原则，大大节约了这些不能创造价值的时间，使这类工作人员的收入大幅度提高。加上"58 到家"遍布各地的培训机构，统一规范的培训，使这种非标准服务业的质量也能得到提高。

互联网首先是通过一个虚拟市场来推动中国商业服务业转型。发展到今天，无论是传统的企业还是电商企业都已经意识到，单打独斗、互相排斥的方式不是这个行业的未来。从苏宁易购上线和阿里巴巴在全国范围内布局"菜鸟物流"，我们可以看到，互联网 + 正把商业服务业推到一个全新的领域。

▲建议

读完此章，建议你用 300～500 字，把你对互联网＋的感悟写下来，并从此出发，确定自己的创业目标。

第2章　产品设计

　　互联网对企业管理的冲击，莫过于对企业战略的解构。很多企业管理者惊呼：战略已死，只有产品能说明一切。

1

认识产品

这个标题显得有些突兀。但在互联网时代的创业，必须从产品开始。否则，你凭什么在市场上立足？

产品改变生活

产品是人类生产出来的物品，而非处于大自然状态的物品。因为石器的发明，房屋和衣服的生产，人类才脱离原始的状态，才成为真正的文明人。恩格斯讲：劳动创造了人。因为劳动生产出来的产品，改变了人们的生活习惯，推动了人类自身的进化。

在人类历史发展的每一个阶段，都会有一些重要的产品改变人类的生活，从而改变了人类历史的进程，尤其是进入工业化历史以来。爱迪生的几百项发明，比如电灯、电报、电影等，使人类的生活沐浴了电力时期的文明，城市路灯的使用，改变了城市的治安状况和卫生环境。电报、电话、汽车、飞机改变了人们的交流方式和出行方式，无线电的使用不仅扩大了人们的交流范围，而且还突破了国家界限，开拓了人们的视野。

毫无疑问，20 世纪最伟大的发明就是互联网，它给人类提供了一个和物质世界相当的虚拟世界。人们在这个虚拟世界的交往，突破了现实世界的许多障碍，从而又进一步影响了人类在现实世界的生活。互联网在传媒业和商业的颠覆性作用，改变了人类几千年来的交往方式和购物方式，使人类生活方式发生了几千年来最为深远的变革。

如果说粮食的种植和衣服的制作，仅仅是为了人类自身生存的话，那么，马的驯养、马车的发明，尤其是汽车、飞机的制造，这些产品的应用，直接改变了人类的生活方式，借助这些工具，人能远足自己不曾到过的地方，去寻求新生活。对出行方式的改变和出行效率的提高，扩大了人类的活动范围，加强了人与人之间的交往。

其实，人类生活中每出现一种新产品，都会对人类的生活发生或多或少的改变。从 20 世纪 90 年代的 BP 机，到模拟手机、数字手机，再到后来的智能手机，通信工具的改变，不仅方便了人们的交流，而且还提供了新的交流方式，比如短信、微博、QQ、微信，图片和视频的传送，使人们的表情表意变得更加丰富多彩。

如果你的产品能丰富人类社会的生活，那么你的产品就一定能找到市场，一定能受到消费者的青睐。如果你的产品能改变人类的生活，那么你就一定能成为划时代的人物。比如，你制作的一款美味食品，受到消费者的欢迎，为消费者经常食用，使他们的美食生活多了一款产品；如果你创造了一种送餐方式，受到消费者的欢迎，那么你就不仅丰富了消费者的生活，而且还能改变他们的用餐方式。20 世纪 80 年代城市早点业的兴起，使很多城市居民改变了在家吃早餐的习惯，事实上改变了消费者的饮食方式。

正是因为产品改变了用户的生活，一款合适的产品一定会成为你创业的开始。不管你从事什么行业，只要你的产品有足够的魅力吸引消费者的关注和购买，你就能在市场上立足。所以，在产品面前，企业的战略和愿景都显得十分苍白。

产品的多样性

任正非认为，华为成功的关键在于低价向用户提供高质量的产品。华为在进入国际市场时，不但注意提供优质服务，也注重价值定价法，以低于其国际竞争者 30% ~ 40% 的价格去赢得合同，迫使北电网络、阿尔卡特朗讯、思科这样的跨国公司不得不做出正面的回应——降低价格，减少利润。为用户节约投入，从而推动了这项事业的发展。低价优质产品正是华为的"撒手锏"。

乔布斯坚持——打动人心的产品才是最好的产品。他在研制苹果手机时，通过对人性的洞悉，对细节的完美打造和体贴入微的功能设置，深深地打动了消费者。产品一投放市场，即获得了消费者的追捧，并全然不计较它的价格要高出同类产品许多。从苹果手机问世以来，几乎每推出一代，都会引起这样的追捧，直到今天的 iPhone6，消费者对它的热情依然不减，它的价格继续居高不下，不仅创造了手机市场的奇迹，也创造了整个消费品市场的奇迹。

一个毫无餐饮经验的人开了家餐厅，仅两个月，就实现了在商场餐厅坪效第一名，VC 投资 6000 多万元，估值 4 亿元，这家餐厅就是"雕爷牛腩"。

只有 12 道菜，花了 500 万元买断香港食神戴龙的牛腩配方；每双筷子都是定制的、全新的，吃完以后可以带回家；开业前烧掉1000 万元搞了半年封测，其间邀请各路明星、达人、微博大 V 们免费试吃。

12 道菜并不是体验的全部。你会发现盛面的碗接触嘴的部分很薄，很光滑，而其他部分厚且相对粗糙，这样人喝汤时会有舒服的感觉，端碗时又会觉得厚重安全。面碗在 8：30 的位置开了一个拇指槽，端碗的时候更稳固；在 1：20 的位置也开了一个槽，可以把筷子和勺子卡在那里，喝汤时，不会打到顾客的脸上。

可见，"雕爷牛腩"的成功绝不仅仅是 500 万元食谱配方的成功。一个毫无从业经验的人，靠的是对人性的细微洞察，在细节上、在服务上认真较劲。对顾客体验的关怀是其成功的重要因素。

我们对产品的理解，比较容易局限在某个产品本身，其实不止这些。苹果手机仅仅是它的配置、材料和做工吗？肯定不止这些。它实际上包括苹果公司为之提供的各类服务和后台技术上的支持，甚至包括苹果手机所附带的乔布斯的性格和文化。

有些产品会以物品为载体，有些产品则会以服务为载体。去过"海底捞"的食客，事后可能记不起吃过什么东西，但一定会记住

"海底捞"的服务，记住"海底捞"服务员与其他餐厅服务员不一样的笑脸和真诚的服务。因为"海底捞"的创办人张勇真心实意地关心自己的员工，给员工以高出同行业的收入，给员工以多种收益途径和福利待遇；给员工一条成长的职业路径；给员工和总经理一样的打折的权力。在这样的意义上讲，"海底捞"的服务才是最重要的产品。

微信是腾讯奉献给消费者的产品，它给用户提供了一个新的即时通信工具。由于它不同于 QQ，也不同于微博，给了用户不一样的体验，得到了用户的追捧。淘宝和天猫，是阿里巴巴奉献给商户和买家的产品，它提供了一个虚拟的经营场所。由于它拉近了商户和消费者的距离，削减了许多流通环节，降低了流通费用，使商户和消费者都获得了最好的体验，从而成为中国最大的商城。

无论是网络软件还是产品实体，抑或是一套完整的服务规范，互联网时期的产品强调细节的设计和精致的打造，因为消费者越来越看重自己在购物时、在使用时的体验，这种体验不仅会影响他个人的决策，也会影响到他人的决策，因为你面对的不是单个消费者，而是一个消费者群体——网络使他们联结成了一个整体。

"物联"与"兼容"

在互联网时代，任何一件物品都不会孤立地存在，更不会孤立地满足人们的某种需要。

过去我们对食品的要求是色、香、味俱全，现在则会包括盛食品的器具、品尝食品时的环境以及能得到的各种服务。

互联网时期，强调顾客对产品的体验，这种体验的结果就一定不只是产品本身的功效，还会包括消费者感观的、精神的乃至思想上的反应。这意味着我们开发任何一款产品，都必须围绕这款产品展开基于人性的联系。比如"海底捞"的张勇，把他的产品着重于服务的设计上面，但与此关联的就餐环境、饭菜质量都必然是紧密关联的，也是构成"海底捞"这款产品的有机组成部分。

雷军的小米手机，从产品设计开始，就把用户体验的各个相关因素都考虑进去了，每一个环节都体现了小米的与众不同。其实单就手机而言，它和华为的至尊、苹果的 iPhone、锤子的酷派并无太大的区别。关键是包裹在小米手机上的各种不同的因素，突出了它的与众不同。甚至是雷军的一段视频、一篇短文，都会被小米粉丝看作是小米手机的一个组成部分。

科学家孜孜不倦地研究人机对话，甚至是人机一体，其目的是使机器能更好地为人类服务，企业家就应当更深入地理解人机互动，赋予产品以更多的人文关怀。

产品是不会自动地关联在一起的，只有通过人的力量才会使它们进行关联。比如产品的兼容问题，手机电池的相互排斥，完全背离了互联网精神。软件兼容的问题也是如此，企业家企图割裂这种联系，以赚取更多的利润，殊不知，这样一来，只能把自己的产品局限在某一个狭窄的范围。笔者相信，一个主动与他人兼容的企业，一定会取得更大的成功。兼容本身不仅体现了它的胸怀——有多大的胸怀才能有多大的事业，而且它向人们发出了强烈的信号，它可以与世界上一切美好的事物进行对接（兼容）。

当然，我们在这里所讲的物联，不只是这种兼容，它比兼容更宽泛，它不仅包括物理性质，而且包括人文性质。只有具有兼容性的、人文性的产品，才能使消费者得到最好的体验。

得产品经理者得天下

产品是一个企业在市场得以立足的根本。但随着产品生命周期的缩短，任何一款产品都不能支持一个企业很长的时间。甚至有些产品到了方生方死、方死方生的程度。所以，任何一个以产品为依托的企业，都必须更加重视产品经理的培养。

迭代是互联网时代使用频率较高的一个词。它往往和"快"联系起来使用。在现代人看来，任何产品都不可能完美无缺，即使现在消费者尚未发现，科技的进步很快就会使它的缺陷暴露无遗。所以，无论是雷军还是马云都信奉"天下武功，唯快不破"的秘诀。再好的武功一慢下来就会露出破绽。只有快，让你来不及反应，使你无暇琢磨对方的破绽。一代又一代产品的快速迭出，即使消费者发现了市场上产品存在的缺陷，新一款产品到来，就会马上淹没上一代的问题产品。

要实现这种快速迭代靠谁，靠产品经理，靠这个产品的研发团队。尤其是网络产品，周期更短，产品经理要组织自己的团队不断试错，不断出新，不断自己否定自己。

产品不只是产生于实验室。产品经理不能只理解技术、理解产品本身，更要理解市场，理解消费者，洞悉人性。任正非讲，要让听得见炮火的人来指挥战斗。雷军逼他的产品经理上线，和粉丝互动。张瑞敏搞了一个"倒三角"的组织模式，使产品开发的决策权下移。其目的都是让产品经理保持对市场的敏感、对消费者的理解。

我们知道，市场营销经理曾经在企业取得了至高无上的地位，无论是伊利、蒙牛，还是娃哈哈、太子奶，从某种意义上讲，都是营销成功的典范。由于他们创立了快消品的销售模式，通过招募经销商，实现产品的快速铺货和货款的快速回笼。总之，那个时代，成功的企业都离不开才能卓著的营销经理。如牛根生（蒙牛）、宗庆后（娃哈哈）、张瑞敏（海尔）、李东生（TCL）、董明珠（格力），无一不是杰出的营销经理。

互联网改变了这个状态。因为网民们不太相信权威、不相信广告、不相信销售专家，他们只相信自己的体验，互联网又给他们提供了这样的便利，使他们有条件和产品经理直接对话。所以，今天任何企业要取得成功，都不能不关注产品本身带给消费者的体验。

得产品经理者得天下。产品经理不仅关注产品的技术参数，更要关心产品各种技术参数带给消费者的体验。这样，产品经理就不得不承担一部分营销经理的职责，营销经理无可奈何地从企业最重要的位置上跌落下来了。

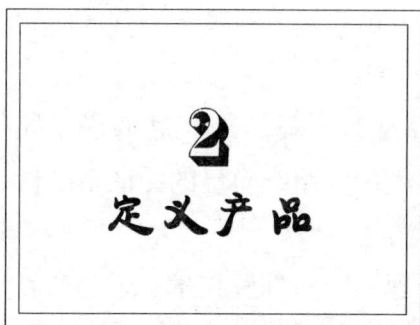

2 定义产品

开发一款什么样的产品，决定了企业的生死存亡。而一款产品在市场上能否受到消费者追捧，并不完全取决于产品的科技含量和质量，而在于产品经理给产品下了一个什么样的定义。产品经理和科学家不同的地方，就在于他是立足市场来定义产品，是利用现有技术，打造能满足消费者需要的产品。定义产品分为三步：

发现"痛点"

产品经理必须牢牢树立用户至上的观点，为消费者设计出超越其预期的产品，引发消费者的"尖叫"。所以，产品经理必须花更多的时间和精力去发掘市场的"痛点"，甚至是消费者自己尚没有觉察到的需要。

双鹿公司在2002年成立时，海尔等知名品牌冰箱已经完成了对全国市场的布局，几乎没有留下什么空白。面对海尔这种强大的竞争对手，双鹿的市场调查人员发现，农村用户喜欢把冰箱放在卧室而非厨房或客厅，所以，他们决定开发一款更安静的冰箱以满足农村用户的需求。正是这样一个决定，很不起眼的双鹿冰箱找到了适合自己生长的土壤。安静或更低的噪声正是农村冰箱市场的"痛点"。

从2012年4月，谷歌公司发布第一款"拓展现实"的眼镜以来，很多创业者都十分看好可穿戴产品市场的前景，一些互联网行业的专家甚至把可穿戴产品当作引爆互联网产品市场的下一个需求点。

但几年过去了，可穿戴产品在市场上的表现一直不温不火，其根本的原因就在于该产品缺乏直击用户"痛点"的功能。

如果我们只是把手机的一些功能转移到眼镜或手环、脚环上，是没有任何意义的。人们对手机及手机屏幕的习惯和偏好，成为改变通信器具最大的阻力。我们无法想象人们丢掉手机而依靠手表或眼镜来进行原来属于手机功能的一些操作，可穿戴产品必须开发出其他产品不能承载的功能。

随着人类对自身健康的关注度日益提高，可穿戴设备对人体机能各项数据的采集将显得十分重要，而这取决于另一项技术的进步，这就是传感技术，使可穿戴设备采集的数据客观、真实，然后借助互联网建立的"云"医院平台，对这些数据进行分析，并制订健康生活（运动）方案，以保护自己的身体健康。或许这才是可穿戴产品应具有的"杀手级"功能。

发现（寻找）市场"痛点"的方法，很多人误认为市场调查是唯一的或最可靠的路径。其实，由于消费者只能对市场上已经存在的产品进行评判，不可能也不会对市场上没有出现过的产品提出需求。消费者没有提出这样的需求，并不等于他没有这样的需求，而是因为他没有见过这样的产品，他说不出来自己内心其实已经存在的渴望。所以，通过市场调查发现的市场"痛点"都只能是现存产品的缺陷。当然，这样的发现也很重要，企业如果能使这样的问题得到解决，同样能受到消费者的欢迎。由于这个市场已经存在，得到改进的产品在开拓市场方面还会省掉企业不少精力。如同双鹿冰箱一样———一款更加安静的冰箱，它足以打动农村消费者的心。

但是更具创新、更有颠覆意义的产品开发，不是通过市场调查发现的，而是产品经理对人性的洞察，甚至主要是来自对自身的省察，就如张小龙对 iPhone5 的期待一样，他把自己当作是苹果手机的消费者来体验。由于他自己就是一名优秀的产品经理，恰好他的上司又是具有产品经理特质的马化腾，所以，他们没有像一般消费者那样就事论事地讨论问题，而是跳出产品本身，把自己所接触的、理解的人类各种交流工具整合起来，把 iPad（3G）、kik、Google Voice、Face Time 等各项功能结合起来。正是他对自己的省察，他带领的团队才开发出引导全民欢呼的微信。市场的"痛点"来自哪里，来自产品经理以专业的方式对自己的洞察、对人性的洞察。

物质丰裕时期，市场始终处在一种需求疲软状态，创业者很难通过市场调查来发现市场的空白处，只能通过洞悉人性，发现消费者尚不知觉的需要。如乔布斯，通过对自己的分析和体察，来触动消费者隐藏最深处的那根弦，他的"有缺陷"的苹果，一投入市场，就引爆了消费者内心深处的渴望。在美国历史上，在苹果出现之前，尚没有哪一家生产单一产品的公司能在福布斯榜上独占鳌头。其实最困难的就是这种对传统思维模式的颠覆，不仅是尊重市场，更重要的是尊重人性，洞悉人性内心深处的向往——这是何等的难！

人性是相通的，越是内心深处的东西，越是能找到共同之处。所以，内省得越深刻，就越能触摸到人性最柔软的地方，越有可能把自己的产品做成直击人心的东西。比如"雕爷牛腩"对面碗细节的琢磨，又如乔布斯对手机的精心打造，不仅是中产阶级在欢呼，"屌丝"们同样也在追捧。

发现问题是解决问题的开始，解决问题正是产品存在的理由，不管你是用市场调查的办法也好，还是自省洞悉人性的办法也好，作为产品经理，作为创业者，最重要的就在于你能发现问题，从而为自己的产品下一个定义。

设定目标

无论我们是通过市场调查还是通过洞悉人性的方式，探究到的市场"痛点"可能很多，而我们的产品能够解决的问题总是很少，所以，在定义产品过程中，确定目标就显得十分重要。

家具是消费者居家仅次于购买房屋的第二项大的支出，消费者不仅关心家具的功能，也关注家具的价格，高性价比是家具市场十分突出的问题。

宜家为了解决这样的问题，采取了两个十分重要的措施来降低产品价格。

一是规模制作、标准化制作。当然，家具并没有统一的标准，但考虑到人的身高和房子的空间，它的长、宽、高、厚还是有一定规格的。宜家把家具做成标准件组装，这样使家具生产成为流水线上的作业，大大提高了家具的生产效率。大规模和标准化生产，也降低了木材等原材料的采购成本，从而为降低家具的价格提供了空间。

二是实行板式包装和运输。一般家具公司都是把家具安装好后出厂。由于安装好的家具占的空间比较大，运输成本就成了家具价格的重要组成部分。宜家看到了这个问题，喊出了"动动手，我们一起来省钱"的口号。消费者看样后付钱开票，然后到仓库取货。由于是板式包装，在仓库也不占地方，减少了仓储成本，消费者甚至都不需要叫专门的运输车辆，自己的小车就可以拉回去。然后根据宜家提供的图纸和工具，很快就能安装好。

通过这两项措施，使宜家家具具有很高的性价比，在世界各地都受到客户的欢迎。

为客户创造价值，是厂商永远不变的真理。无论你推出一款什么样的产品，你都要问问，你能给客户带去什么样的价值？你创造的价值是否超过了客户的预期？任何客户在决定购买某种产品时，心理都会有一个预期。这个预期当然不仅仅是产品的功能，还有价格，有消费者在购买和使用时的各种体验。在很多场合，商品的功能往往是一定的，要在功效上超过客户的预期往往很不容易（除非你是乔布斯、张小龙这样的天才产品经理），大多数情况下，它依靠我们提供各种服务来增值。

比如在宜家购物，你可以在它的沙发上休息，甚至到它的床上去美美地睡上一觉，这在其他家具店是不允许的。自己安装家具是一个比较麻烦的事情，宜家提供图纸，后来又提供 VCR，使你能轻松地完成这一工作。同时，宜家的设计师在不断改进设计，不断给客户提供新的体验。

有很多企业把售后服务看成一种麻烦，不太重视售后服务的质量。格力对它的售后服务人员进行专门的培训，比如空调安装，售后服务人员从进入客户的住房开始，一系列标准化动作，使客户感到十分舒心。自带鞋套，自带抹布，安装完毕，擦去灰尘，把空调的包装物（客户不需要保留的）带下楼，丢入垃圾箱。很多城市居民就冲着格力的这种售后服务决定购买格力空调。

这种服务上的增值，能使客户明显地获得一种超心理预期的价值体验。比如"海底捞"的服务，在这方面取得的成效就更大了。它能在全国 20 多万家火锅店中脱颖而出，并不是它的火锅底料和配料有什么过人之处，而是凭借服务员超预期的优质服务，给顾客创造超过美食本身的价值体验，使他们都成为"海底捞"的回头客。

打动人心是厂商梦寐以求的状态。高性价比、超过客户预期的价值、舒适的购物环境和优质的售后服务，肯定都是客户关心并为之心动的因素。互联网时期，我们越来越重视消费者购物和使用产品时获得的体验。从消费者接触我们产品的第一眼开始，到他决定购买我们的产品、使用我们的产品，中间会经过一系列的环节，我们应当把这些环节都考虑进去，不放过其中的任何一个细节。

"雕爷牛腩"绝不仅仅是花 500 万元买到的一个食谱，食材的选购、大厨的心情、火候的掌握，都会影响牛腩的味道；盛牛腩面的碗、使用的筷子和汤匙、服务员的言行，都会影响食客用餐时的心情；场景的布置、桌椅的高矮甚至灯光音响，都会成为顾客体验的重要环节。正是在这些细节上无微不至的精心设计和安排，从而使食客获得了超过心理预期的体验，拨动了他内心深处的那根弦。

中国正进入物质丰裕时期，越来越多的人会追求一种精神上的愉悦甚至是思想上的共鸣，我们要打动消费者的心，就必须在这些方面狠下功夫。比如，中国进入老年社会后，谁都相信养老是一个比较大的产业，但事实上，这个产业在中国发展得还很不好。大多数的养老还停留在对鳏、寡、孤、独和贫困者的救济上，一般家庭的老年人养老基本上被排除在这个市场之外。所以，如何开发出一款更好的养老产品，是引爆这个市场的关键因素。这些产品不仅要直击市场痛点，还要打动老年人的心，打动老年人子女的心，要在思想上引起他们的共鸣。只有设立这样的目标，才会有引爆这个市场的产品（服务）出现。

给产品命名

为自己的产品起一个合适的名字，为自己的产品设计一个合适的形象，往往会起到事半功倍的效果。

"三只松鼠"于2012年6月在"天猫"上线，65天后成为中国网络坚果销量第一，2012年"双十一"创造了日销量766万元的奇迹，名列中国电商食品类销量第一。2013年1月月销量超过2200万元，至此，从它开店才过去半年时间。

老鼠是中国人十分讨厌的形象，而松鼠无论是大人小孩都十分喜欢。同时，由于松鼠和坚果联系紧密，用松鼠作为坚果的电商品牌可谓恰到好处。

我们不能肯定"三只松鼠"的坚果是最好吃的，人们给它下单的主要原因可能就是三只松鼠的命名和以三只松鼠为坚果的形象打动了客户的心。在坚果包装箱上，它们还会贴上一句给快递员的话——"快递叔叔，我要到我的主人那了，你一定要轻拿轻放哦。"你看到这样的表达，心里会不会有一种萌萌的感觉呢？这哪是给快递叔叔的短信，分明是写给消费者看的。顾客由"亲"变成了"主人"，商家有一种浅浅的自谑，顾客是不是有一种怪怪的感觉呢？

有人研究发现，随着80后、90后成为市场上的消费主体，他们对那种"呆、萌、贱、坏、怪"的形象有一种特别的偏好。别忘了，他们的童年时期正是日本漫画在校园充斥时期，在他们的意识深处，这些动漫形象始终都存在，正如 50 后、60 后的知青情节一样。

"三只松鼠"利用松鼠为坚果树立了一个非常贴切的形象，还利用动漫短片，使这种形象灵动起来，从而从名字到形象都给消费者留下了深刻的印象。

90 后大学生李笃乾，老家在永春农村，大学毕业后，开微店卖家乡的土鸡蛋。他的微信公众平台为"九点零农人"，通过这个平台供给土鸡蛋、生禽、干菜等农产品。他为自己的粉丝命名为"蛋花"，为自己取名"扯蛋君"，诙谐幽默，引人心生好奇，没有进行任何推广，开业 1 个月就积累了 1000 多个粉丝，卖出了 5000 多个土鸡蛋。

去年"双十二"，各大电商平台除了忙着造势引流冲业绩外，连"嘴仗"也打得十分欢实。挑战的是淘宝，"双十二"前夜，它修改了移动端首页图标，"真心便宜，不然是狗"，其中七个字是文字，最后一个狗字则是近期"因强烈精神污染"而红遍网络的狗头图。京东的吉祥物就是一只叫 joy 的小狗，淘宝此举不言而喻。

据说，刘强东为此召开了紧急会议，迅速把京东移动端首页更新为"拒绝假货，不玩猫腻"，同样七个字用文字，而猫字用猫头来代替——直指以猫为吉祥物的淘宝。

天猫从 Tmall（电子化商场）音译而来，据说猫头形象也来自马云的漫画形象，虽然群众基础不好，但起步早，宣传到位，天天让你看到，久了，也就给你洗脑了。

刘强东创建京东是在天猫之后，一开始就以"天猫"作为其竞争对手，选用"天狗"作为其形象，猫狗好斗，消费者一边看热闹，一边不停地"买买买"，不知不觉地使双方都刷新了销售纪录。其他各路电商虽然也纷纷加入，说什么"真比猫狗省"、"若非底价，猫狗不如"之类的话，但由于自己的形象并不突出，不知不觉成了这场"猫狗大战"的配角，反而起了摇旗呐喊的作用。

"百度"的名字源于辛弃疾的词——《青玉案·元夕》下阙，"蛾儿雪柳黄金缕，笑语盈盈暗香去。众里寻他千百度，蓦然回首，那人却在灯火阑珊处"。寻他千百度，蓦然回首带给人的感觉跃然纸上。李彦宏以"百度"作为搜索网站的名字，十分恰当，充满诗意，令人暇想，令人向往。"百度"成为当今中国三大门户网站之一，应当给这个名字记上一笔。

最近"百度"选用"呆萌"形象的小熊代言百度外卖，虽然它起步晚，在餐饮方面也没有什么优势，但凭借小熊形象很快就抢得了一席之地。很多人就是冲着小熊的"呆萌"形象，使用百度来叫外卖的。

所以，如果你爱你的产品，就一定要给它起一个合适的名字，比如联想、华为、中兴都成了一个大时代的声音，小米、三只松鼠、菜鸟，则代表了小时代的一种文化倾向。如果你爱你的产品，就一定给你的产品找一个合适的形象代言。海尔兄弟勇敢无畏的形象，伴随着海尔冰箱翻山越岭、漂洋过海。有些人喜欢用艺人作为形象代言，但艺人容易出轨，容易涨价，而动漫形象不存在这样的问题。如果你的企业用的是原创动漫，随着时间推演，产品市场的扩大，动漫形象会越来越饱满，越来越深入人心，它会成为你旗下一名越来越红的艺人，它不会出轨，不会自损形象，也不会要求涨工资。建议你用动漫来代言公司或产品的形象。80 后、90 后会对你说：再不动漫，你就Out 了。

3 体验产品

原百度产品副总裁、首席产品架构师俞军总结了PM（产品经理）12条，和大家分享。

（1）PM 首先是用户；

（2）站在用户角度看问题；

（3）用户体验是一个完整的过程；

（4）追求效率，不做没用的东西；

（5）发现需求而不是创造需求；

（6）决定不做什么，往往比决定做什么更重要；

（7）用户是很难被教育的，要迎合用户而不是改变用户；

（8）关注最大多数用户，在关键点上超越竞争对手，快速上线，在实践中不断进步；

（9）给用户稳定的体验预期；

（10）如果不确定该怎么做，就先学别人是怎么做的；

（11）把用户当作傻瓜，不要让用户思考和选择，替用户事先想好；

（12）不要给用户不想要的东西，任何没用的东西对用户都是一种伤害。

我并不完全赞同俞军的 12 条，比如第（5）条、第（7）条，遵循这样的原则，你永远也成不了伟大的产品经理，成不了乔布斯，成不了张小龙。其余 10 条反复讲的就是这样一个问题：如何让用户获得最好的体验。

因为现在的用户已经不是孤立的个人，也不是各种消息（广告）被动的接受者，他们掌握着产品的关键节点——口碑，他们通过网络制造口碑，既可以成就一个伟大的产品，也可以毁灭一家哪怕是庞大的但平庸的公司。体验产品，关乎产品的生死，关乎创业的成败。

实　　用

无论是产品还是服务，首先是实用，能满足用户的某种需要。互联网时期同时也是物质丰裕时期，用户对这种实用的要求不会停留在一般的使用价值上，而是会不断推向极致。

床垫是一个极为普通的产品，但也是用户体验最深刻的产品。因为人的一生大约有 1/3 或稍少一点的时间是在床上度过的。记得小时候读过安徒生的童话，其中就有一个叫《豌豆公主》的故事：在床上铺了 12 床鸭绒被子，在最下面放一粒豌豆，真正的公主睡在上面还是感觉到了。人的生活条件越好，对床垫的要求也就越高。

于是，在测试了上千件产品并经过长时间的对比内测后，美国的 Casper 推出了"最舒服的床垫"——他们认为能满足 90% 的用户的床垫，把最好的乳胶材质用在人们睡到的地方，面上铺上记忆海绵。同时，抛开经销商环节，完全利用网上销售，Casper 把床垫价格根据尺寸定在 500~950 美元，而美国市面上乳胶床垫的价格普遍在 1500 美元以上。而且顾客也不会在繁多的价格和款式中挑花了眼，只需要在一种款式中的 6 个尺寸中选择就可以了。怎么满足顾客试睡的需要呢？Casper 给了顾客 40 天的床垫试用期，其间可以无须任何理由，免费上门办理退货。

什么叫实用？这就是实用。极致的产品打造，高出同类产品许多的性价比，超期限的顾客试用期，无条件退货且上门免费办理手续。实用不仅仅是指产品的功能，它包括用户在购物和使用时的一切体验在内，只有从制作到试睡再到退货的各个环节都完美，才谈得上是一款"最舒服的床垫"，才谈得上真正的实用。

有些商家也承诺可以无条件退货，但你得负责把商品送回商场，你还得找这个经理签字，找那个经理退钱，手续繁杂，已根本谈不上"实用"二字了。

在淘宝网上，我们经常能看到一些很有意思的买卖双方的对话：

好评：我花了 39 元买的衣服，挂牌上却标的是 18 元!!! 心里有点不舒服，本来想给中评，但想想还是算了，做生意也不容易。我没别的要求，希望卖家能给个合理的解释。

解释：请你看仔细了，那是 18 美元，不是人民币！

你能把衣服只当作衣服吗，标牌不也是衣服的一个组成部分吗？

差评：榛子壳很硬，吃完这 500g，我的牙都快掉完了，为了增加重量多收邮费，还往箱子里塞一块破铁。

解释：你仔细看那块铁，中间是不是有个螺丝，再往下看，是不是中间有条缝，沿着这条缝用力分开——这块破铁就是给夹榛子用的特制钳子！

你还会认为实用就是指产品本身的效用吗？

我没有验证上面的这段对话是否来自"三只松鼠"，它的成功就在于对用户提供无微不至的关怀。在"三只松鼠"购买一袋坚果，用户可以得到夹坚果的夹子（就是上面那块破铁），擦手的湿纸巾，还有封口夹——便于你保留尚没有吃完的坚果，还有一个果壳袋。正是这些东西使"三只松鼠"的坚果和其他店家的坚果大不相同，客户获得的体验也是大不相同。还会有人讲，"三只松鼠"的坚果与其他店家的坚果没有什么不同吗？

简　　约

快节奏的生活使越来越多的人失去耐心，所以，简约成了产品体验至关重要的因素。

作为一款生理周期健康软件，大姨吗主要功能包括：记录经期、测算排卵期、测试健康等。用户只需要填写一次生理周期，就能帮助算出今后每月的经期周期提醒日，"很简单，不用动脑子想，更不需要记，只要开着手机就行"。基于简单这一点，大姨吗自 2012 年 1 月上线，现在已经有 4000 多万个的女性用户，最近又完成了 C 轮 3000 万美元的融资。简约，正是大姨吗成功的重要因素。

2012 年 6 月 9 日，微软利用原先的名称 Surface 推出了自有品牌平板电脑 Surface RT，当时业界十分亢奋，纷纷期待它与 iPad 正面对抗，能创造出奇迹。结果 12 个月转瞬即逝，由于销量不佳，微软被迫将 Surface RT 降价 30%，导致微软将库存减值 9 亿美元，一年的销售收入还抵不上 iPad 一个月的收入，更要命的是，这个收入还抵不上微软为它投入的广告费用。

对于 Surface RT 的失败，微软内部和网友都作了很多分析，问题可以罗列几十条，但最要命的是，Surface RT "居然让一个 30 多岁的行家花了 10 分钟才能上手"，"从开机到设置好程序，用了 10 分钟"。如此复杂的操作程序，不禁使人要问，微软是要把这款产品卖给谁呢？是用来做什么的？如今还有哪一个消费者肯花 10 分钟之久来了解一个软件的应用？

大姨吗的成功和 Surface RT 的失败，本来不应当相提并论，但是否简约成了它们成败的最关键因素。

简约就是要把产品上那些可有可无的功能去掉，凸显出产品的主要功能。像美国辉瑞公司的伟哥，本来是用来治心脏病的药，但其效果却体现在性功能上，如果我们仍坚持强调其治心脏病的功效，恐怕这种药就不会取得后来的成就了。可口可乐和姜葱一起煮沸，可以用来防治感冒，但可口可乐公司从来就没有把这一功效当作一个卖点。因为一旦卖点复杂，消费者对它的体验就不会清晰。可口可乐追求的就是一个"爽"字，正是这种极致的体验，才使这款产品经久不衰。

简约就是消费者使用的时候十分简单，几乎可以"一键搞定"。以前的照相机是比较复杂的，用户要根据天气、气温、云彩、光线来调焦距、调光圈，把每个用户都当作了一个照相师。后来日本富士推出了一款"傻瓜相机"，用户只需要把镜头对准目标，按下快门就行了，虽然相片的质量比传统的要差一点，但也没有挡住消费者对这款相机的热情。虽然数码相机早已取代了胶片相机，但相机的这种简约的操作方式成为生产厂家首选的因素。

只要做到简约，即使消费者要为之付出一些代价也是可以的。"傻瓜相机"的相片质量、自动挡汽车变速箱的耗油量，都是用户愿意付出的一点代价。可见简约在消费者心目中的地位。

消费者购买一款产品的目的在于解决他在某一方面的需求，他并不希望通过使用这款产品来学习某项知识（除非是学习机之类的产品）。如果汽车可以自动驾驶，用户绝不愿意花精力去学习开车，哪怕是车子要贵一点。对任何用户而言，都只需要知其然，而不需要知其所以然。

消费者总是用十分直接的方式来体验产品。所谓直接的方式也是感性的方式，就是不用动脑筋的方式。否则，消费者就会去购买另一款产品，除非是他别无选择。Surface RT 不幸有一个追求简约的竞争手，即使它的功能与 iPad 能一竞高下，但光是一个"让行家里手花上 10 分钟才能搞懂的程序"，它在 iPad 面前就必死无疑。

愉　　悦

Google Class 虽然能给人带来很多神奇的体验：据说可以把坐在你对面姑娘的底细摸个一清二楚，增加你取悦姑娘的机会。但你还是不可能带着这样的眼镜去约会，因为它太不像眼镜，简直就是一个工业设备。戴上这样的东西不把对面的人吓跑才怪。

人们总结可穿戴设备没有引爆市场的需求，其中有一个重要的原因就在于这类产品太缺乏美感，除了引起人们的好奇外，并不能引起用户精神上的愉悦。

越是让人感觉亲切的产品，越是需要美的设计。

一是要使人用（穿）起来感到舒服，符合人体生理上的特点。比如衣服首先要合身，鞋子要合脚。手机为什么永远都不可能取代平板电脑，因为手机的屏幕只能在人们的"一握之中"，超过了这个尺寸，人们就会感到不舒服，从而产生不方便的感觉。眼镜架在鼻梁上，要正好符合人的脸型和头型的要求，手表手环应当符合人的手腕形状，同时还要符合人的视觉位置。

二是看起来要与人亲切，它的颜色应当与人的肤色相衬托，而不是相冲突。像我们黄种人如果戴一个红边框的眼镜，或者穿一双黄色的袜子，或者穿一双绿色的鞋，总是会给人以怪怪的感觉。产品的表面看起来要光滑，如果粗糙，就会给人不精致的印象。

美是人类永恒的追求。不同的时代，人们的审美情趣是会改变的，所谓"燕瘦环肥"，是因为汉人与唐人审美标准不一样造成的。汉人喜欢苗条，唐人喜欢丰腴。我们设计出来的产品也应当具有时代的美感，现代社会，实用和简约也是一种美，甚至是现代人审美的一个重要的标准。

消费者在体验产品时，产生精神上的愉悦，除了实用、简约外，还有一个重要的原因就是他觉得这款产品很美，他体验产品的环境美，为他提供服务的服务员也很美。他体验产品时的精神上的愉悦就会由内而外地生成。

美不等于漂亮，但美兼容了漂亮。美是自内而外的一种感觉，是产品自内而外的一种本质的体现。我们经常能见到一些"金玉其外，败絮其中"的产品，虽然能使人产生一时的愉悦，但体验的结果一定会使他心生厌弃。没有本质和内涵的东西是不可能使人真正产生精神愉悦的。这可能就是塑料花永远也不能取代鲜花的根本原因。因为花的美丽是源于一种生命的盛开，而不仅仅是一种外表的漂亮，再仿真的塑料花都不会使人产生一种"生命怒放"的联想。

当然，大工业本身就创造了一种美，水泥、钢架，机器、仪表也同样能给人一种愉悦。比如那些做工精致的清水墙，无须面上瓷砖，一样很美。机器铮亮的外表，泛着蓝光，仪表一尘不染的外表，都会给人以美的享受。但这是一种工业美，与人的生活是有一定距离的。所以，我们的产品应当分清不同的场景，给其不同的外表，以表达其内在的美。

任何产品的设计都必须有美学的设计，这是引导体验者精神愉悦的重要路径。

共 鸣

产品精神，是指在追求改善人类生活理想过程中所体现的价值观、理念、人生态度、个性与气质、品位与格调、荣誉与准则。宝洁首席营销官斯登在《增长力：如何打造世界顶级品牌》一书中提出，激发愉悦、建立联系、激励探索、唤起自豪、影响社会五大改善人类生活的理想品牌类型，为产品的精神挖掘与提炼，提供了一个标准的框架。

HTC 曾经制造出世界上第一款搭载安卓系统的智能手机，依靠早期的创新能力和成本优势，2011 年，HTC 掌握了美国 20% 的智能手机市场，仅次于苹果。然而时至今日，HTC 的全球市场份额只占到 2.6%，较之两年前的 11.1% 有大幅度下降。

HTC 反思自己的营销短板，甚至请来钢铁侠来救场。它一味强调价格、配置、技术，缺乏和消费者的沟通，甚至不知道消费者的情感喜好，漠视人们使用手机的场景和情感的表达，正如它请来的钢铁侠一样，对人缺乏温度，是一款没有人文精神、没有情感的产品。

越科技，越人文。科技在提升效率的同时，也在引发焦虑，物极必反。我们就应当在人文传统里寻找平衡，关照人类本身。苹果手机之所以能特别地打动用户，就在于它一直在科技和人文的交叉点上寻找产品的平衡，给产品注入人文的情怀。

赋予产品以人文精神，不是简单地为自己的产品设计一句什么口号。只有让物质和精神互相融合，产品才会拥有鲜活的生命（人文），否则，就会成为空洞的口号。比如"蒂花之秀"洗发水，提出"青春好朋友"的精神诉求，但它没有产品实体功能的支持，仅仅是个口号而已。所以，魔力产品 = 卓越的性能 × 强大的情感诉求。

共鸣就是通过用户的体验，从产品的实体功效中感受到一种人文精神，并引起自己在思想上的思考（共鸣），除了产品外，还需要很多的支持手段。比如格兰仕的菜谱手册，传授了顾客上百种菜品的微波炉烹饪方法，使用户自然而然地把这种厨房里的革命和格兰仕结合起来，从而在思想上和它共鸣。

共鸣是人文情怀和产品精神诉求的一种契合，是用户经过深刻思考后的一种认知，甚至会导致一种感情上的依恋和寄托。现代人生活在一个快节奏的年代，会本能地拒绝这种思想深处的反思。但人是一种有思想的动物，不仅仅是一种情感的表达，而且会上升到思想上的认知。所以，成功的、伟大的产品，一定会使消费者在自己面前慢下来，只有放慢脚步，他才会思考。所以，我们应当为我们的产品制造这样的场景，增强产品的牵引能力。当然，这可能只有少数产品才能做到。

4 追求卓越

现代社会是一个节奏越来越快的社会，也是一个充满竞争和不确定的社会。你要保持在市场上的位置，只能不断追求卓越，超越他人，超越自己。

超越预期

20 世纪 90 年代，中国的洗衣行业悄然兴起，并快速发展。由于干洗是一个地域化的服务，中国的干洗行业始终是一个集中度比较低的行业。因为没有品牌支撑，没有统一的行业标准，干洗行业一开始就陷入野蛮发展的状态。管理跟不上来，从业人员的素质参差不齐，洗衣事故频发，衣料损坏，物件丢失，企业与消费者纠纷不断。消费者对干洗行业的预期降到了极点。

荣昌洗衣采用"一带四"的方式，强化对洗衣业务的管理，一家配备洗衣设施，另外四家只负责收货，这样一来，就可以对负责洗衣的工人和负责收货的工人分别进行专业培训，大大提高了洗衣服务的质量。标准化和程序化，使消费者感受到了这种龙头洗衣企业的与众不同，其洗衣质量和服务质量都不是一般洗衣企业所能比拟的。

围绕顾客最关心的需求——便捷、时间、质量，荣昌推出了完全区别于传统洗衣服务的产品——e 袋洗。由荣昌向顾客提供专用的洗衣袋——e 袋，顾客拿到袋子后，将待洗衣物尽量多地塞入袋中，在线下单，工作人员按约定时间上门收取。顾客通过荣昌网络账号，随时随地询问衣物状态，并可选择不同的取衣方式，由顾客自定时间、地点。同时，"您装多少，我洗多少"，按袋收费，开展"日袋王"、"周袋王"、"月袋王"、"季袋王"、"年袋王中王"活动，鼓励顾客开动脑筋，"多占便宜"。

这完全超越了客户对传统洗衣行业的心理预期，荣昌也因此成为中国洗衣行业的领导者之一。

什么叫超越预期，就是商家提供给消费者的体验，超越了他以往的经验和体验前的心理预期。花同样的钱，获得了更多的享受（产品），买同样的产品，只花更少的钱，就是我们所说的性价比。小米手机就是以超越消费者预期的性价比赢得消费者支持的，高性价比是产品超越用户心理预期的重要路径。

除了高性价比产品外，厂商在服务方面的创新，同样可以超越消费者预期。在物质丰裕时代，消费者越来越关注购物体验和消费体验。在这个过程中，服务所占的分量越来越重，甚至有的超过了产品本身。

超越预期就是使消费者通过体验，感觉到他购买的物品——物超所值，他"赚了"，正如荣昌的顾客一样，觉得自己"占了便宜"。产品卓越的性能，超低的价格，"爽"到底的体验，这些都是建立在企业"为顾客创造价值"的宗旨之上的。

关于企业存在的理由有很多种说法，按照政治经济学的通俗解释就是企业应当创造利润，应当为股东赚钱。其实赚钱主要是投资人的想法。按美国经济学家加尔布雷斯的解释，企业经理人的目的与投资人的目的并不一样，他希望企业得到社会的承认，也就是做受人尊重的企业。因为企业经理人在现代社会已经成为企业的代表，企业受人尊重，企业经理人自然会受到尊重。这岂是年薪可以购买得到的？

如何使企业受到社会的尊重，根本的途径就在于企业为社会创造价值。为消费者创造价值，才能得到消费者的拥护。如果企业能为消费者创造超越其预期的价值，企业的社会地位自然就会得到显著的提高。这一切在市场上就会通过销售收入、利润等指标反映出来。投资人的目的也就自然得到了实现。

网络时代，消费者对企业行为观察得很仔细，也十分敏感。如果一个企业总是把销售和利润当作企业的唯一目的，其行为就会表现出对产品价值的忽视。所以，无论是资本主义的企业还是社会主义的企业都应当把为消费者创造价值当作企业生存发展的正道。记住：消费者满意了，企业的一切问题都可以迎刃而解，企业的销售和利润会自动生成。

快速迭代

网络时代把产品推到了至高的位置，但产品的生命周期却大大缩短了，以至于我们现在不讲产品的生命周期，而讲产品的迭代。即不断地推出新产品，以取代在市场上还在热销的产品。这样做有两个好处：一是不断推出新产品，使产品的价格能维持在一个较高的水平，也就是消费者能不断从新产品中获得更高的价值；二是通过不断推陈出新，改进产品，克服产品在质量上的问题。

苹果手机从 iPhone1 到 iPhone6，已经出了 6 代，每一代新产品的面世都会把产品的价格拉回到 5000～6000 元的价位，使苹果手机保持着一个高端的形象。因为每一代苹果手机都会进一步完善手机的功能，增加一些新的功能，使消费者获得更多的完美的体验。虽然价格没有下降，消费者还是感到物超所值。所以从第一代苹果到第六代苹果，它在市场上的表现一直强劲不衰。

据说小米每周都会推出一个新款。虽然小米手机质量不断有人"吐糟"，但由于其新产品迭出，使消费者无暇指责它的问题。有些问题，消费者还没有说出来，就在下一款的手机中得到了解决。当然，下一款产品同样会有一些新的问题，只不过它又会用同样的方式加以解决。就这样，小米手机就在别人的批评中快速迭代、快速成长，仅仅用 3 年不到的时间，就站到了中国智能手机第一的位置。

在雷军的七字诀中，迭代、快就占了三个字，天下武功，唯"快"不破，他深得"快"字诀，正是快速迭代，成就了今天的小米。

快速迭代的前提就是不断试错，快速验证。互联网给了我们这样便利的条件。你开发一款新品，不知道市场对它的反应，最好的办法就是把它投放到市场上去验证。互联网拉近了消费者和生产者之间的距离，通过网络，你可以把你的产品尽快"送到"消费者手里，你可以"听"到消费者对产品的评价。产品行不行，由消费者说了算。就那么简单。

Bong 手环招募 1000 名七星会员，给他们以无限分享 Bong 的每一代产品更新、每一次升级的权力。每当 Bong 有新版产品推出时，Bong 团队都会给七星会员免费邮寄一个给他试用。正是这批七星会员帮助 Bong 发现问题，又不遗余力地维护 Bong 的声誉。

现在还有一种通过众筹的方式来快速验证产品的方式。

2013 年 9 月 5 日，一款叫土曼（T－Watch）的手表，以 499 元的超低价格预售。没有广告，没有软文，也没有自媒体账号推送，没有功能介绍，没有配置参数，只有 3 张设计图，10 条微信，近 100 个微信群讨论，3000 多人转发，11 小时就售出 18698 只，订单高达 933 万元。

正是网络给产品提供了快捷验证的条件。你还等什么？如果你有一款新产品，就不要犹豫，把它推送到网络上，很快就会返给你一个体验的结果。

变化、发展，使我们永远都不可能得到完美无缺的产品。没有最好，只有更好。更好什么时候到来，只有在快速迭代中才能到来。如果你觉得你的产品完美无缺了，实际上也就宣告你的产品死了。

洞悉人性

伟大的产品不是来自对市场的调查，而是来自对人性的洞悉。什么是伟大的产品，是那些为自己创造了顾客，改变了人类生活方式的产品。比如汽车，它改变了人类的出行方式、购物方式、交往方式和人类活动的范围。比如手机，它改变了人类的交流方式、指令传达方式和工作方式。当今世界的互联网、智能手机、可穿戴设备都是这样的产品。这些产品的设计灵感来自哪里？来自设计师或产品经理对人性的洞悉、对未来世界的探究、对已有技术的把握和运用。

什么是人性？就是人的本性，就是通过人的表象反映出内在本质的东西，是隐藏在人类骨子里的一种追求、一种向往。比如人类对成功的渴望，对幸福的渴望，对乌托邦的向往，对未来的向往。

有人讲人的本性就是懒。其实不然，因为人类有自己的追求，但人的生命又十分有限，所以他总是希望自己所拥有的时间能得到节约，或在同样的时间内做更多的事情。所以，人总是非常欢迎能帮他们节约时间，能使他们变懒的产品。当然，也会欢迎那些能提高他们社会地位、取得成功的产品，欢迎那些能帮他们体验未来生活的产品。虽然在不同的时期，他们会有不同的追求，当技术使他们有可能节约大量时间的时候，汽车的成功就在眼前；当技术使他们能提高与人交流效率的时候，互联网的成功就在眼前。正是这些使他们能节约大量时间的产品，提高了他们取得更大成功的可能。

当然，从另一个角度来看，人类始终都在关注自己的生命和健康，甚至这些会成为人类永恒的追求。因为长寿和健康，对每个人而言，无疑都会增加他们的有效时间，有可能使他一生中取得更大的成功，更多地了解未来社会。因此，凡是能改善人类健康、延长人类寿命的产品都会成为伟大的产品。或减少伤害，或治疗疾病，或延长寿命，或有助于健康。医学技术的一些突破性进展，药物学上的一些重大发明，都会受到人类的欢迎。但由于人类对自身的了解还太少，生命现象本身就十分神奇和不确定，在这个领域的探索期待重大的突破。由于可穿戴技术设备对人体 24 小时不间断的监测，将帮助人类加深对自己的认识。所以，很多人都把可穿戴设备当作人类下一个最伟大的产品。当然，这有待于在其相关领域的技术上的突破。

乔布斯有一句名言：我不关心伟大的技术，我只关心伟大的产品。对企业家而言，产品才是他成功的标志，技术是科学家成功的标志。他的苹果手机并没有创造什么新技术，他只是把互联网技术和工业制造技术完美地结合起来。他之所以能取得成功，只是源于他对人性的洞悉——他知道了消费者自己还不自觉的需求。

显然，对相关技术的了解和运用，是他设计出这类产品的基础。他之所以不关心伟大的技术，是因为这些技术都已经存在，他只是加强了对这些技术的理解和运用，并且结合他对人性的洞悉，打造出了一款伟大的产品。

产品和技术是分不开的，伟大的产品离不开伟大的技术。马云创立阿里巴巴，创立淘宝、天猫，依靠的就是伟大的互联网技术。互联网是人类在 20 世纪最伟大的发明之一。它为人类提供了一个全新的世界，使人类在这个世界的活动有了更多的甚至是无限的想象空间。依托这项发明和围绕它产生的各种技术，人类将设计出更多伟大的产品。世界各国提出互联网＋的概念，正是企图把握更多的机会，探索更多伟大产品产生的路径。

互联网还能为我们做些什么？我们在互联网的世界还能增加一些什么？或者我们利用互联网还能改变一些什么？哪些将会是人类最为关切的问题？哪些是人内心深处的渴望？不断地向自己发问，不断地利用现有技术进行探索，或许下一个伟大的产品就会在你的手中产生。记住：互联网不是一个产品，而是一个世界，凡是排斥互联网的产品都不会是一个伟大的产品，至少在当下可以下这样的结论。

推己及人

中国的孔老夫子有一句名言：己所不欲，勿施于人。推己及人是中国古老的思维方式。中国传统社会无论是做人还是做学问，都是从内省开始。实际上这是对人性的真正的洞察，也是对人性的最根本的尊重。如何判断一个产品能不能成为伟大的产品，你可以问问你的内心，你自己是否真心喜欢这款产品（不只是因为你自己的产品），这款产品是不是你内心深处的欲求。

中国已经进入老龄社会，但我们现在的养老产品做得很差。大多成了老年人的救济院、避难所，真正能使老年人渴望的产品几乎还没有出现？为什么？因为养老是一个十分复杂的问题，它不仅仅关乎老年人自己的选择，还包括其子女亲情的依赖，社会风尚的形成。这个市场需要一款真正伟大的产品来启动，需要一款伟大的产品来引爆。

设计出这样的产品可能需要耗费人的一生的时间，为什么？设计者必须洞悉人生的不同阶段对这类产品的渴求。比如：作为子女对父母孝顺的表达，不同阶段会有不同的表现，年轻的子女，已为人父母的子女，甚至自己也开始老去的子女，他们的孝心会有不同的表达方式。如果我们不能直达子女的孝心，他们就会成为这类产品的拒绝者。再比如：作为老年人，对这类产品的审视，不同的家庭状况，不同的生活环境，不同的文化修养，不同的身体状态都会使他有着不同的标准。一般而言，40 后、50 后的那个时代，是在物质贫乏年代成长起来的，也是讲求奉献的一代人，他们对物质的节约已成习惯，既不愿意向子女索取，也不愿意拖累子女。他们关注的往往是性价比比较高的产品。现在一些救济式敬老院的出现，正是符合这些老年人的心理，但和 60 后、70 后的子女的心理诉求出现了很大的差距，这就形成了社会舆论对养老产品的排斥。

所以，跨代沟平衡养老产品的认识，永远都是打造这类产品的最大障碍。如果我们找不到这个平衡点，就做不出伟大的养老产品。

洞悉人性，物我一体。产品终究是由人进行消费的，直达人心的产品，一定是设计者用心打造出来的产品。

"心自在"手工焙房的创始人是一名手机销售员，她从小就喜欢烘焙，梦想有朝一日能开一家属于自己的烘焙小屋。2014 年她创办了这家"心自在"手工焙房，她希望遵从自己的内心、忠实于自己的理想。1月16日，她的微信小店正式成立。

她的微信小店简单到不能再简单。进入微店后，消费者可以一目了然地看到她的全部产品和价格。消费者可以在线选择，在线付款。

很多产品行业都会严格保密自己的配方和制作流程，以保护自己的核心竞争力。心自在每天都会推出一款自制的甜点，并且附上图片来说明这款甜点从选材到制作的全过程。这样的视觉效果，恰好增加了消费者对这款产品的认识和信赖。对食品的信赖，正是消费者购买的前提。她的这个创意是如何产生的？正是她内省的结果。其实也很简单，每个人都是消费者，己欲达，达人，己所不欲，勿施于人。

▲建议

读完本章，建议你用300～500字为自己拟一个项目（或产品）计划书，即使你准备的只是一个很小的项目或很不起眼的产品，你也应当写一份建议书。

（1）项目（产品）的名称。起一个好的名字，它会成为你的品牌。名字应当有时代气息，并且符合目标用户的口味：给儿童的产品应当卡通一些；给青少年的产品应当阳光一些；给老年人的产品应当多一些亲情和关怀。

（2）项目（产品）描述。用简洁的语言描述自己的项目。但简洁不等于草率，一定要把项目的特点、卖点揭示出来。正是这样的描述，确定你实施时的着力点。再简单的项目也应当有它的特点，再复杂的项目也应当用200～300字说清楚，否则，你就是没有真正把握它的特点和重点。

（3）市场分析。千万不要搞成教科书式的从宏观到微观的分析范式，要直击市场的"痛点"，直达人心。这样才能为你推进项目指明方向。

（4）财务指标分析。主要是投入产出分析。记住财务的一个基本原则——不高估收入，不低估风险。

（5）切入点和发展路径。重点在切入点。什么是好的切入点，一定是自己比较熟悉的，或者是比较有把握的点，从这样的点切入，能增强你的信心，好的开始是成功的一半。发展路径是项目发展的方向，它是在项目的推进中逐渐清晰起来的。

第3章 众筹资本

　　当代社会创业，资本虽然不是万能的，但没有资本是万万不能的。创业者确定自己的项目后，首先遇到的问题就是资本问题。除非你是富二代、富三代，你的富爸爸、富爷爷可以为你一掷千金万金。或者你像雷军一样，已经是成功人士，项目资本自然不在话下。但我们绝大多数的创业者都没有这样显赫的背景，只能使出浑身解数，筹到项目开办资本，这将是你正式创业的第一课。

1 这个时代不差钱

因为这是一个资本丰裕的时代。到 2014 年底，我们国家外汇储备达到 3.84 万亿美元，老百姓在银行的存款余额高达 113.86 万亿元，股市市值高达 40 多万亿元。此外，在各种"宝宝"上的余额还有数万亿元。可见我们的国家，不仅政府有钱，老百姓手中的钱也有不少。

这是改革发展的产物。改革和发展都是要使人民富裕起来。参考国际研究机构的划分标准，中国大众富裕阶层是指个人可投资资产在 60 万～600 万元人民币（国际上为 10 万～100 万美元）的中国中产阶级群体和高端人士。据统计，2013 年底，我国大众富裕阶层有 1197 万人，2014 年为 1401 万人，2015 年将突破 1600 万人。另外，据胡润研究院日前发布报告指出，中国总资产 5 亿元以上的超高净值人群约为 17000 人，资产规模约 31 万亿元，平均财富为 18.2 亿元，职业大多为企业家。此外，还有大量升斗小民，他们虽然个人拿不出很多钱，但如果集中起来使用还是十分惊人的。因为中国人多，每人出 1 元，就是十几亿元。支付宝和天弘基金合作创立"余额宝"，一下子就使一只名不见经传的基金，一跃而成为中国最大的一只基金，而人均投资尚不到 3000 元，可见人民的力量在金融领域同样是伟大的。

这是对外开放的产物。外资投入的途径有：三来一补；合资合作办厂；独资企业；风险投资；股权投资。仅 2014 年，国内各种项目获得的外资投资就有 1195 亿美元。

这是资本大众化的产物。

一是个体私营经济的发展。到 2014 年底，全国实有各类市场主体 6932.22 万户，比上年底增长 14.35%，注册资本（金）129.23 万亿元，增长 27.70%。企业 1819.28 万户，比上年底增长 19.08%，注册资本（金）123.57 万亿元，增长 27.55%。其中，私营企业 1546.37 万户，增长 23.33%，注册资本 59.21 万亿元，增长 50.6%。个体工商户 4984.06 万户，比上年底增长 12.35%，资金数额 2.93 万亿元，增长 20.57%。农民专业合作社 128.88 万户，比上年底增长 31.18%，出资总额 2.73 万亿元，增长 44.15%。

二是股份制企业的发展，人民通过一级市场或二级市场持股的热情高涨，尤其是今年以来，牛市频现，一波牛市过后，使股民所持有股份价值大涨。

三是基金公司的发展，尤其是公募基金数量大幅度增加，到 2014 年，全国有公募基金 1893 只，募集的资金 4.7 万亿元。私募基金发展更快，由于私募基金更注重项目投资，它往往会成为创业者最好的帮手。

这是互联网金融的产物。自从阿里巴巴的支付宝和余额宝问世以来，互联网金融的力量得到显现，去年全国零售业通过各种"宝宝"支付的资金已经超过了通过银行和现金支付的金额。尤其是阿里小贷公司等互联网贷款公司的快速发展，微众银行等 5 家民营银行的开业，促进了金融领域的变革。为大量的中小微企业获得贷款开辟了道路。P2P 网贷平台的发展，拉近了投资者和创业者之间的距离。到 2014 年，我国有 P2P 网站 150 多个，发放贷款金额 3800 多亿元。截止到 2015 年 7 月底，全国各种类型的众筹平台 224 家，其中股权众筹平台最多，有 107 家。2015 年 7 月，众筹行业共新增项目 2478 个，其中，股权型众筹项目为 991 个，占总项目数 40%。共筹集资金 23.61 亿元。其中股权型众筹达到 17.62 亿元，平均每个项目筹集资金 200 多万元。这些数额看起来还不是很大，但它是以成倍成倍的速度在增长。

② 白手起家

我们大多数的创业者都没有显赫的家庭背景，在创业的道路上都面临着如何实现白手起家的问题。

弄明白自己究竟有什么

空手是套不住白狼的。作为创业者的你总得有点什么，如果你真是一无所有，那么，你连打工的资格都没有。

那么，你有什么呢？

有技术。如果你是"理工男"，这自然是你碗中的菜。学理工科的大学生和研究生很容易发现自己在这方面的优势。你能发明一个产品，或者你能创新一种方法提高产品的效能，或者降低产品的成本。其实你没有技术、没有产品也没有关系，你可以找这样的人合作，或者就直接从学校的实验室"淘"（不是偷）出一两项成果。到淘宝网去开一个小店是最简单不过的事情。当然，一定要有自己的特色，否则，你就被淹没在芸芸众生之中。

有姿色。网上曾疯转王亚军的"色酬定律"，使"颜值"成为网络热词。对他的这个"发明"说什么的都有。其实，他只是说出了一个事实。无论是男色还是女色，都能在人们心目中泛起涟漪。前些年，一批有些见识的美女，混迹知名的商学院学习，商学院也乐得在每期招几个美女养眼，使参加学习的官员和企业家多一些话题。这些美女并不是利用自己的姿色去勾引官员和老板，而是和他们建立若即若离的关系，使人到中年、老年的企业家和官员多了一些想象。美女干什么，只是利用她出席各种场合所获得的信息，做成一两笔生意，实现自己创业的成功。

有人脉。当代社会，人脉就是钱脉。但前提条件就是你有能力，把人脉变成钱脉。人脉是靠自己建立起来的，当然有些是天生的，比如亲戚。但后天形成的居多，就靠自己去经营这样的人脉圈子。所以，现在有远见的家长，都想方设法把子女送重点中学就读，为什么？就是让子女在学习中建立自己的人脉关系。重点中学有出息的学生肯定比普通中学多，重点大学有出息的学生肯定比一般大学多，在这样的学校读书，即使自己成绩不好也没关系，你拥有那些有出息的同学资源，在创业的路上就有可能获得更多的人脉资源。同学关系、战友关系、同事关系，既靠平台（圈子），也靠经营，靠自己会"做人"，去赢得他人对自己的信用。

有资源。主要是指两种情况：一是"富二代"，他们的资源很丰富，他们创业当然比一般平民子弟要容易得多。二是"农二代"，他们在农村拥有山、水、田、土等资源，同样可以利用这些资源进行创业。特别是国家对"三农"问题的重视（政策扶植），农村土地制度改革的深化，农村金融制度的改革，使回乡创业成为一条很好的路径。

有什么？一是真有，二是想象，三是经营。每个人生活的环境都不是真空，每个人都会或多或少地拥有资源，关键是看你会不会发掘利用。变资源为资本，把自己的资源经营搞活。甚至一个想法都可以成为创业的起点。

网络自有黄金百万

黎万强是雷军在金山的旧部，曾是金山词霸的总经理，他到小米的第一个任务就是负责 MIUI。雷军对他说："阿黎，你能不能不花钱把 MIUI 做到 100 万人。"被逼上梁山后，黎万强选择过去在金山证明最有效、最不花钱的手段：通过论坛做口碑。在 MIUI 早期，黎万强团队满世界泡论坛，找资深用户，几个人注册了上百个用户，天天在一些知名的 Android 论坛里灌水发广告。他们选出 100 个人作为超级用户，参与 MIUI 的设计、研发、反馈等。这 100 个人是 MIUI 操作系统的点火者，是小米粉丝文化的源头。纯靠口碑，第二个星期达到了 200 人，第三个星期达到了 400 人，第五个星期达到 800 人……一点点成长起来。MIUI 的用户达到 2000 万人。后来，在 2013 年的米粉节上，小米特别发布了一部专门为感谢那 100 个铁杆粉丝的微电影，名字就叫作《100 个梦想的赞助商》，把他们的名字一一投到大屏幕上，对他们表示感谢，那一刻很多人都泪流满面。

在"0 预算"下，小米论坛的粉丝有 700 多万人，微博粉丝有 550 多万人，小米合伙人及员工的微博粉丝有 770 多万人，微信微博粉丝 100 多万人。2011 年 9 月 5 日，小米手机首轮预订在 34 小时内超过 30 万台；2011 年 12 月 8 日，小米手机第一轮开放购买在 3 小时内卖出 10 万台；2012 年 2 月 6 日，小米手机电信版在 2 天内有 92 万人参与抢购；2012 年 4 月 6 日米粉节 365 秒内售出 10 万台小米手机。到 2014 年 12 月，MIUI 的活跃用户高达 5000 万人。

正是凭着这种旺盛的人气，小米从成立到现在，在短短的几年内已经完成了 5 轮融资，融资总额达数十亿美元。2014 年 12 月，小米完成新一轮融资，估值高达 450 亿美元，成为 BAT 之后的中国第四大互联网公司。

按活跃用户或 ARPU（单个用户平均收入）的方法估值，是国外风险投资公司常用的估值方法，所以，一切互联网企业或借助互联网成长起来的企业都应当重视其活跃的用户数。很多互联网公司为增加用户数，甚至不顾一切地烧钱，如打车软件。作为创业者，不一定就能用这样的方法，但你仍需利用互联网为你聚集人气。比如黄太吉煎饼的创始人赫畅就一直亲自维护自己的公共账号，和用户保持密切的互动。每天处理几百条评论、转发或私信。客户在私信中提出的问题，在 5 分钟内就会得到响应，所以一个煎饼铺子（只有 15 个座位），也能聚集那么多的粉丝，估值达 1 亿元，完成一轮又一轮的融资。

如果说雷军的方法学不来（对初次创业者而言），但赫畅的方法是一定可以学得到的，关键就在于你是不是真的用心了。比如，你在某个地方开一个饭店（这是十分平常的创业行为），是否也会利用网络去做一个论坛或设立一个公共账号呢？你肯定会去做，因为你是80后、90后的创业者，你自己的生活都离不开网络。但你是否会和你的客户在网络上建立一种粘性很强的关系呢？是否每天都会花很多时间和你的客户在网上互动呢？你如果知道，这种互动会提高饭店的估值，引导投资人的投资，你还会觉得这是一个无所谓的工作吗？

投资人并不傻。他们知道，如果你的账号真的粘住了足够多的粉丝，你的饭店迟早会爆棚，你的第二家、第三家甚至 N 家的连锁饭店就指日可待了。

找对投资人

这是一个"不差钱"的时代，但创业者无一例外地感受到了资本的紧张，这是因为多数创业者对资本市场不熟悉，缺乏有效的融资路径。

1999 年，马云带着他刚成立不久的阿里巴巴到美国去融资，结果一无所获。但他并没有气馁，正是这次美国之行，使他更坚定了阿里巴巴的发展方向。回国后，他意外地得到了软银孙正义的支持。软银是一家以投资互联网项目为主的风险投资公司，由于孙正义本人就创办过互联网企业，对这类项目有着天生的好感和敏锐。孙正义的介入，不仅使阿里巴巴迅速成为一家不差钱的公司，而且马云在孙正义的帮助下，进一步拓宽了阿里巴巴的视野。孙正义因为马云成为日本和亚洲的首富，马云则因为孙正义成就了阿里巴巴的事业。这可以看作是中国资本市场一次成功合作的典范。

当我们找不到投资人，找不到贷款的时候，我们就应当好好反思一下：我们的项目是不是足够的好，或者是不是我们没有把项目好的地方说出来。

　　当然，有了真正的好项目，也必须找对投资人才行。现在做投资的比较多，有的擅长做天使投资，这是一般创业者欢迎的投资人，他们往往会在你刚刚创业甚至是准备创业时出现，可以称得上是"雪中送炭"。有的擅长做股权投资，一般是比较成熟的项目，可以称之为"锦上添花"。近几年来，一些做实业的投资人崛起，他们在某一行业的成功，膨胀了他们扩张的野心。他们希望能复制他们的成功，也希望能扩大他们事业的版图。如果我们能找到这样的投资者，自然能取得事半功倍的效果。尤其是在创业项目中贯穿的互联网＋的概念，往往能引起当代投资人的特别关注。2015 年 5 月，湖南一位做化妆品的小伙子，获得了雷军 1 亿元的投资，主要原因就在于他采取了小米手机的网络销售方式，得到了雷军的认可。也许雷军正是通过这个项目的投资，来验证他的营销模式在网络时期是不是具有普遍意义。

把项目足够好的地方大声说出来

　　把一个项目运作成功，离不开这样几个因素：

　　（1）项目有足够的市场前景，无论是你开发出来的产品，还是你提供的服务，市场上都要有足够多的消费者认可接受。中国既是一个人口大国，同时也是一个市场潜力最大的国家，只要你的产品确实能够征服人心，即使是一个小众产品，在"长尾理论"的作用下，你同样可以拥有一个巨大的市场。

　　（2）项目本身具有鲜明的特点，能在芸芸众生中显露出来。当然，你的项目如果是一个专利产品，专利本身就能说明这个问题。国家专利局在接受你的申请时，就从技术的角度对产品的特点进行了一次全面的比照。你要做的就是把技术特点变成市场特点。这需要创业者独到的眼光和表达。但是，能获得国家专利权的毕竟是少数产品，多数项目并没有这样的先天优势。因此，需要我们去挖掘、去创造、去总结、去提升。

（3）足够好的项目必须有清晰的赢利模式和清晰的成长路径。赚不到钱的项目肯定不是好项目，不能迅速成长起来的项目也不是好项目。在我的记忆中，以前做餐饮的是很少能得到投资和贷款的。虽然做餐饮能赚钱，但受地域和厨师的限制，它的发展空间十分有限。但进入 21 世纪后，一些餐饮企业纷纷得到境内外投资者的青睐。究其原因就是他们学会了肯德基和麦当劳的方法，对中餐做了一些标准化改造，通过统一菜式标准、服务标准，以连锁经营的方式迅速成长起来，从而使餐饮项目一下子成为资本市场的宠儿。这几年成长起来的黄太吉煎饼、甘其食包子、千味面馆、海底捞等，大抵都是走的这样一条路线。

（4）有一支优秀的团队。在投资人看来，选项目也就是选人，甚至更重于选项目。选对了人，一个差一点的项目会成长为一个很好的项目；选错了人，一个好项目也可能做坏。

投资人对你不熟悉。作为一个创业者，也没有可以炫耀的经历，所以你的表达就非常重要。在投资界有一个潜规则，如果你在 10 分钟内不能打动投资人，你的这个项目就不会被看好了。为什么？10 分钟，你足以把项目的好说出来。如果你做到了，至少可以说明：

（1）你对项目非常熟悉，即使项目还没有正式推出，但在你的心目中已经反复推演多次，你对项目的执着源于你对项目的认识和自信。

（2）说明你的头脑十分清晰。你知道什么是重点，知道你要达成的目的。这意味着你在实施项目时，也能抓住这个项目的要害，把握这个项目的方向和节奏。

（3）说明你有洞悉投资者的能力。洞悉人性，是当代企业家必须具备的能力，投资者久历商海，阅人阅事无限，你能在 10 分钟内打动他，说明你有不一般的潜质。

如果你能向投资人展示你的核心团队成员，并说明你们的合作方式和各自特点，会增加胜算。有一个团队，哪怕只有 3～5 个人，也说明你具有领袖潜质，说明你能带领一班人为你的事业打拼。

3

合众之力

国家改革工商管理制度，改变了注册资本的缴付办法，放宽了公司注册的基本条件，总之，如果你想注册一家公司，有几万元钱，不太费力就能办好有关手续。但"巧妇难为无米之炊"，工商管理可以放宽市场准入条件，但你投资的项目必须有足够的资本才能做起来，最低资本不会成为你注册的障碍，但会成为你做成一个项目的基本条件。比如，开一个饭店，你有几万元就可以将其注册为有限责任公司了，但这几万元是否够你饭店的初始资本运转那就不一定了。开个米粉店估计还凑合，但想开个有点规模和档次的饭店恐怕会差得太远。所以，你必须筹到足够的资本，才能保证项目正常启动。

股权私募

鉴于创业存在较大的风险，笔者建议凡符合条件的都要把它注册为有限责任公司，以免个人承担无限连带责任。因此，本书只讨论有限责任公司制度下的创业模式。

无论是有限责任公司还是股份有限公司（股份有限公司是有限责任公司的一种），基本上都会表现为股权投资模式，即两个以上的投资人按照其出资额持有企业的股份，并依《公司法》的有关规定，行使股东权力，建立公司组织架构。

因为法律对股份有限公司有着更严格的规定，加上股东人数太多，不利于公司初期的经营管理决策。所以，创业时期的公司，大多会采取有限责任公司的形式。

除了国有公司能够以一个股东注册为有限责任公司外，私人投资的有限责任公司股东应当在 2 人以上 50 人以下。当然，这个股东也可以是法人股东。

有限责任公司是以私募方式发起设立的。即发起人仅限于在自己熟悉和也熟悉自己的人当中募集资本。由于创业初期规模都不会太大，所以在"自己人"中间募集资本还是比较容易做到的。

关键是你的项目有没有足够的吸引力，你能不能把项目的好处大声说出来。当然，这也包括你平时为人做事所积累的人脉，因为真金白银的投资，都会牵动投资人对利益的关注，即使是你的亲戚朋友也不例外。

股权投资不是贷款，股权投资是要和企业一起承担风险的。当然他所获得的回报也可能会比较大，这正是股权投资的魅力所在。

作为项目发起人是需要有一定的牺牲精神的。你花了很大的精力去研究一个项目，但由于你没有足够的钱，必须把这个项目拿出来和大家分享，如果按照股权原则，你从中得不到任何便宜，你心里能过得去吗？当然，如果项目是你研发的产品，按照《专利法》和《公司法》，你可以用知识产权的方式入股，现在最高可占到公司注册资本的 30%～40%，倒也不会吃什么亏。但如果你对这个项目没有任何创新，在法律上，你就没有任何超越其他股东的优势。所以，在发起设立公司时，你一定要和你的股东商量好股权的分配和股本缴纳的方式，以维护你的正当权益。

前提条件是项目有足够的好。比如，你通过人脉关系和独创的方案拿到一个机构采购项目，市场稳定，利润可期，你圈内的人都十分看好。在这种条件下，你可以和投资人商量投资和股权分配办法，当然大家都能接受，你可以超越实缴股份获得更多一些利益。

在向潜在投资人推荐项目时，你同时也应当把股权方案做好，也可以为自己设立一个底线，边谈边改，直到双方满意为止。

股权设计是一个很重要的事情。股东多了，意见难以统一；股东少了，资本金又可能不够。关键是创业者或创业团队能否控制项目运作，这取决于股权设计和管理权设计。

阿里巴巴马云团队设计了一个经营管理权独立运作的模式。即无论阿里巴巴的股权如何转让、如何分散，他的团队都会牢牢控制阿里巴巴的经营管理权，这应当得到大股东孙正义的理解和支持。虽然马云和他的团队所持股份低于孙正义和他的软银，但也没有影响马云和他的团队对阿里巴巴的控制。

但无论怎样设计股权和经营控制权，创业团队都应当尊重投资人，维护投资人的利益，坚持定期向投资人汇报公司和项目进展、经营管理状态和财务状态，保持管理团队和投资人之间的密切关系，这是公司和项目正常运作的必要条件。尤其是在项目运行中出现和可能出现的问题，要及时与投资人进行沟通，千万不要等到项目已经失败了才让投资人知道，最后落个互相埋怨，不欢而散，这会影响你在下一个项目的融资。

股权众筹

众筹，译自英文 Growdfunding，在中国台湾地区称为群众筹资，在美国有时也叫作众投（Growdinvesting），通常是指人们在互联网上的一种合作行为，汇集一定的资金，以支持他人或组织发起的某些努力。2013 年是众筹发展的里程碑。这年秋天，美国国会正式批准了 JOBS 法案，使在奖励式众筹、捐赠式众筹之后，股权众筹合法化的梦想得以实现。

中国于 2011 年引入众筹模式，各个众筹网站发展迅速。最早开始的"点名时间"，累计发起 7000 多个项目，接近一半的项目筹资成功。后起之秀的众筹网累计投资人超过 7 万人，以股权为主的"天使汇"已经使 70 多家企业完成了 7.5 亿元的投资。

一般而言，众筹可以分为募捐型众筹（不在本书讨论之列）、奖励型众筹（在下一节讨论）、借贷型众筹（在下一节讨论）和股权众筹四种。

伊拉想在某大学附近开设一家餐厅，但他对这个项目并没有太大的把握，同时也没有足够的资金。于是他在该大学网站发起股权式众筹，以40%的股份募集20万元资本，结果，他获得了30多位在校大学生的支持，很快就筹集到了所需要的经费，并顺利地在当地工商注册，他和另外几个发起人拥有60%的股份。由于有30多位大学生参与了这个项目，他们拉来班上的同学捧场，餐厅生意异常红火。现在伊拉每周都会在网上和30多名大学生股东进行沟通，听取他们对餐厅经营管理的意见。餐厅的服务和管理持续得到改进。他们在一年内，用同样的办法，在另外三所大学附近也开设了餐厅。伊拉和他的伙伴运用众筹顺利地掘到了他们人生的第一桶金。

众筹使每个人都能成为天使投资人。它引导民众把资金投到创新创业上来。以股权募集为目标的众筹成为众筹项目中最引人注目的。虽然中国当前尚没有制定相关的法律规范众筹行为，但李克强总理和政府有关部门多次表示要支持这种筹资方式，并鼓励用这种方式推动大众创业。

目前通过众筹募集股权，应当注意的是：

（1）项目不能太大，因为通过众筹筹集的资金毕竟有限。法律规定有限责任公司的股东不能超过50人，美国的JOBS法案规定了每个投资人投资的最高额度，以规避太大的风险。这注定，股权式众筹不能筹集到很多的资金。

（2）项目的介绍和说明应当简明扼要，既要让投资人看得明白，又不至于导致项目核心要素失密，被他人捷足先登。所以，在发起项目时，应当采取必要的防范措施，以防止他人恶意抢位。

（3）最好是能说服一两位有影响力的投资人对项目进行领投，尤其是专业投资人的投资对大众投资人会产生带领作用，从而形成大众跟投局面，提高项目众筹的成功率。

（4）为项目准备必要的资料，并做好回答投资人各类问题的准备。只有你能说清楚自己的项目，并准备了必要的资料，你才可能说服大众投资人。

（5）项目一旦取得成功，应当根据你在众筹发起时所作的承诺，落实投资人的各项权利。根据《公司法》的要求，组成公司股东会，选举产生董事会，并产生经营管理团队。

VC 和 PE

VC 和 PE 都是股权投资，它们的共同之处都是根据对项目的估值进行投资。不同的是，VC 也称作天使投资，主要是对早期项目进行投资，甚至在项目构思时就开始投资。投资规模较小，大多只有50 万美元左右，个别的也可以达到 500 万美元，阿里巴巴获得的软银第一笔投资就是天使投资，规模为 500 万美元。因为是种子期的投资，风险非常大，有人统计过成功率只有 10% 左右，但它的回报率高，有些特别成功的项目可以高达一两千倍的回报，软银对阿里巴巴早期的 500 万美元投资，回报高达数千倍。

一般而言，VC 取得成功后，投资人会跟进第二期、第三期，这主要是 PE 行为。因为资金数额大，大多是高净值人士委托投资机构理财。比如软银，它们经常管理着数十亿美元的私募投资基金。

PE 投资一般是对成熟项目进行股权投资，其目的是推动企业扩张和上市，通过股市套取巨额回报。PE 是否决定对一个项目进行投资，主要是看这个项目有没有上市潜质或重组可能。前者能使 PE 尽快套现，后者也能使 PE 从中获得巨额回报。

2008 年金融危机之前，国外一些顶级投资机构到中国寻找投资项目，他们喜欢和项目所有人签订"对赌协议"。比如英联、高盛对蒙牛投资 2100 万美元，英联、摩根、高盛对太子奶公司 7300 万美元的投资，都签订了"对赌协议"（名称并不叫对赌，而是叫投资协议）。

所谓对赌协议，是指投资人对目标项目估值后进行股权投资时，和项目所有人设定一定目标，为实现这一目标确立的一种奖惩措施。

比如，三大投行的投资占太子奶公司 32% 的股份，项目所有人持有 61% 的股份，另外 7% 为公司高管持有。协议规定，太子奶公司接受外资后，应当在 3 年内在美国或中国香港上市，如果不能上市，则应当在 3 年内保持 50% 以上的复合增长率。如果两条实现一条，投行将适当调低所持股权比例。如果没有如期上市且复合增长率低于 30%，项目所有人将失去其全部股权，由投行拥有。

由于接受投资的项目公司大多处于资金紧张时期，他们在巨额投资的诱惑下，加上项目所有人的信心，往往会签订这种对自己并不有利的条款。其实，无论是否实现上述目标，投资人都 "坐赢不亏"（除非破产）。蒙牛后来在香港上市成功，投资人给了牛根生团队一部分奖励，但自己还是赚了个盆满钵满。太子奶公司没有达成约定目标，2008 年销售收入比 2007 年下降近 50%，2008 年 11 月，太子奶公司的创始人丧失全部股权，投资人持有 93% 的股份。

对赌协议对公司创始人和高管都是一个 "紧箍咒"。由于设定的目标高，迫使原团队采取一些非常措施来实现目标，这样为公司发展留下了很多隐患。蒙牛陷入三聚氰胺丑闻，后来又陷入皮革蛋白丑闻，几乎毁于一旦，都与这种对赌协议的执行有关。后来如果不是中粮集团相救，老牛的下场也不会好到哪里去。

太子奶公司签订对赌协议后，拼命扩张，以谋求 50% 以上的复合增长率和在海外上市时有一个更好的估值。这样一来，导致 2007 年的销售收入虽然比上年增长了 50%，但由于采用高市场费用冲量，当年亏损就达 4 亿多元。2008 年由于资金断链，不能及时交货，导致全年只完成销售收入 12 亿元，亏损仍然高达 3 亿多元。令人不解的是，该公司 2006 年下半年获得投行 7300 万美元，2007 年又获得外资银行 7.5 亿元人民币的贷款，在资金到位后不到 2 年的时间内，十几亿元的新增资金竟然灰飞烟灭。这还不包括新增的对经销商、供应商的占用款和国内银行新增的贷款。

经过金融风暴后，国内的 PE 和 VC 都有很好的发展，尤其是一些实业家转行或兼职做投资（雷军、马云、马化腾、张瑞敏、任正非等人都有兼职），他们熟悉实业，在本行业都是"教父级"的人物，他们的介入，不仅可以解决创业者的资金问题，而且给创业者经营管理方面的教益，会超过资金方面的支持。地方政府也十分重视VC，把它当作推动大众创业的基础性条件，拿出真金白银予以支持，鼓励VC和PE积极投入本地项目。

现在的PE投资十分活跃，几乎成功的企业和现金流比较好的企业都会去做，其目的是为了帮助企业找到更好的项目，提高企业的资金利润率。加上这些成功企业的控制人被成功撑得信心满满，他们急于找到合适的项目来复制他的成功模式，放大他的成功，构建什么"系"、"王国"和"帝国"之类。另外，他们对这些行业十分熟悉，在投资决策时比较容易决断，资金到位的情况也比较好。

无论是接受VC还是PE，原创团队都要对自己的项目做好估值，尽可能满足投资人估值的各项条件，以提高项目估值，维护原创团队的利益。

记住：对投资人而言，估值不是对企业现有资产规模、销售收入的评估，而是根据企业的市场前景来做的估算。传统企业主要是看市场网络的建设，互联网企业主要看企业粉丝和用户的粘性，因为这些会决定企业未来的销售收入和利润。即使没有VC和PE投入，做好这些工作，对企业也是大有裨益的。构建企业的市场网络和粉丝群体，是项目创始人一开始就应当抓紧、抓好的工作。即使是项目尚处在萌芽状态，创始人也应当描绘出一幅清晰的路径图。或许它会帮助你获得种子期的"天使投资"（VC）。

股权公募

为保证投资人利益，各国对于公募股权的条件都给予了严格的限制，并且建立股票交易市场，让投资人在市场上交易股票，化解风险。

中国于 1990 年先后在上海、深圳建立证券交易所以来，先后开通了主板市场、创业板市场、中小企业板市场，最近又在酝酿建立高科技板市场，加上企业产权交易市场等各类市场，助推企业产权交易，实现股权公募。

不同板块市场对企业有不同的要求。除了产权交易市场外，企业入市的基本条件就是设立股份有限公司。首先是主板市场的条件最为严苛，有规模和连续赢利方面的要求。其次是中小企业板，仅仅是规模上小于主板市场的企业。最后是创业板，在规模和赢利上都没有严格的要求，主要是要求有高成长潜力。高科技板如果开通，则属于创业板一类，只不过是专属高科技，以鼓励这一类企业的发展。进入企业产权交易市场，则要求企业是有限责任公司就可以了。

成立股份有限公司有公募发起和私募发起两种。所谓私募，是指发起人认购全部股份。上市时，主要是通过向社会增发股份来扩大规模。公募发起，是指发起人认购法律规定的比例（比如不低于20%），其余部分则公开向社会发行。如果发起失败（没有募足全部股份），那么发起人要承担全部损失。

股票的公开发行和上市交易，往往是企业创办人的创富过程。一个企业上市，一夜之间就可能造就一批百万富翁、亿万富翁，正是因为有这样的造富机制，才激励着创业者甘冒风险，孜孜不倦地工作，从而推动了科技进步，推动着经济和社会的发展。

我们国家的企业上市制度正在由审批制转型为注册制，中国证监会的主要职责将由上市前的审批转换为上市后的监管，这当然有利于企业的上市和上市后的规范运作。现在沪市主要是中国的主板市场，是中国经济的"晴雨表"。深市主要是中国的创业板和中小企业板市场，反映了中国创业指数。

无论是哪一个板块的上市企业，上市后就意味着企业的经营管理进一步规范，也意味着经营风险进一步加大。因为上市，公司的一切资料都可以通过交易所查到，一些投资人就可以利用公开资料对企业进行估值，如果发现企业市值被低估，并且这种低估是源于企业经营管理方面的原因，就有可能发起收购，一旦投资人通过公开市场控制的股份达到一定比例，就可以提出对董事会改组，从而使企业的实际控制权易位，原有的团队就可能被清理出局。

因为企业一旦上市，就意味着企业行为人所持有的股份数量可能低于社会公众持有的股份数量，作为企业实际控制人，一定要关注企业股价的变化，以保护企业原创人的利益。

作为创业者最为关心的当然是创业板的操作，因为它的条件比较容易得到满足。我国法律规定，依法设立且持续经营3年以上的股份有限公司，定位服务成长性创业企业，支持有自主创新的企业。发行前净资产不少于2000万元，发行后的股本总额不少于3000万元。盈利要求：最近两年连续盈利，最近两年净利润累计不少于1000万元，且持续增长；或者最近一年盈利，且净利润不少于500万元，最近一年营业收入不少于5000万元，最近两年营业收入增长率均不低于30%。一般行业企业正常负债率在30%～50%，部分行业放宽在60%左右，而70%的负债率则是普遍认为的警戒线。对于负债率在20%以下的企业，不会考虑其融资的必要性。

现在我们很多创业者都把精力放在上市前的准备上。其实，公开发行股票上市交易对企业固然是一个严峻的考验，但更为关键的还不在于上市，而是上市后怎么办？上市后面临的第一个问题就是如何用好股东的钱。很多企业上市后拿到一大笔钱，高兴得不知如何花，结果投了许多效益和前景都不好的项目，导致企业缺乏后劲，企业的资本效益急剧下降。这种情况在我国上市企业中比比皆是，主要是企业在上市前缺乏对新项目的有效论证。

公募是企业一次扩张的好机会。作为创业者无论是花自己的钱还是股东的钱都应当慎之又慎，我们要做百年基业首先就要过好这一关。过好这一关的关键就在于我们的企业是不是真的应当扩张了？我们的第一轮扩张应当控制在一个什么样的规模以内？扩张后的企业能否继续保持或增加企业的创利能力？乃至企业的各项管理能否跟上企业扩张的速度？问清楚了，回答清楚了，按照法律规定公募上市。而不是倒过来做，为上市而上市，甚至是为圈钱而上市。我们见过太多的被钱"烧死"的企业。

4 负债经营

企业不仅在创立中会遇到资金问题，而且在以后的经营管理中同样会遇到资金问题。企业解决资金的办法有两个：一是用扩大股权的办法，由投资人增加对企业的投资；二是负债经营。

由于股权投资在企业存续期间都是无须偿还的，所以，对企业经营者的压力较小。但股权投资会导致企业股权分散，从而导致企业控制权可能发生转移。更重要的是它可能导致企业原有股东权益下降。所以，股权筹资并不一定就是最好的办法，尤其是对原始股东而言。

企业债务到期必须归还。根据《破产法》规定，企业如果不能清偿到期债务，债权人就有权向法院申请企业破产。注意，不是要等到企业出现严重的资不抵债才申请的，这是为了保护债权人的利益，防止债务人恶意拖欠债务。

债务的利息是固定的。支付的方式有两种：一是到期本息一起支付，多半是指短期债务；二是分期支付本息，主要是指长期债务。

企业是通过股权增资还是通过债务融资，主要看两个条件：一是负债的利息是否低于企业利润，如果低于企业利润，意味着负债可以使企业资本的赢利能力增强，否则就会下降。二是企业未来的现金流能否覆盖企业到期债务，注意是现金流而不是利润，因为偿还到期债务是要用真金白银的。如果能覆盖住，债务就不会给企业带来风险，否则就会造成不能清偿到期债务，陷入被申请破产的境地。当然，这个现金流同样可以通过筹资活动来解决，比如借新还旧。

企业负债的方式有很多种，在这里主要介绍六种。

民间借贷

民间借贷几乎是中小企业都遇到过的问题。由于我国投资渠道单一，银行存贷利率差比较大，加上银行长期实行固定利率，老百姓把钱存到银行吃定了亏。所以，在老百姓那里有着大量游资寻找出路。另外，中国的民营企业很少能在银行贷到款，尤其是中小企业，主要是信息不对称，银行怕担责任。银行贷款主要集中在国有大中型企业，与我国经济结构极不相称，被业内称作金融错配。

正是这样，中国民营中小型企业主要通过民间借贷进行。由于民间借贷在我国缺乏法律规范和保护，民间借贷往往容易陷入两个危险区：

（1）高利贷。借款人急需资金，愿意出高息，贷款人要承担较大风险，要求高息。什么是高利贷？我国法律规定，贷款利息高于法定利息4倍以上就是高利贷。高利贷蚕食企业利润，最终会损害企业利益，对企业成长是很不利的。企业借高利贷往往是为了救命而不是为了发展，但这样做，往往又会成为饮鸩止渴的行为。

（2）非法集资。高利贷的形成主要是因为贷款人之间没有竞争所致。一些借款人以高于银行利息作为诱饵，向社会公众吸收存款，形成企业借款。这种方法筹集到的资金比银行利息高，但比高利贷利息低。对于不能通过银行贷款解决资金的企业而言是一个很不错的途径。但这种方法会扰乱金融秩序，企业一旦出现经营问题就会引发社会矛盾，影响社会稳定，甚至还有可能出现公开诈骗公众资金的有组织犯罪。所以国家处置这类问题是很严厉的，甚至对犯罪人可以处以死刑或终身监禁。

最近，最高人民法院对民间借贷利息的上限作了规定，年化利率24%以下是受法律保护的，24%～36%可以由借贷双方自己确定，36%以上则会被认定为高利贷。这一司法解释的出台，实际上使民间借贷合法化，使借贷双方的正当权利能得到法律的保障。

正常的民间借贷只能通过贷款人平常积累的人脉关系。这个范围比较窄，对需要大量资金的企业而言，民间借贷只是杯水车薪，无济于事。但对于创业者而言因为需要的资金较少，民间借贷不失为一个好的办法。

P2P 和借贷型众筹

在网站设计上 P2P 和众筹网是分开的。P2P 主要是用于个人对个人、个人对企业的借贷，众筹除了借贷型众筹外，还有股权型、奖励型、募捐型众筹，但借贷型众筹从本质上与 P2P 没有什么区别，操作手法也是一样的，所以，我把它们放在一起讨论。

P2P 就是把民间借贷转移到网络上进行。我们真要感谢网络的力量，从 20 世纪 90 年代开始就有经济学家和法学家呼吁给民间借贷一个合法的空间，但管理部门就是不让其公开化、规范化，致使民间借贷一直在黑暗中进行，不断上演血腥的故事。

最早在网上开展这种个人对企业贷款的是各大网站平台的"宝宝"们，他们利用各种"宝宝"的余额，向一些急需资金的客户发放小额贷款。由于这些客户长期在网络开展商业活动，网上生成的数据能客观反映客户的资信情况，且他们的交易又是通过宝宝们第三方支付平台进行，这种小额贷款是比较安全的。阿里小贷在接到客户的小额贷款申请后，符合条件的几小时内就可以放款到位。

显然，这种小额贷款仍不能满足经济发展的需要。于是，从国外引进的 P2P 和众筹网站几乎是一哄而起，一年内就发展到几千家之多。最高人民法院也对非法集资作了有利于 P2P 平台发展的解释。

但 P2P 由于本身存在的一些问题，致使一些上线项目鱼龙混杂，导致项目贷款人风险频出，甚至一些网站关门走人的事也时有发生。

但从国外发展情况来看，P2P 作为一个新生事物有着很强的生命力。随着中国征信体系的建立和完善，P2P 将带给中国金融体系一场革命性的变革。从 2014 年开始，中国政府已经开始高度关注这个领域的发展，多次表态要借助 P2P 和众筹来推动大众创业。可以肯定，P2P 将成为中国中小企业，尤其是创新型企业今后融资的一个重要平台。

（1）规划好 P2P 项目。确认自己想要什么价值，确认你能提供什么价值。不要低估项目支付的困难。对自己所作的承诺必须有兑现的能力。

（2）发布 P2P 广告。注册用户并完成个人信息，完善个人资料，让人充分了解你。你应当站在投资人的角度来思考，需要一些什么资料。只有你的信息能满足他们的需求，他们才可能把钱借给你。同时，设计好回报选择。你获得人家的支持将取决于给人以什么样的回报。除了利息外，还可以增加一些与项目有关的衍生品的回报。一般而言，多一些回报的内容，项目成功的可能性就大一些。

（3）推广和实施项目。在网上和粉丝们互动，保持真诚的沟通，善待和团结第一批支持你的人。

当然，网络的成功者是需要勇气的。无论你是通过网络筹资还是网络营销，都要培养你的粉丝，经营好自己的人脉，往往能取得事半功倍的效果。

有一个在美国发生的经典案例值得我们借鉴：

项目名称：Pebble E – Paper 智能手表。

发起平台：Kickstarter（美国最大的众筹平台）。

发起人：Allerta 公司。

项目简介：一款足以提高移动智能生活品质的精美智能手表。

筹款目标：10 万美元。

筹款结果：10266845 美元。

支持者：68929 人。

回报设置（举例）：

1 美元：你会了解项目的最新进展，这可是独家消息哦（2615位支持者）。

99 美元：你会得到一款黑色的手表，零售价为150 美元（200 位支持者）。

125 美元：你可以从三种颜色的手表中任选一款（14350 位支持者）。

240 美元：你可以从三款中任选两款（4925 位支持者）。

1250 美元：把你的创意告诉我们，我们为你设计一款专属于你的智能手表，另外，还会得到五款不同颜色的智能手表，这样，你就可以和你的朋友一起分享（20 位支持者）。

Kickstarter 将项目资金限定在 13 个大类：艺术、舞蹈、设计、时尚、电影、视频、食品、游戏、音乐、摄影、出版、科技和剧院。所以，在选择众筹平台时，也应当关注这个平台的服务范围是否把我们的项目囊括在里面。

银行贷款

银行贷款曾经是中国企业唯一合法的贷款途径，时至今日，也是中国企业最重要的融资渠道。更重要的是银行贷款利息比较公允且偏低，有利于企业降低生产成本。所以，了解银行贷款，善用银行贷款，几乎是企业成长过程中绕不开的话题。

根据我国《银行法》和财务管理规定，任何企业都必须在银行开设账户，作为企业的基本户，以便企业开展对外结算和存款工作。银行从自身业务出发，也希望企业能在本行开户，以便争取更多的金融业务（存款和结算），一些银行甚至会给自己的开户企业一定的优惠待遇，以吸引他们进入。

在现实经济生活中，我们会发现一些企业能比较容易地获得银行贷款，而一些企业却难以获得贷款。这除了企业自身存在的问题外（包括规模、赢利能力和担保问题），更多的原因是因为贷款人对银行的业务不熟悉造成的。

首先要有个观念，银行也是企业，也是要做生意的。它通过支付一定的利息获得银行存款，如果不能以高于存款利率将这些资金放贷出去，银行就要亏损，所以，贷款是银行创造价值和利润的主要途径。银行既是企业，也关心自己的利润，银行贷款就不会做慈善，也不是简单的政府工具。企业向银行提出贷款申请，是给银行提供创利的机会。所以，企业不必在银行面前低三下四。只要你的项目足够好，银行还巴不得把贷款发放给你。

那么，对银行而言，什么是足够好的项目呢？

（1）项目有足够的市场前景和赢利前景，这是项目最基本的条件。因为你的贷款是在未来年度必须归还的，银行固然关心你现在的赢利状态，更关心项目的赢利前景。须知，很多企业就是在赢利好的时候上新项目，项目上去后出现亏损，银行贷款的安全大打折扣。

（2）项目能产生足够的现金流，尤其是在项目建成以后，形成的新现金流能覆盖到期贷款本息。因为还贷是要拿真金白银的，银行十分关注企业的现金流，关注企业经营中产生的现金流，这是银行贷款最重要的安全保证。

（3）企业的资产负债率和企业负债结构。资产负债率越低，新增债务得到的保证就越高；反之，就越低。一般而论，资产负债率超过50%，银行就要考虑风险问题，高于70%，基本就属于高风险贷款了。企业一旦破产，资产是要大打折扣的，即使银行贷款处在债务清偿的前列，也有可能覆盖不到。

（4）抵押物和担保，是当下银行考虑得最多的一个因素。主要原因就在于企业和银行信息不对称，银行对企业提供的数据的真实性怀疑，只有抵押物才是真的，才能最后保证银行贷款的安全。如果没有足够的抵押物，银行还可能要求有实力的公司或专业公司担保。目前，各地政府都扶持了一批担保公司，他们一般会从银行获得 10 倍甚至更多倍数的担保额度。

（5）中国各商业银行还承担着一定的助推政府经济目标实现的责任，所以企业要获得银行贷款或政府资助的担保公司的担保，一定要符合国家的产业政策和地方政府重点支持的经济领域。

由于中小企业存在着规模不够大、经营期限短、企业信息不充分、银行可信用的信息不充分、抵押物不够多等原因，所以银行对中小企业贷款心存疑虑。创业者应当一开始就建立规范的管理制度，收集整理企业各方面的信息，满足银行对企业的基本要求。在此基础上，借助政府各种平台，畅通企业和银行之间的关系，让银行对企业的经营状态有比较充分和真实的了解，取得银行对企业的支持。

最近，首批 5 家民营银行已经获得国家的正式牌照，全国各种网络小贷公司发展也很迅速，如果我们的项目有足够的好并且按银行的要求进行了必要的策划和包装，如果我们的企业信息真实充分，中小企业贷款难的问题一定能得到根本性的解决。

财务杠杆

太子奶公司提出过一个响亮的口号，叫作"零风险经营，无成本生产"，最后，该公司在 2011 年破产重组时，累计欠经销商资金 3.3 亿元，欠供应商货款 1.7 亿元，欠员工工资 8000 多万元。还不包括它欠银行、建筑商、设备商、政府土地款、税款等。该公司销量最高的年份是 2007 年，全年销售也不到 17 亿元。太子奶生产周期短，从投料发酵到灌装出货（包括倒置 1 周），最长的时间不会超过 10 天，考虑到均衡生产，仓库储存一个周期的原材料、一个周期的成品，员工工资每月发放一次，考虑到春节、中秋、端午等销售旺季提前备货等因素，它的流动资金每年至少可以周转 10 次，加上它高达 40% 以上的毛利率，那么它有 0.8 亿~1 亿元的流动资金就足够了。

而它光是占用经销商和供应商的资金就达5亿元，员工工资都是在下一个月的上旬支付。也就是说，它的这种经营模式，不仅不需要流动资金，而且还会有大量的资金沉淀。它确实实现了"无成本生产"。

太子奶公司最终还是走上了破产重组的道路。原因有很多，其中有一个重要的原因就在它的"零风险经营"上。零风险经营不是指它自己的经营，而是指经销商的经营。为了鼓励（引诱）经销商打款提货，太子奶公司承诺，经销商销不出去的货无条件退回。而经销商在打款提货时，公司给了它高额的返点和市场费用，有时高达20个点以上，一般情况也有十几个点。经销商一打款，公司即给其上账，形成公司对经销商的负债，一提货，就给其市场费用（以货物的形式支付）。比如，经销商打款100万元，返点加市场费用，他可以按出厂价提走120万元的货。如果这批货卖不动，经销商退货，公司就给其记上120万元的应退款，构成公司对经销商的负债。这样一进一出，在经销商的账上就多出了20万元，经销商从公司赚了20万元，而公司的货一点也没有卖出去。

在正常情况下，公司对经销商的打款和提货、退货是有严格规定的（比如退货需扣回公司的返点、运输费用、市场费用等），经销商也会承担一定的损失。所以，虽然也有退货，但并没有大规模出现过，直到2007年，太子奶公司为了实现和投行的对赌协议，以非常手段，向市场冲量销售。大量经销商利用公司压货销售、冲量心切的机会，向公司要返点，要市场费用，造成了大量的退货，有相当一部分产品只在经销商的仓库中转一圈，又回到企业，被销毁。这一年的销售收入虽然达到16.8亿元，但造成了太子奶公司有史以来最大的亏损（4亿多元）。

2008年6～7月，太子奶公司为了解决资金断链的问题，以千万元巨奖吸引经销商打款，同时还开出了相当优厚的返点和市场费用等条件，结果在公司账面上又新增加经销商款8000多万元，但付出的财务费用高达几千万元，这相当于高利贷。公司以饮鸩止渴的方式来解决资金问题，加速了资金断链。经销商打款一结束，公司就陷入停产半停产的状态。当年销售收入完成 12 亿元，仍亏损 3 亿多元。

天下没有免费的午餐，无论是占有经销商的资金还是供应商的资金，企业都是要付出一定代价的。除非是你已经具备了足够的议价能力，占有很强的优势。比如沃尔玛，是全球最大的零售商，由于它几乎垄断了零售商业的重要出口，几乎所有的厂商都有求于它，即使如宝洁这样的公司也不例外。正是因为它在销售网络上无可动摇的地位，它对所有的供应商都给 3 ~ 6 个月账期，它给宝洁公司最大的好处就是给它代为供应一些其他产品的权利，让它在销售渠道上获得一些利差，而沃尔玛则继续占用供应商的货款。由于沃尔玛商品周转期短，资金回笼快，所以，它不仅实现了无成本经营，而且还有一笔很大的资金来理财。中国的国美、苏宁也是这样做的，并且它们都实现了商品的低价销售，企业也获得了很好的赢利。

债券和信托

无论是债券还是信托都是企业向社会公开融资的一种方式。债券是企业发行的约定利息的一种债务凭证。信托就是信用委托，是一种以信用为基础的法律行为，一般涉及三方面当事人，即投入信用的委托人、受信于人的受托人，以及受益于人的受益人。信托业务是由委托人依照契约或遗嘱的规定，为自己或第三者（受益人）的利益，将财产上的权利转给受托人（自然人或法人），受托人按规定条件和范围占有、管理、使用信托财产并处理其收益。就企业融资而言，前者以发债企业为依托，由发债企业向社会公众作出承诺。后者以项目经营为依托，由承办项目的企业作出保证。前者主要是为企业补充现金流，也支持企业新业务的开展，后者则主要是用于企业新项目或新业务的开展。前者风险较小，利息率要低一些，有些资信良好、实力雄厚的企业，债券利息率低于银行贷款利息率，代发债机构也只收取较低的手续费。后者风险要大一些，主要取决于新项目的经营情况，所以它的回报率也要高一些，一般高于同期银行贷款利率。由于二者都不需要实物资产作抵押，所以，它们有着比较大的市场。

无论是公开发债还是通过信托筹资，前提都是企业必须具备一定的规模，尤其是公开发行债券，其条件简直跟在主板市场上市差不多。发债要经过专门的机构审批，企业的各项保证措施必须到位（虽然不是抵押物），目的是为了保护债权人的安全。

信托产品审查的重点是项目本身。为了确保项目的安全运行，信托机构要求信托资金封闭运行，封闭回笼，防止项目承办方挪用资金。

▲建议

读完此章，建议你用 300～500 字，拟一个项目融资方案。

（1）把项目的前景和意义说在前面，像写新闻稿件一样。一开始就表明项目的市场前景和赢利能力。

（2）用简洁的语言说明项目为什么会有这样的前景。

（3）说明为什么需要投资人的资金？需要多少？使用方向。

（4）投资人退出模式。

（5）你和你的团队为项目做了什么？

（6）其他需要说明的问题。

第 4 章　O2O 营销

　　网络实名制和手机实名制，使人们在网络世界的生活和现实世界的生活出现高度融合，网络世界的方便和无边界，比现实世界更少的约束和成本，使人们越来越热衷于网络世界的交流和联系。

1 创造价值

现在大家都热议O2O，无论是翻译成"从线上到线下"还是"从线下到线上"，都意味着营销领域一场深刻的变革。

商业回归本质

商业的本质就在于分工和交换。通过分工和交换提高社会劳动生产率，提高社会财富总量。商业的目的就在于为社会提供有效产品，以满足人类社会对物质生活的要求。但由于资本的作用，使商业活动成为攫取利润的工具，无论商业活动是否创造价值和提供使用价值，只要能给资本带来利润就会受到鼓励。否则，即使是创造价值的活动，也不会受到资本的青睐。

长期以来，因为资本支配了人们的商业活动，因为分散的消费者在强大的资本面前就是一盘散沙，形不成和资本抗衡的力量。商业的本质被资本扭曲了。

网络世界是一个去中心、去集权、去中介的社会，人们在网络上的交往是互动式的，即使资本和权力也支配不了这种自由平等的交往。就商业活动而言，消费者越来越关注产品本身，并且排斥厂商的广告宣传，他们通过网络结成一个整体，用他们的亲身体验来传递对产品的评价。任何诱导消费者、欺骗消费者的行为都会受到抵制。

2013年11月，恒大对外推出一款高端矿泉水——恒大冰泉，长白山天然矿泉水。财大气粗的恒大请来了成龙、范冰冰、里皮做广告。企图用成龙的健康长寿、里皮的自然健康、范冰冰的美丽来吸引消费者。消费者能买账吗？在同一时间推出这样几款广告，除了说明恒大很有钱外，还能说明什么问题呢？消费者自然会把恒大冰泉和农夫山泉进行比较，会把恒大冰泉和依云比较，比低端吗？能否低过农夫山泉，比高端吗？能否高过依云。找不到卖点，找不到源点人群，注定这款产品走不了多远。市场没有"痛点"，产品没有"卖点"，消费者的体验没有什么新感觉，花里胡哨的广告甚至会适得其反。

由于网络时期的消费者结成了一个整体，消费者取得了和厂商抗衡的力量。由于网络去中心、去中介的性质，拉近了消费者和厂商之间的距离，消除了商品流通中许多中间环节，形成了消费者对产品直接评价（体验）的权利。这意味着，厂商高高在上的位置已经消解，由厂商主导产品评价的中心已不复存在，消费者取得了对产品支配的权利。他们的体验和喜好会形成一股强大的力量，迫使厂商活动回归其本质——提供产品和服务，创造效用和价值。

消费者主权时代

消费者主权的形成不是网络时代的产物，是物质丰裕时代的产物。因为供过于求的普遍出现，消费者在市场上多了选择的权利，买方的权利超过了卖方权利。但消费者主权的实现，则是网络时代的产物。过去由于消费者以个体状态存在，其力量根本就不足以和厂商抗衡。厂商利用其强大的实力，通过对话语权的掌握，以广告宣传的方式，向消费者灌输自己的理念和对产品的理解，消费者几乎十分被动地接受厂商的这种宣传，所以，虽然经济学承认消费者主权，但消费者却难以实现这种权利。

网络时代使消费者结成一个整体。由于网络的存在，使他们比较容易取得联系并进行有效沟通，甚至围绕某一种产品或服务结成一个强大的社群。通过微信、微博、QQ 等方式，凭借在网络世界掌控的话语权，迫使厂商降低身份，在平等的状态下和他们进行沟通。消费者的意见直接决定了某一种产品或服务的生死存亡。

厂商感到现在的生意越来越难做了。尤其是那些没有形成网络思维的人会发现，即使自己非常有实力，即使能肆无忌惮地在各种媒体上砸巨幅广告，也无法打开产品的销路。即使厂商过去积累了无与伦比的品牌力量，也无法撼动消费者的心。诺基亚、摩托罗拉在 10 年前的手机市场是何等的呼风唤雨，只因为智能手机时代的到来，它们慢了一小步，就被消费者无情地抛弃了。微软曾经是多少消费者心目中的偶像，它开发出来的 Surface RT，企图以巨额的广告费（10 亿美元）开道，与 iPad 一较高下，结果连广告费都没有收回来就偃旗息鼓了。

在网络时代，你还相信消费者对品牌的忠诚度？忠诚不是一个人的品质，而是两个人的关系，是关系的品质，只有你对消费者忠诚，消费者才会对你忠诚。如果厂商还高高在上，寻找对他忠诚的消费者，一定会一无所获。其结果不会比诺基亚和摩托罗拉更好。

网络时代的消费者虽然对品牌缺乏忠诚度，但他们通过网络学习，会表现出更强的自我管理能力，他们会更加忠实于自己的感受，会更加注意自己在消费产品和服务过程中的体验。厂商如何吸引消费者呢？就应当像谈恋爱一样和消费者做生意。

（1）忠于自己的感受。不要随波逐流地投身于自己不喜欢的事业。要像谈恋爱一样喜欢自己的事业，当激情消退之后，就要大胆地寻找新事业。不要经营连自己都看不上的产品和品牌。有人讲，消费者是上帝，只要上帝有要求，即使自己不喜欢也要去做。其实这样做是不好的。自己都不喜欢，又怎能付出感情，付不出真的感情，又怎能吸引消费者，又怎能把事情真正做好。

（2）专注于对方的感受，自私地奉献。恋爱的快乐是两个人共同创造的。我们应当像关注恋爱对象的感受一样来关注客户的体验，自己 High 固然重要，恋爱对象的 High 会使我们更加快乐。一定要找到让客户尖叫的方法。譬如乔布斯打造出来的苹果手机，张勇打造出来的"海底捞"服务。

（3）保持不安全感产生出来的焦虑感。越是爱，越是怕失去，这类似于企业家的忧患意识。生怕自己的客户被别人拉去，变着法子让自己的恋人像自己喜欢她一样喜欢自己。正是这种焦虑感，使企业家不断关注消费者情绪的变化，关注竞争对手的运作，不断地改变自己。马化腾的焦虑促成了 QQ 之后的微信，马云的焦虑使他在创立淘宝、天猫之后，又在孵化"菜鸟"。

（4）吸引恋人的不是因为你完美，而是因为你性感。男人的性感表现在什么地方：一是外向的性格，使你更易于沟通。二是力量，使你成为对方的依靠。力量是什么？是美貌、是思想、是智慧，也可以是权力、是财富、是名气。要使你的产品具有同样的魅力，首先就是你的产品要有足够的好，消费者的体验要有足够的美妙；其次是你和消费者的沟通。像马云、雷军一样，说出来的每一句话，都能到达消费者的心坎上去。当然，外向的性格最好建立在足够的力量的基础上，否则，一定会有人说你是个牛皮客。

（5）变化。太阳每天都是新的，所以，人们对太阳的热爱经久不衰。梦露的善变和风情万种，使观众保持了对她长久的爱。心理学家发现，荷尔蒙推动的激情持续时间只有 6 个月左右，如果你不能点燃新的激情，你的对象就会从你的身边溜走。消费者对一个产品的激情维持也只有一段时间，如果你不能让你的产品发生变化，消费者就会转向你的竞争对手。所以，无论是小米还是苹果都把快速迭代当成自己成功的秘诀。

中产阶级

中产阶级成为引人注目的一个阶级是"二战"后的产物，由于凯恩斯主义的盛行、城市化和第三产业的发展，中等收入家庭成为社会的一支重要力量，在一些发达国家，其人数已经占到了总人口 40%～60% 的比例。他们成为发达国家最强大的消费力量，迫使这些国家的经济发展方向由外贸拉动转向内需推动，外贸赤字的出现，体现了这个阶级的消费能力。

中国的中产阶级是在改革开放之后逐渐形成的，据统计，这个人群的数量已经达到 25% 左右。比例虽然低，但由于我国人口基数大，并且仍保持着一种强劲上升的势头，所表现出来的消费力量，已引起了不少企业家的关注。从国内外的实践来看，这个阶级具有良好的发展前景。他们是国家重点培植的对象，他们正在成为（发达国家已经成为）社会的中坚力量和稳定力量，也是社会最重要的购买力量。富裕阶级的钱虽然多，但他们的人数少，用于个人消费的范围毕竟有限。只有中产阶级，他们有足够的收入来支持自己的消费——个性化的消费。正是他们，使消费者市场变得丰富多彩。这也是一个积极向上的阶级，他们敢于冒险、敢于创新、敢于引领社会的潮流，他们会首先成为新产品的拥护者。

但中产阶级又不是一个统一的阶级，它是由各个不同阶层的人组成的。他们有不同的职业、不同的文化教育背景、不同的生活环境，他们尽情地培养自己的爱好和品位，这就注定他们会分割成一个又一个小众，推动一个又一个的小众市场形成。他们穿衣服怕"撞衫"、不喜欢挎同样的包、不喜欢开同样的车，他们要张扬自己的个性，他们也有能力张扬这种个性。

所以，要做好这个阶级的生意，就必须深入研究这个阶级的构成，发现隐藏在这个阶级中的小众市场。

作为一家在广州已经营运了 10 年的丽柏广场，正是以小而精，做小众市场、做精致服务，因此在强手如林的广州市场脱颖而出的。

丽柏广场的建筑面积只有 1 万平方米，五层商城只能容纳 60 个品牌，"如果 50 个品牌都跟别人一样，还能有什么优势呢？"所以，在容量有限的情况下，走"小众路线"成为丽柏广场的必然选择。如今的消费者更加注重产品的品质和个性化的特色，有意淡化 LO-GO，追求低调的奢华。

丽柏广场把独立小众作为筛选品牌的重要标准。品牌必须坚持自己的文化，只做懂自己的人，用作品的个性化特征和品牌文化，和消费者产生共鸣。

他们只做网上服务，不做网上销售。只设固定的打折季，不举办"买就送"、"买就减"的促销活动，这与当下网上销售的热门场景形成了鲜明的反差。

中国的城市化在持续推进，第三产业在加速发展，大众创业，万众创新潮流迭起，中产阶级的力量在不断壮大。作为创业者的你，有没有发现一个属于你的"小众市场"呢。

屌丝人群

屌丝是一个群体，不是一个阶级。他们生活在社会的下层（但不是底层），但渴望成功。他们的收入仅仅能满足自己的基本需求，买不起房，买不起车，但能买得起一部智能手机。他们有一定的文化知识，渴望用知识改变命运。他们有的来自大学毕业生，全国每年有几百万名大学毕业生，几百万名的职校毕业生一起走向社会，参加工作，拿着比较低的工资。他们有的来自新一代的农民工，和他们的父辈不同的就是在于他们渴望在城市扎下根来，他们"心比天高，身犹下贱"。他们有的来自国企改革、企业破产和重组新增的失业人群，他们刚刚失去稳定的工作，心中尤是不甘。

他们从事不同的职业，但有一个共同的特点就是工作在最基层的岗位；他们拿不同的工资，有一个共同的特征就是仅仅能满足自己最基本的生活需要。他们都有不同的理想，共同的是都渴望进入中产阶级的行列。他们最欢迎互联网，可以称得上是移动互联网的原住民。因为在网络，他们可以平等地和一切人交流（网络不知道你是一条狗），能轻松地发泄着对现实世界的不满，戏谑地"吐槽"自己的不幸遭遇。

他们在网络上购物，在网络上创业，在网络上交流，在网络上构建自己的朋友圈，甚至组成一个独立的世界。

这是一个庞大的人群，据说在中国有 40% 以上的人群属于屌丝人群，全国有 5.6 亿人口属于这个级别，名不见经传的天弘基金携手支付宝，创立余额宝，仅仅用 18 天的时间就使"天弘增利宝"规模达到 3500 亿元，成为国内市场最大的基金，而平均每个客户购买的基金却不足 3000 元——根本就达不到购买其他基金的起点。这使著名的"长尾经济"理论得到了一次最好的验证。

史玉柱之所以能起死回生，实现第二次创业，就是依托这个人群对《征途》游戏的追捧。2010 年以来，先后有阿里巴巴、京东、微信把市场定位锁定这个人群，取得了巨大的成功。阿里巴巴在去年"双十一"的购物节中，一天的销量就达到 571 亿元，京东也斩获不少，凡是上线的商家都有一定的收获，使人们喊出了"得屌丝者得天下"的口号，史玉柱更是混迹于屌丝之中，以获得屌丝人群对他的认同。

2 B2C 和 C2B

1998 年，中国引入 B2C 概念，1999 年马云创立阿里巴巴，2003 年创建淘宝网站，2008 年创建天猫网站。1998 年，刘强东创建京东商城，2010 年，苏宁易购上线，B2C 做得如火如荼。2006 年提出 C2B 概念，2010 年前后，团购在中国网络世界刮起一阵旋风，但很快就蛰伏下来了。有人据此认为，C2B 只不过是对 B2C 的补充。其实，一场真正的商业革命正在 C2B 中孕育。

阿里巴巴的意义

随着阿里巴巴在美国的上市，马云在中国商业的地位已无可匹敌，连他自己也有了这样的感觉，他说：李嘉诚时代一去不复返了。尽管李嘉诚是那个时代最杰出的企业家，现在这个时代不属于李嘉诚，的确时代已经发生了翻天覆地的变化。马云正是推动这个变化的人物之一，他站到了这个变化的风口上，所以，他看得很清楚，李嘉诚的时代过去了，王健林们的时代也正在衰落。王健林和他的豪赌注定会失败。

马云看到了什么，他看到了互联网的威力。在中国人仅仅把互联网当作一种通信工具时，他感觉到了互联网所造成的虚拟世界即将和现实世界融合，现实世界的商业活动即将在虚拟世界中重现。

当他的浙江同乡一掷千金地在全国各大中城市拿地建市场的时候，他却轻松地进入虚拟的网络世界开疆拓土。他和他的伙伴只有50万元，如果在现实世界，他只能拿到几平方米的土地，连建个公共厕所也不够。而在网络世界他可以无限地、尽情地扩张，这一切只取决于他们的技术而不是资金。就这样，草根、穷小子马云和他的同伴在一个无人问津的虚拟世界，建立了他们的商业王国，搭建了B2B、B2C 的商业平台。几百万个商户在这些平台上创业，几亿个客户在这个市场上逛来逛去。

由于互联网的无边无际，所以他的市场超过了全国任何一个城市的市场，即使是义乌小商品市场、株洲服装市场、武汉的汉正街加起来也顶不上它的一个零头。而这些市场中的任何一个开发建设费用的零头，都比他的开办费不知要高出多少。更加可怕的是，任何实体市场都有一个无法突破的边界，而互联网市场意味着可以无限容纳商户的进入，这就为阿里巴巴的不断创新和完善提供了无限想象的空间。2000 年，他们创建了 B2B，2003 年创建淘宝网，2004 年创建支付宝，2008 年创建天猫商城，2009 年成立阿里小贷公司，2010 年成立小额贷款股份公司，2012 年创建淘宝·中国特色馆，2013 年，天猫商城宣布试水生鲜冷链物流，2014 年开始实施"菜鸟"计划（基于云仓储和云物流概念）。

这一系列的动作，使阿里巴巴的网上商业业态不断完善，现在全国有 800 万家商户在阿里的网上营业，有几千万人在阿里商业王国实现就业。在中国地面商超和商业连锁尚未完成布局（这也正是王健林们很不甘心的地方），网络 B2C 以横扫一切的姿态，成为一股不可阻挡的力量。

B2C 把传统商业从冗长的流通环节中解放出来，拉近了消费者和厂商之间的距离，把它从沉重的地价和房租中解放出来，降低了商业的劳动成本。同时，B2C 也颠覆了传统商业中那些巨头们的地位，把他们从垄断的地位上拉了下来，无论是国外的沃尔玛（实体店）、家乐福和麦德龙，还是中国的苏宁（实体店）、国美和联合利华，它们的风光将不再耀眼，有的是在一夜之间就暗淡无光。除非它们在网络的商业世界再一次复制它们过去的传奇（如沃尔玛和苏宁）。

B2C 对传统商业是一场革命，但 B2C 在网络世界又复制了传统的商业模式，所以随着网络世界的拥挤，B2C 先前的一些优势正在消失，而复制传统商业遗留下来的问题正在通过网络放大。

C2B 的革命意义

C2B 电子商务模式起源于 1998 年美国人 Jay Waker 创建的 Priceline 公司旅游服务网站的客户自定价系统（Name Your Own Price），但直到 2006 年在美国洛杉矶电子商务年会上才正式提出 C2B 概念。中国互联网最早在 2009 年，开始用团购的方式来实践 C2B，2010 年前后，中国冒出了数以百计的团购网站，但很快就衰落下去。

C2B 从字面上来理解就是 Customer to Business，消费者对企业的商业模式。在 C2B 模式中，消费者发起需求，商家响应需求，消费者可以参与到产品的研究设计和生产环节中去，为自己真正需要的商品埋单，不再被动地接受商家的产品和价格。

B2C 模式仍然是从企业出发，企业生产什么、生产多少、如何生产取决于企业对市场的调查和理解，取决于企业对消费者的洞悉。但由于网络时代也是一个个性张扬的时代，再强大的企业也不可能对全部的消费者进行调查，他们从调查中永远都只能得到一部分真实的数据，他得到的真理也将十分有限。正是这种狭隘性，乔布斯甚至反对市场调查，他直接从人性的角度去了理解消费者，他大获成功，因为他是天才的产品经理。但多数企业家都失败了，即使有一些成功的企业家，在后来也可能面临失败——其结果就是他们生产的产品有可能卖不出去。中国服装行业的库存高达 730 多亿元，一些知名品牌服装的库存量高达 50%～60%。究其根本原因就是他们的出发点错了，虽然他们高喊以消费者为中心的口号，他们的出发点仍然是企业自己。

B2C 虽然从整体上减少了流通环节，降低了企业的成本。但在另一面，在竞价排名和新排名上，企业成本不降反升，加上网上恶意的价格竞争，产品的利润几乎趋零，甚至亏本。2014 年，阿里巴巴网站销售 18 万多亿元，阿里巴巴公司的营业收入高达 550 多亿元，约占网站商业销售的 3.3%，也就是说网上商户向阿里公司缴纳了其销售收入的 3.3% 的"租金"。大多数的网店买不起流量，做不起广告，进不了首页和前几名，它们成了网络世界的"背街小店"，"过着无人问津的日子"。难怪越来越多的中小企业和淘宝网、天猫商城的商户抱怨在阿里巴巴并没有赚到钱，难怪浙江的中小企业不仅不感激马云，而且还公开宣称对他的不满。

C2B 从消费者出发，由消费者决定产品的设计、制造和价格，企业只不过是响应消费者，并利用自己的专业知识，帮助消费者来实现其需求。消费者成了委托人，企业成了受托人。所以，企业可以实现零库存经营。

同时，C2B 削减了全部的流通环节，可以直接从企业的车间将货发给消费者，甚至也削减了企业的营销费用，企业通过网络收集消费者的意见，并在网上和消费者互动，让消费者通过网络参与设计和生产，通过这一过程来凝聚消费者，使消费者成为企业的粉丝。

中关村股权投资协会秘书长尹立志，本着"把有各种需求的人结合起来一起做一些事"的想法，提出了"众筹家园"项目：户型由业主们商讨决定，邻居都是科技企业和金融机构的高管，而且在建房之前就相互认识，小区环境优美，位置离北京有 50 分钟高铁车程的距离，出高铁后开车 30 分钟即到。每人限购一套，可以贷款，最具诱惑的是，在北京五环房价已经达到每平方米数万元的情况下，这里的房价每平米只有 3500 元。

在想法提出两周内，"众筹家园"项目就已经建立了超过 80 人讨论群，话题围绕户型、土地、设计和法律条款等实际问题展开，而且是一群有稳定职业、热爱新事物的微信达人。很快，每个人都填写了申请表，并通过微信 AA 支付了 100 元表达自己的意愿。

在中国发展房地产的制约因素并不仅仅是启动资金，这个类似于集资建房的"众筹家园"虽然尚无结果，但已经是 C2B 模式在房地产领域一次实践。在中国房地产市场日趋饱和，空置房"压力山大"的情况下，C2B 或许为中国房地产开发提出了一个革命性的方向。

即使 C2B 的商业价值为世人明白，C2B 也不可能完全取代 B2C，因为 C2B 无法满足消费者即时购物的要求。研究发现，现在越来越多的购物行为，并不是一种目的性非常明确的购买，而是一种消费性购买，是消费者把购物当成一种消费行为。况且存在着大量的日用品消费，消费者并没有一个明确的考虑，他们希望能尽快地实现购买行为，C2B 则永远也不可能满足这类需求。

但即使在这种情况下，C2B 仍然可以作为对 B2C 的补充，使 B2C 企业开发出来的产品具有更强的针对性。比如小米手机的开发和销售，实际上就是 C2B 和 B2C 两种模式的结合，因为有了 C2B 这个环节，增强了企业对用户的粘性，C2B 甚至成为一种强大的营销手段，可以大幅降低 B2C 的盲目性。

而在另外一种情况下，一些价值比较昂贵，消费者购买频次比较低的产品，C2B 将有取代 B2C 之势。在这里，C2B 的本质就是为用户定制，由消费者主导产品的全过程。消费者和生产者的位置完全颠倒过来了，消费者主权的地位真正得到体现。

3 商业要素

无论是 C2B 还是 B2C，对厂商而言，发现目标用户，确定目标市场，建立客户关系，粘住顾客是永远不变的真理。商业是两个平等主体之间的一种活动，是一种利益的交换，只有实现双赢，这种活动才能持续下去。但实现这个活动的主体是人不是机器。人是有感情、有思想的动物，他们的行为，尤其是消费者行为既受利益的支配，也受思想感情的支配。这就使做生意不仅是精巧的科学计算，而且是一门充满技巧和变幻的艺术。

发现用户

有人认为有了 C2B，就可以省去发现用户这个环节，省去市场细分这个环节。的确从理论上讲，由消费者主动提出需求，可以省去厂商的前期分析。但从实践层面来看，即使是 C2B，也必须有厂商的介入和组织，否则，消费者的要求由谁来归纳，向谁提去呢？

作为厂商，无论是采取 B2C 还是 C2B，或者是二者的混同模式，通过细分市场来发现目标用户，是厂商最基本的一项工作，就是把它提到厂商的战略高度也不为过。

厂商做什么、卖什么、怎么卖，取决于两个基本的因素：一是自己有什么资源，你最有可能做好的东西是什么，是开一家餐馆或者是开一家工厂。开餐馆能做到什么规模，能做出什么菜系；开工厂，能生产什么，生产多少。这些因素问问自己就可以了。二是你的资源怎样和顾客的需求对接起来。顾客的需求海了去了，你不可能都满足，满足哪一些呢？即使是同一类需求，不同的顾客会有不同的个性化要求，你又能做到哪些呢？

所以，我把发现用户，发现属于你的用户，当作是厂商第一位的任务。你总不能不管三七二十一就在马路边开一家餐馆吧，也不可能在没有任何目标消费者的情况下，就在园区建一个手机工厂吧。

如何发现属于你的用户呢？细分市场吧，这是一个屡试不爽的最为有效的方法。

现在是一个物质丰裕的时代，在市场上充斥着各种商品，几乎不存在空白市场。创业者休想找一个"等你的市场"，你只有不断地细分，才能发现空白。尤其是小公司，本钱小、资源少，只能选择较小的目标市场，寻找大公司留下的空白，聚焦优势，才能在市场上立足。所以，我们经常发现，在大酒店旁边往往是小酒店扎堆的地方，因为酒店里总是有一些客人想尝试地方小吃，对小饭店而言，每天能从大酒店分流出 1% ~2% 的客人就够他吃饱喝足了。

美国 Positively—You 网站于 1998 年 4 月成立，主要销售自助类和励志类图书，并且在 6 个月内实现了赢利。《纽约时报》专栏作家托马斯·弗里德曼写了一篇高度赞扬这个书店的文章，书店网站的访问量急剧增加。于是它开始扩张，同亚马逊展开直接的正面竞争。这真是一场灾难，书店在一年内关闭。其创始人感叹：我们作为一个小型的补缺者是成功的，在我们决定挑战亚马逊时，却迷失了方向。

迷失了什么方向，就是迷失了自己的目标市场。有效地细分市场必须满足六个标准：①差异性。不同的细分市场中顾客有不同的需求组合。②可识别性。公司能通过细分变量识别顾客，从而用自己的产品接近顾客。③稳定性。顾客会在这个场合停留相当长的一段时间，使公司能从容地发展。④可测量性。细分市场的规模和购买力可以测量，有利于公司组织生产。⑤规模合适性。大公司喜欢大的细分市场，小公司喜欢小的目标市场。颠倒过来，大公司吃不饱，小公司吃不了，将面临更多的竞争者进入。⑥可进入性。公司能使自己的产品和服务到达目标市场。其中最主要的是差异性和可识别性。细分市场是主观对客观的一种分析，是厂商的一种主观行为。但这种分析是否符合客观实际，取决于厂商对消费者的洞察能力和对市场分类能力。只有发现市场的差异性和可识别性，公司才能锁定自己的目标市场，为目标市场提供产品和服务。为什么提"锁定目标市场"？就是厂商一旦确定自己的目标市场，就要坚持一段时间，不要轻易调整目标，更不要轻易扩大自己的目标市场。只有当你的目标市场趋向饱和的状态下，你再考虑扩大细分市场或下一个目标市场。否则，你就会犯Positively—You 一样的错误。

到达用户

马克思讲过，从商品到货币（W—G）是"最为惊险的一跃"，如果商品不能顺利地实现价值，摔碎的将不仅仅是商品，而且是商品生产者本人。所以，在市场经济社会，任何厂商都必须关注商品到达用户的问题。

在商业分工的原则指导下，商品的流通过程往往分割成多个环节，如批发、零售等，这样做的好处就是推动专业分工的发展，提高厂商的生产效率，使厂家能专注于商品的生产，商家专注于商品的销售，坏处就是割裂生产者和消费者之间的关系。由于社会生产的失衡，从生产者到消费者的过程出现许多失真的信息，误导生产者的行为。一切经济危机的根源都可以从这种脱节中找到原因。同时，由于流通环节过多，商品流通效率下降，流通成本上升，实际上增加了消费者的负担，耗费了社会财富。

戴尔电脑是在其竞争对手，如惠普和 IBM 进驻中国市场多年后，才进入中国的。多年来，它依靠创新的直销模式和"以客户为中心"的理念，在个人电脑方面取得了不可匹敌的成功。

戴尔的直销是高效的。在某种程度上是因为它去掉了戴尔和其客户之间的中间环节。通过直接与客户沟通，戴尔能根据客户的具体要求来定制产品。主要需求来自一线城市的企业和政府机构的订单，戴尔告诉在美国的财务分析师："对我们的产品和服务的需求是巨大的……中国99％的经济价值是在大城市地区。"他运用大城市地区良好的物流条件，实现了产品的直销。

随着中国二三线城市的活跃，戴尔并没有"把直销当作一种信仰来坚守"，2006年8月，戴尔在重庆购物中心开设了第一家产品体验中心，2007年11月，戴尔同意国美出售其产品。

可见，到达用户的方式有多种，作为厂商要考虑的就是如何更快捷、更有效地使自己的产品到达消费者手中，并且能保证从消费者那里传送过来的信息不失真。

网上商业的发展，为产品到达用户提供了便捷的途径。无论是B2C还是C2B都尽可能地削减了流通环节，减少了流通费用的支出。更重要的在于通过网络，加强了厂商和消费者之间的沟通，使厂商"以客户为中心"的宗旨真正得到落实。尤其是C2B商业模式的试验，开辟了一条更具光明前景的道路。

到达用户还有一个十分重要的环节就是物流业的发展。现在一些商业巨头都在布局全国性的物流网络，中国政府也在下决心为物联网的建设创造良好的基础性条件。宽带的提速降费，使通信互联网日益改进和完善；能源战略的布局和全国性水电通道的建设，使能源互联网逐渐形成并开始发挥作用；铁路、公路、机场、航空线路和江河海航运码头的建设，为物流互联网建设奠定了基础性条件。这三个网络合称为物联网，将从根本上调整人与物的关系，使物流、人流、信息流和谐相处，商品服务到达消费者手里自然就十分顺畅，消费者在购物和接受服务的过程中，将收获更好的体验。

说服用户

对B2C模式和传统商业模式而言，说服用户是一件十分重要的工作。商品已经在自己的手中压着呢？用户不购买，砸在自己手上就得赔钱。所以市场营销学讲销售策略，甚至还有一门专门的学问，叫作推销技巧。

推销过程就是说服消费者的过程。从业务员（服务员）的衣着服饰和谈吐技巧，从开场白到导入用语，从气氛调节到下单付款，专家们总结了一系列的经验和范式，甚至通过"魔鬼式训练"，把业务员打造成推销活动中最精巧的机器。但说服用户永远都没有固定的模式，只有用心投入的业务员才有可能总结出适合自己的一套经验，予以强化和提升。

《逻辑思维》的作者罗振宇曾经讲过一个买马桶的故事。

"我去逛建材之家时，看见一个马桶标价 3 万元。我问老板，这是什么马桶，能做饭吃吗？他说这是高科技马桶，叫静音马桶。我说静音马桶原本就有了。他说你讲的那个叫回旋式马桶，而那个马桶的冲力不够，这个马桶的冲力够还静音，于是现场试给我看，还真的是这样。我说那也不值 3 万元，他说你跟你父母住一起吗？我说不是。他建议我不要买。这是一款专门卖给家里有老人的马桶，因为老人夜里要上厕所，冲一下马桶，另一个人就吵醒了。如果睡不着，就只能睁眼到天亮。所以，这个马桶卖的是为你父母后半辈子睡得着。你说 3 万元值不值？表达已经成为这个时代非常重要的需求，而不是功能。所以我们会看到各种各样的产品正在变身，成为表达物，成为媒体。"

当这位老板说"卖的是为你父母后半辈子睡得着"，这个马桶就不是普通意义的马桶了，而是承载着关于对父母的情感。

产品本身就有媒体的属性，但需要我们挖掘并表达出来。说服用户最好的方式就是引起用户在感情上的共鸣，使用户把自己某种情感寄托到你推销的产品上来。

有人讲，这是一个物质化的时代，但物质化并不排斥人的感情；相反，越是物质化，越是承载更多的感情因素。在很多人看来，钻戒就能比金戒更能表达对爱的坚贞，千元玫瑰似乎比十元一枝的玫瑰更能表达恋人"一生只送一人"的决心，这些并不是物质本身所具有的，而是人们挖掘教育的结果，你能抵御这种物质和情感的双重诱惑吗？

说服不是讲道理，但必须有道理作支撑，这个道理就是产品的品质和特点。把道理寓于情感之中，用女人一样的思维来讲道理，这可能是说服用户的最高技巧了。

粘住用户

有统计资料的分析证明，维持一个老顾客的成本仅仅是新开发一个顾客成本的 1/5，多 5% 的老顾客，就能使企业的盈利提高 25%～95%。因此，如何粘住顾客，是厂商必须认真研究解决和采取可行措施的问题。粘住用户的措施有：

（1）产品和服务的品质稳定，用户体验情况良好。

（2）厂商用心维护与用户的关系，对用户的投诉和疑虑及时处理和解答。并利用现有网络建立用户社群，通过和用户的即时互动，提高粘度。

（3）给老用户一定好处，使其感受到厂商对老顾客的特殊关怀。

英国乐购超市于 1995 年推出忠诚卡活动，根据顾客累积的消费给予 1% 的季度回扣。每年都会给其忠诚卡用户邮寄个性化邮件，以鼓励和刺激持卡的消费者。乐购现在有 1400 多万名忠诚卡用户，有 900 多万名顾客每周都使用忠诚卡。

乐购的这种忠诚卡在中国稍稍有点规模的商场都有，也收到了很好的效果。关键是要维护好和持卡人的关系，同时努力扩大持卡人的数量。中国电信、移动、联通和中国各航空公司对 VIP 客户的管理方面都积累了不少的经验，效果更是明显。比如免费赠送用户生日蛋糕、鲜花，并给一定的折扣等，提高了用户的粘度。

网络时代出现了一种吸引用户、粘住用户屡试不爽的方法，这就是免费。

周鸿伟的奇虎 360 开发杀毒软件时，当时的瑞星、金山和江民三家杀毒软件已占据了 70% 的市场份额。2009 年 10 月，360 安全中心高调发布永久免费的 360 杀毒 1.0 正式版，对免费不做任何限制。后来除了杀毒软件外，360 又推出了各种各样的应用，包括电脑清理、软件管家、系统急救箱等，免费产品体系越来越齐全。到 2013 年 9 月，在各大巨头云集的空间大战中，360 云盘又高调推出永久免费的空间，令这场大战戛然而止。根据 2013 年第一季度的财报显示，360 产品和服务的活跃用户数达到 4.57 亿人，360 浏览器的月活跃用户数达到 3.32 亿人，用户渗透率达 69.6%。

360 没有付费会员，也没有收费的安全服务，主要依靠开发平台的策略——通过 360 导航、360 搜索和游戏等平台级产品与大量的第三方网站、软件共享流量的方式，来维持企业生存并赚取利润。流量的聚集使 360 成为一家具有较好赢利状态的互联网公司。其实除了互联网企业可以用免费策略粘住用户外，传统企业也同样可以做到。

陈珉瑛创立北京九悦体验酒店管理有限公司，提出房费免费的经营策略。即客人入住酒店支付房费，离开酒店时，可以带走等值的商品。"它是可以睡觉住宿的百货商场，也是可以卖东西的酒店。"把商场当酒店开，白天卖货，晚上睡觉。如果用户入住 500 元一间的标准间一晚，离开时，就可以在酒店选购等额价值的商品。如果选购更高价值的商品，只需要支付差价即可，九悦将商品寄送客人家中。如果客人不愿意购买，九悦可以折半价收回，以客人的名义用作公益捐助。

那么，九悦靠什么赚钱呢？商品的差价是一方面。另外更重要的是，陈珉瑛希望从酒店孵化出其他 38 个业务板块，包括：微院线、茶道馆、香道馆、化妆品馆、葡萄酒馆等，为用户提供全天候、全方位的产品体验。同时，他还希望和各产品的厂家合作，发挥酒店仓储和体验场所的作用。

在这里，陈珉瑛实际上也是走的周鸿伟的路线，通过免费，造成住店客人增加（提高入住率），通过其他方面的服务来赚取利润。

要将免费进行下去，一定要坚持"羊毛出在猪身上"的原则，你在准备一只免费羊的同时，一定要准备一头甚至是多头赚钱的猪。这样既可以粘住客户，又可以维持自己的生存和发展。

4 网络为王

在市场营销方面，业界有两个著名的观点：一是渠道为王，二是网络为王，并且都有专著面世。

所谓网络为王，是指厂商应当掌握产品的销售网络，谁掌握了销售网络，谁就掌握了销售的主动权。

所谓渠道为王，是指厂商应当掌握产品的流通渠道，谁掌握了流通渠道，谁就掌握了营销的主动权。

这两种主张都曾在实践中取得过很大的成功，甚至在同一个厂商那里，在不同时期，先后采用这两种方法，都取得了成功。

最典型的是老牛创立蒙牛。几个人从伊利出走，凑了1000多万元，全部用来做市场。当时做法很简单，就是打广告。蒙牛当时打出的广告语是，伊利第一，蒙牛第二。把自己和伊利绑在一起，采取了"傍大款"的方式。广告一打，经销商找上门来，他们找几个代工厂，贴上蒙牛的标签就这样干了起来。以这种方式建立蒙牛的销售渠道。这个时候的老牛就是采取渠道为王的做法。它的特点就是放手经销商做市场，自己掌握经销商就行了。

湖南卫视搞了一档选秀节目，叫"超级女声"，老牛发现是个机会，推出一款产品叫"蒙牛酸酸乳"，和"超女"绑在一起。一下子节目火了，蒙牛也火了。虽然这款产品很一般，但卖到了全国，成为蒙牛成长路上的一个标志性事件。

老牛自己做营销出身，对经销商的套路是比较熟悉的。为了掌握营销主动权，他开始注重蒙牛的终端网络建设，他的业务员遍及全国每一个城市和乡镇，直接掌控市场网络，经销商只负责打款、提货、配送，终端的促销和落地广告，由蒙牛的业务员来做。这个阶段的蒙牛成功地实现了一次营销战略大调整，也取得了巨大的成功。

但最近几年来，由于人力资源成本的急剧上升，蒙牛又开始调整营销战略，准备把终端网络交回给经销商，自己又退回到渠道管理的时代。

在我看来，渠道隐含着一种自上而下的单向流通的意思，并不符合互联网＋时代的特点，它割裂了生产者和消费者之间的联系。互联网本身就隐含着平等、多向流通的意思。无论是 B2C 还是 C2B 都主张拉近生产者和消费者之间的关系，实现消费者主权，形成真正的"顾客中心"意识。

掌握节点

网络是由一个又一个的节点构成的。作为市场网络的节点，就是一个又一个的终端，一个又一个的旗舰店、示范店和体验店。电商时期，有一种倾向，都不太愿意经营实体店，一是因为成本高，二是维护起来费人力、物力，很麻烦。中国是一个人口大国，电商又借助了网络这个无边无际的平台，哪怕只有千分之一、万分之一的消费者买账，都足以支持一个较大规模的电商存活下去，这种观念符合国情，使中国的电商做得比较懒。

不过，现在越来越多的人意识到门店的意义，它能给消费者一个很好的体验场所，同时，也可以作为货物的仓储和转运之地，使货物就近发货，尽快到达消费者手中。京东就开始在全国布局自己的仓储中心和物流网络，以实现 12 小时、24 小时即达的承诺。

以仓储中心为节点、以物流为网络，电商以这种方式来构建新时代的市场网络，也不失为一种创新，这总比一个货源发全国要好得多，也确实有一些网络为王的味道了。

由于电商比较容易收集到营销大数据，通过大数据分析，可以掌握每一个网络节点的动销状态，并且做出比较精准的预测，从而在仓储货物的时候使之保持一个合理的状态。

几乎所有传统厂商都面临一个网络改造的问题。伊利、蒙牛、汇源、娃哈哈、光明、三元等快消品企业都存在着如何权衡网络和渠道孰轻孰重的问题。回到经销商时代，终端网络由经销商掌控，企业连产品最终卖给谁都不知道，广告和促销也不知如何发力，对经销商的掌控也是一个问题。如果继续由自己掌握，经销商只做配送商的事情，企业为维护这个庞大的市场网络不得不向业务员支付一大笔费用，还需要冒业务员的道德风险。这几乎使我们的企业陷入一个两难境地。

实际上，我们借鉴一下电商的做法，要解决这样的问题并不太难。具体的做法就是让终端店的电脑或智能手机进入企业的网络，把每天的动销状况如实录入，公司的业务代表负责维护某一区域的网络，并主要在网络上和终端店做互动。同时，根据各终端的发展情况，在每一个区域重点支持一两个终端店，作为公司的示范店和样板店，以此带动和提升本区域的销售水平。

掌握网络的关键就在于节点的设置和重要节点的掌控，传统企业还是要利用好现在的终端网络，甚至还要进一步丰富终端网络。利用电商技术把各传统的终端店串联起来，让他们成为企业的直接客户，并利用他们录入的动销数据，掌握消费者动态。通过建立消费者社群，和消费者互动，在每个区域都注意培养企业的铁杆粉丝，让他们在网络上发声，这样，厂商就既可以掌握网络，又畅通了渠道，节约了人力成本，实现了精准营销。

作为创业者应当明白，我们是采取以地面网络为主，还是以电商网络为主建立我们的市场网络，主要取决于我们产品的性质，有些产品适宜以地面网络为主，有些产品适宜电商网络为主。比如生鲜产品，虽然厂商和政府在电商方面做了不少努力，但收效甚微。无论是以门店为节点的市场网络还是以电商终端为节点的市场网络，我们都要把线上和线下结合起来做。线上的要落地，线下的要上网，这也是O2O 的真谛。关键是要把马路上的人流或线上入口的流量，变成自己的顾客和用户。所以，在任何情况下，掌握节点，经营好重要节点都十分重要。

到达终端

因整治"三公消费"等原因，白酒行业从 2013 年开始就一路走低，2014 年又是在一个冬天的状态度过。而杨陵江创办的"1919"，在 2014 年的营业收入却完成了 37.1 亿元的好成绩，同比增长 100%。

杨陵江的"1919"本来是白酒渠道商，2005 年开始转做连锁门店，2007 年开始，接受电话订单，总机把订单转到附近门店，由门店送货收款。

从 2010 年开始，"1919"的线上订单越来越多，O2O 模式开始形成。"1919"的门店不再只是零售终端，还是仓储中心、送货中心和服务中心，店员同时就是搬货员、送货员、理货员。由于线上订单增多，一个门店四五名店员，年销售千万元以上，高的甚至达 3000多万元。当其他电商的包裹还在第三方物流的车上时，"1919"门店的服务员已经骑着电动车，把酒送到了消费者手中。

到 2014 年底，"1919"的门店已经超过了 140 家，覆盖 14 个省，杨陵江的目标是 2015 年将门店扩大到 600 家，覆盖全部省份。并且他改变加盟商的做法，他让投资人当老板，"1919"当掌柜，以保证门店的"直营"性质，保证门店的服务质量。为吸引投资人的投资，"1919"不参与门店的销售额和利润分成，投资人只要交一笔固定的管理费就可以了，流水、利润都是投资人的。甚至杨陵江也不计划从进销差价中赚钱。他把"1919"当成数据公司来经营。在他看来，当他的门店足够多，他的网站上的流量足够多时，自然会有白酒企业找他做广告、买数据，到时他就可以建立"羊毛出在猪身上"的赢利模式了。

网络为王，从某种意义上讲，也就是终端为王。只有掌握终端，使自己的产品直达终端，才可能真正掌握产品的销售。终端是离消费者最近的地方，消费者的购物体验也只有从终端才能获得。我们的一些电商把货物交给物流公司、快递公司，自己充当甩手掌柜，全然不了解消费者的体验现场，只能在网络上和消费者"亲"来"亲"去，天长日久，消费者会腻。由于快递公司和物流公司属于第三方所有，其服务态度和服务质量却决定了你的客户的去留。为了保证这一服务质量，电商不得不出一笔更大的费用来支持物流公司和快递公司的发展。在电商价格大战中，最终得利的是物流公司和快递公司，电商和消费者都得不到更大的利益。

到达终端的前提是掌握终端，杨陵江宁肯放弃门店利润，也要掌握门店的直营权力，因为他深知门店才是他的公司形象，门店才是"1919"和消费者沟通的最好场所。

畅通渠道

迪信通是一家零售连锁企业，20 多年来一直专注于移动通信领域的手机终端销售。随着京东、天猫的快速扩张，苏宁云商在 O2O 战场上点燃战火后，迪信通面临着业务方向上的调整。三大运营商强势介入手机终端销售，三星等大品牌开始推行直销模式。电子商务成为年轻白领购物的首选渠道。水货市场凭借低廉的价格、灵活的服务、及时的新品也吸引了众多的用户。中国手机渠道商面临着前所未有的变局和整合。

迪信通利用其 20 多年从业积累的千万级用户数据，从中深入洞悉客户的需求，帮助手机厂商实行线下推广以及促进用户终端的更新模式，从而取得了继续与三大运营商、手机厂商、其他零售渠道商、电商平台合作的资本。2013 年迪信通发起成立中国零售连锁企业移动通信联盟，进一步推动产业链整合和发展，畅通网络渠道。

实行以消费者为中心的全渠道零售策略，利用所有销售渠道，将消费者在各种不同渠道购买、体验无缝链接，同时将消费过程的愉悦最大化。尝试数字化营销，培养与消费者的关系，促进品牌建设。进行公关宣传、适时促销推广、进行市场研究、实行精准营销，使迪信通的渠道更进一步畅通。

强化顾客的忠诚度，提升盈利能力。在顾客关系管理上花更多的精力和投入，唤醒回头客、休眠客和流失客。迪信通的优势有二：一是积累了千万级用户数据，二是 20 多年的从业使其建立了完整渠道网络。面对国内各种竞争势力咄咄逼人之势，迪信通要做的就是进一步畅通渠道，它的策略就是全渠道零售，削减流通环节，从而可以进一步减少肠梗阻。另外是利用千万级的用户数据，洞悉用户需求，通过和三大运营商合作，与各电商平台合作，和厂家合作，提高消费者的体验效果，增加其体验的愉悦，从而增强对迪信通的记忆和信赖。

对网络时代的电商而言，重要的是建立和完善仓储、物流体系，所以，马云在阿里巴巴上市后的第一个大动作就是不惜斥巨资在全国布局"菜鸟"体系，实践云仓储、云物流的理论。网络可以削减厂商和消费者之间的诸多环节，但网络取消不了商品从厂商到消费者手中的物流环节。由于消费者仍是在现实生活中接受商品和服务的，他的购物和消费体验就会在他接受商品和服务的那一刹那间产生，所以，一个厂商如果不能畅通这个渠道，就不可能帮助消费者形成良好的消费体验。

在这个问题上，恰好是传统厂商发挥优势的地方。迪信通已经作出了这方面的尝试，"1919"的尝试已经取得了巨大的突破，离最后的成功似乎只有一步之路了。

快速反应

2008 年 5 月，四川汶川大地震，全国人民一下子都陷入万分悲痛之中，纷纷向灾区伸出援助之手，并期盼有大企业捐款。正当一些知名企业尚在犹豫之际，王老吉果断出手，捐赠 1 亿元，成为当时最高捐赠额，一下子成为网民和全国人民赞誉的对象。网上出现了"要捐就捐一个亿，要喝就喝王老吉"的口号，王老吉由一个华南地区的品牌迅速成长为全国驰名的品牌，当年，王老吉的销量就突破了100 亿元，超越可口可乐和百事可乐，坐上国内饮品市场的头把交椅。

说实在的，当时国内能捐出 1 亿元的企业大有人在，王老吉能拔得头筹就在于其快速反应，使捐款成为一件影响全国的营销事件。其影响力超过了国内以前任何一次营销事件，甚至也远远超过了中央电视台的历届"标王"，给企业塑造了一个良好的社会形象。2010 年 4月，青海玉树地震，加多宝再次捐款 1.1 亿元，但其影响力已大大下降了（仅从营销的角度来考虑）。当然，捐款不能仅考虑营销，但作为一家快消品企业，利用捐款来做一次营销也未尝不可。

20 世纪 90 年代，中国有家企业（沈阳飞龙）生产延生护宝液，在那个时候的销量就过了 100 亿元，是中国大地升起的一颗明星。但一个偶然事件，使这个情况急转直下。湖南常德一位老人喝了一瓶延生护宝液后不久就死了，其家属以为是由这个饮料造成的，诉诸媒体，诉诸法律。在这种情况下，"沈阳飞龙"竟然不闻不问，使舆论迅速在全国蔓延，形成一股强大的力量，使其销量一路下滑，后来经医学鉴定，老人的死与饮品无关，公司赢了官司，但输掉了一个销售上百亿元的产品，延生护宝液事件，成为中国企业危机公关的一个典型的反面案例。

日本的 SK2 化妆品一度在中国市场走红，后来因为质量问题，遭到投诉，日本公司却傲慢无理，对投诉和退货者百般刁难，结果导致公司的全部产品下架，退出中国市场。

企业在生产经营中肯定会遇到这样或那样的问题，这并不可怕，关键是必须作出快速反应，采取果断措施予以控制、平息和善后。要尽可能将影响缩小到最小的范围。有些企业甚至能"化危为机"，将一场本来对己不利的事件转变为对己有利的事件。比如汽车召回制度，新车上路可能会遇到一些问题，汽车公司要对发现的问题做出迅速反应，对存在功能性和系统性问题的汽车果断召回，这样可以给消费者树立一个负责任的企业形象。

所以，企业必须建立快速反应的应急机制，这既是对消费者负责，也是对企业自己负责。尤其是网络时代，每个消费者都是自媒体，稍有不慎，在短短的几个小时内就可以酿成全国性的影响。企业对此必须高度戒备，迅速做出反应。

当然最重要的还是企业提供的产品质量可靠，服务上乘，这是企业存在和发展的根本。但在企业的日常经营管理中，设置专门的机构和人员负责处理危机事件，提前做好各种预案，准备充分，临事才能不慌，才能出手有力，处置有效。

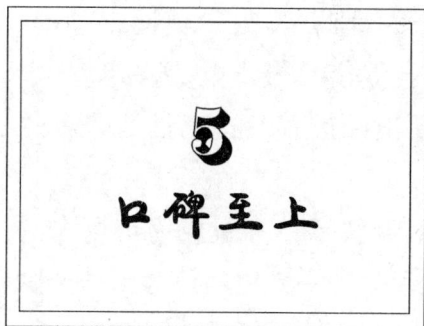

5 口碑至上

网络时代，如何做营销，说一千道一万，关键是有一个好产品，形成一个好口碑。网络时代，人人都是自媒体，把自己的消费体验往网上或朋友圈一发，说好话，就是一个活广告；说坏话，如果还有其他消费者附和，你就是花千金也挽不回这样的影响。

好产品会说话

按照传统的市场营销理论，营销是企业第一位的工作。老牛创立蒙牛，是先有营销后才有产品。乔布斯颠覆了营销的这一地位，他先把产品做好，做极致，让产品打动消费者的心，让产品说话。只有在网络时代，才会有得产品经理者得天下的说法。过去的营销可以把不怎么样的产品卖出去，是因为消费者以个体状态存在，和厂商处在一个不对等的位置上。一蒙二骗的方法，消费者上了当，有苦也说不出来。

现在不同了，通过网络，消费者结成了一个整体，他们能以群体的力量和厂商抗衡。厂商有钱可以砸广告，但消费者自己就是媒体，他们可以通过网络放大自己的声音，形成统一的行动——不买。产品最终还得通过消费者的购买才能实现其价值，你通过砸广告，可以调动更多的经销商和渠道商来做你的产品，甚至你还可以像微软一样有钱、有名气，但这些都没有用，因为你的产品告诉消费者，真不好使，消费者告诉消费者，这产品真不行。看看谁说的话顶用，当然是产品，是消费者的体验。

美国的一项全国调查显示，"在做出购买决策时，66.3%的消费者更相信产品用户做出的评论和建议"，而当地消费者回顾调查显示："72%的消费者相信网上评论和个人推荐。"另一项调查显示："87%的消费者认为网上消费者的好评会促使其做出购买决定。"中国的消费者和商家也越来越重视网上评论和推荐，这就是消费者的口碑。

2008年，九阳公司的豆浆机因三聚氰胺事件一跃成为市场上的抢手货，许多地方出现断货的情况，九阳品牌一夜之间成为享誉全国的大品牌。2009～2011年，九阳电器连续3年销售额名列淘宝、天猫厨房电器第一，2012年获得天猫最佳战略合作伙伴奖。

2012年4月，九阳开发面条机。为了让面条机能说话，九阳开始研究 80 后的新生代妈妈，发现她们在育儿过程中，并不遵从老一辈的经验，而更关注一些育儿达人的微博，吸取经验。有些育儿达人的微博会将自己的宝宝从 day1 事无巨细地写到 day600，因此，他们决定找出这样的微博大号（kol）。他们发现了"@宝贝吃起来"的微博，这是一个专门教人怎样给宝宝制作辅食的资深育儿专家的微博，上面还有制作辅食的视频。

九阳通过"@宝贝吃起来"，提供 50 台面条机给粉丝中的年轻妈妈试用，并请妈妈们在试用后上传各种充满创意的宝宝面条制作食谱。很快 50 个 kol 试客就全部找到了。这些 kol 有几个共同特征：专注母婴领域，粉丝在 30 万名左右，草根意见领袖，对普通网友更具实际操作和模仿意义。

50 个 kol 收到面条机后就迫不及待地试用新产品，第二天，妈妈们的微博就晒出了内容丰富的有趣图片。细致程度大大超出九阳的预料。她们所发的图片包括从放面粉、加果汁到出面条，然后做出各种类型的面条，如成都的担担面、杭州的片儿川、意大利的空心面……她们的微博甚至会包括宝宝和父母一起享用面条的温馨场面。当天，这 50 位 kol 每人发了 3 条微博，每条微博的转发量和评论都在 100 条以上，还有大量的粉丝在留言询问在哪里可以买到面条机。正是妈妈们的微博和图片使九阳面条机开口说了话。

好产品会说话，首先必须是好产品。关键是要击中消费者的"痛点"，九阳面条机击中的是中国食品安全的"软肋"，每一次食品安全事故都会引爆对这一类产品的需求。乔布斯击中的"痛点"，是用户对智能手机的渴求，雷军击中的是智能手机的"高价位"。其次是要让产品说话。产品说不出话来，让使用它的人说话，让消费者把自己最好的体验说出来。为此，小米找到了 100 个铁杆粉丝来试用它的 MIUI，九阳通过"@宝贝吃起来"，也找到了这样的消费者，所以，产品尚未首发，消费者已经满怀期待。

招募粉丝

现在我们很多企业都在谈互联网思维，似乎不谈互联网思维就落伍了。但互联网思维究竟是什么？有没有一个检验标准，业界莫衷一是，说得云山雾罩的。在我看来，判断一个企业是否有互联网思维并不难，就看这个企业有没有"粉丝"？有多少"粉丝"？

"粉丝"是英语 fans 的音译，意译成汉语就是狂热爱好者、狂热仰慕者、迷的意思。中国最早将"粉丝"这个词用在文艺、体育方面，有电影迷、体育迷，后来还有追星族。粉丝最大的特点就是千方百计地维护他们心目中的偶像，和他们同喜同悲。文艺界的明星正是因为有粉丝的追捧，才能坐稳明星的位置，才会形成对市场的号召力。当今明星，谁出镜多，就意味着谁的粉丝多，谁的粉丝多，谁出镜的机会就会多，因为公司不能不依靠粉丝们来打开市场。

Gopro 相机创始人兼 CEO 尼古拉斯·伍德曼是一个狂热的冲浪爱好者，他非常渴望将自己冲浪时的矫健风姿拍下来，于是，他潜心研发出一款可以牢牢绑在冲浪者手腕上的专用自拍相机。后来，Gopro 相机也成了极限自行车及跳伞等其他极限运动爱好者的至爱。人们为什么如此喜欢自拍呢？深入研究人们的心理就会发现，自拍、自炫背后的心理驱动力就是自恋。自恋是人类的一般本质，代表着一种真正的自我价值感。

社交网络 Facebook 之所以坐拥 10 亿个用户（粉丝），微信之所以在短短几年内用户就超过 4 亿个，就是因为一个用户首先成为自己的粉丝，并在便利的社交互动中拥有众多的粉丝。如果一个公司或一个品牌，能够通过自己的产品或品牌价值传输加持，帮助顾客成功塑造出理想化的自我，顾客就会成为你的粉丝。

《连线》创始人凯文凯利有一个著名的 1000 名铁杆粉丝理论，他说："任何创作艺术作品的人，只要能拥有 1000 名铁杆粉丝便能糊口。"铁杆粉丝不同于一般粉丝，无论你出什么样的作品，他们都愿意付费购买，他们购买你的作品，要你在上面签名；他们购买与你有关的 T 恤、马克杯和帽子，他们迫不及待地要欣赏你的下一个作品。

在市场经济条件下，一些具有个人人格魅力的企业家也会有一批真实的粉丝，他们关注他的企业，关注他的产品，购买自己能用得上的产品。这样，企业家个人的粉丝就会转化为企业的粉丝，转化为产品的粉丝，为企业的产品开辟市场。因为这是一个互联网时代，企业家虽然不能像明星一样频繁地出现在大众面前，但企业的产品会天天与消费者见面，粉丝们会通过消费产品的体验，在网上表达对产品的喜好，对企业和企业家的尊重。

华为是中国民营企业的杰出代表，是走出国门给中国人长脸的企业，凭借这些丰功伟绩，任正非在国内享有很高的声誉。而军人出身的他，作风硬朗，打造了一支"招之即来，来之能战，战之能胜"的虎狼之师，更是为他赢得了加分。他的每次讲话必定会激情澎湃，气壮山河，崇拜他的人与日俱增。于是，华为开发出来的华为荣耀手机，成功地依靠粉丝们开辟了市场。

小米的粉丝大部分是雷军个人情怀的感召。雷军在投资市场上呼风唤雨，并第一个在手机市场上倡导与用户做朋友，第一个扛起硬件不赚钱的大旗，第一个声称让用户参与设计，第一个声称要学习"同仁堂"的货真价实、"海底捞"的超值服务、好市多超低价格……巧舌如簧的雷军，凭借三寸不烂之舌，俘获了男粉丝的真心、女粉丝的芳心，并让这些粉丝感动得泪流满面，一塌糊涂。凭借2000 多万个粉丝的支持，在短短的几年间，小米智能手机就在国内坐上了头把交椅。

粉丝是怎么来的？是招募来的，是培养出来的。这与明星们的粉丝形成过程不太一样，明星的上镜率高，观众因为喜欢某个人的表演或长相就会自发地成为她（他）的粉丝。

企业家的出镜率低，像任正非这样的粉丝群是少见的，多数的企业达不到这样的状态。况且企业家如果要依靠粉丝来打开市场，则会存在一个"蛋"与"鸡"纠缠不清的问题。所以，绝大多数企业，如果要依靠粉丝来打开销路，就必须采取招募粉丝的办法。正如我们在前面提到的九阳面条机一样，到网络上去寻找与之有关的微博大号，通过大号们的体验和宣传来聚集自己的粉丝群，然后通过产品的投放和更多消费者的体验形成更多的粉丝。

企业和产品的粉丝在哪里？在网上，因为只有在网上粉丝们才会互动，如果根本不上网的人，即使他非常喜欢你的产品，但由于表达不出来，形不成影响，他就不可能进入你的粉丝圈。所以，招募粉丝最好的办法就是到网上去寻找相关大号、达人和大V，利用他们业已形成的影响力和产品的说服力，迅速聚集自己的粉丝。

粉丝是有血有肉有情感，甚至还是情感比较丰富的人群，所以，企业必须花精力来维护自己的粉丝群体，和他们保持互动，让他们获得利益和自尊。

杨伟庆在谈及黄太吉煎饼成功的经验时说："黄太吉只有一条让你学的，就是每一条微博都是老板亲自回复的。"赫畅几乎把他每天的时间都放在回复微博上，甚至把他和妻子结婚五周年的纪念也放在煎饼果子店举办，参与者都是他的粉丝，没有亲朋好友。赫畅让他的粉丝——女嘉宾在屋里围着，男嘉宾在外面站着，赫畅给她们讲如何找到好的老公。维护粉丝群正是黄太吉煎饼成功的秘诀。

打动人心的传播

"你只闻到我的香水，却没有看到我的汗水。你否定我的现在，我决定我的未来。

你嘲笑我一无所有，不配去爱，我可怜你总是等待。

你可以轻视我的年轻，我们会证明这是谁的时代。

梦想是注定孤独的旅行，路上少不了质疑和嘲笑，但那又怎样？

哪怕遍体鳞伤，也要活得漂亮！

我是陈欧，我为自己代言。"

聚美优品的创始人陈欧突然爆红，他的名字，他的形象，还有他的经典"陈欧体"，一度成为媒体和微博热议的话题。正是这种"陈欧体"，道出了当前年轻人遇到的困惑，同时也展现了他们的理想，引起了不少 80 后、90 后的共鸣。

产品是冰冷的，只有产品背后的评价、故事才能打动人心，才会引起共鸣。"陈欧体"使人们看到了一群年轻人的奋斗，他们的无奈和执着。正是这种共同的遭遇，才会成为人们共同的话题。

不要以为有一款好产品就能打动人心。HTC 就是一款很不错的手机，但它的冰冷形象，使消费者退避三舍。苹果背后的乔布斯的故事，是真正感动消费者的源点。有人讲，做产品就是做人，在互联网时代，做人也就是做好产品。马云是这样做的，雷军是这样做的，他们都取得了好的成绩。陈光标也想这样做，但他太出格了。从纽约买回一纸"世界首善"也自吹自擂一番，在冰桶挑战中又公开做假，终成笑柄。

即使是挖掘产品背后的故事，也一定要真实。只有真实，才能引起共鸣，才会有粉丝的真情回报。

还有一种方式也能打动人心。

2013 年 3 月，美国 9 大法官听证同性恋婚姻权利时，星巴克CEO 霍华德·舒尔茨称："反对同性恋者别喝星巴克"，"如果不满公司立场，股东可以卖掉星巴克股份"，旗帜鲜明地支持同性恋者。

2013 年 9 月，美国华盛顿海军司令部的枪击事件造成了 13 人死亡，引起全美枪支管控大争议，星巴克明确表示"不反对私人拥有枪支"，结果成为支持禁枪者的攻击对象，而支持私人拥有枪支的人则携带枪支前往星巴克声援。

2013 年 10 月，奥巴马政府面临关闭，舒尔茨又宣布计划在全美发起请愿，敦促国会让政府开门，避免政府违约。请愿者可将请愿书送到星巴克门店或者直接在门店签名。

星巴克的 Facebook 账号被《财富》评为"引发争议最多"的企业账号，大约有3000万名粉丝在上面高谈阔论。

很多人有疑问，"星巴克这么干是为什么?"事实上，每次站在社会舆论的风口浪尖上，星巴克的业绩都会有一轮新的增长。虽然难免会有一部分人因为星巴克的观点而讨厌它，但更多的人则会因为它鲜明的个性而更加爱得不可自拔。

人是社会的动物，人不仅关心自己的感受，也会关心社会的变化。人也是政治动物，参与政治是自由人、民主人内心最大的渴望。所以，真正的政治话题是最能引起民主国家的人们关注的。比如：中国关于反腐的话题、关于社会关系的话题，引起人们的关注度都是最高的。当然，中国有许多话题是不宜公开讨论的，企业家在探讨这些话题时，必须有高度的政治敏锐性，否则，你就不是站在社会舆论的风口浪尖上，而是死在这个风口浪尖上了。

用户参与

一个行动比一打理论更重要。星巴克的咖啡，黄太吉的煎饼果子，华为和小米的手机，九阳的面条机，最终都是因为用户的亲身体验，才最后确立他们在用户心目中的地位。

2011年，北京的一场大雨让杜蕾斯的官方微博大大地火了一把。傍晚时分，人们正准备回家，突然下起倾盆大雨，于是很多人在微博上讨论如何回家。此时，杜蕾斯微博运营团队中一个叫"地空捣蛋"的兄弟发了一条微博，"北京今日下暴雨，幸亏包里还有两只杜蕾斯"。在配图中，还清晰地展示了把杜蕾斯避孕套拆开套在鞋子上的过程，仔细看还能看到被鞋子撑起的避孕套上有凸点。杜蕾斯官方微博则发表评论："粉丝油菜花啊！大家赶紧学起来！有杜蕾斯回家不湿……"这条微博和配图一下子触到了粉丝的笑点，又可乐又新鲜，仔细体会还能感受到屌丝的那种独有的自嘲精神。于是，微博被网友疯狂转发，在1个小时内就被转发了1万条。3天内转发超过9万条，覆盖了至少 5000 万个新浪用户，在其他网站的影响也是千万级别的。

还有一个"@作业本怀孕事件"也是颇为有趣的。"@作业本"是在新浪微博有 30 万名粉丝的大 V，经常晚睡，那一天他发了一条恶搞的微博，"今晚 1 点前睡觉的，怀孕"，被杜蕾斯发现了，顺手回了一句："有我，没事"把网友笑坏了，"@作业本"自己都忍不住转发了这条评论，这条评论被网友前后转发 7000 多次，当天杜蕾斯微博的粉丝增加了 3000 多人。

说实在的，避孕套的体验是最不好表达的。但杜蕾斯另辟蹊径，把这种体验的乐趣表达得淋漓尽致。无论是"套鞋事件"还是"@作业本怀孕事件"都是人人可参与，人人可转发，人人可以发表评论的事件。

布丁酒店于 2007 年 12 月推出，是中国第一家时尚、新概念连锁酒店，致力于为顾客创造快乐、自由、时尚的休息体验。已在全国 40 多个城市拥有 300 多家门店、750 万名会员。

布丁酒店选择了 18 ～ 35 岁，月收入在 2000 ～ 10000 元，爱网络、新潮、理性，崇尚适度消费，有较强的社会责任感的年轻群体作为目标客户。这部分人群是都市的年轻白领、IT 行业人士以及大学生。通过深挖目标群体的需求，布丁酒店用独特的加减法勾勒出新产品和服务要素。

剔除——剔除 80% 的客人不太使用的设施或功能。没有餐厅，没有会议室，没有娱乐，只有客房。没有押金，入住时直接支付房费即可；没有烦琐的退房、查房流程，客人离开时可以把房卡放在前台的小盒子里，实行 0 秒退房。坚决剔除一次性洗漱用品。

减少——在不影响客人入住、体验的前提下，减少了不常用的功能。没有外线电话，客房内的电话只能用来联系酒店前台或者住在隔壁的同事朋友。

增加——增加了许多年轻人需要且喜好的内容。免费高速 WiFi，时尚温馨的大堂设计，iMac 苹果电脑，USB 接口充电插座，五星级的舒适大床，西班牙 Roca 洁具以及宜家家具。360 度全景展示，用户在预订前就可以对整个酒店有一个直观的了解。

创造——iPad life 的乐活体验。鼓励年轻人通过"低碳环保护照"，引导年轻人在住宿期间用实际行为践行环保理念。如上下楼走楼梯，用公共交通工具出行，出门关闭客房空调等。

这一加一减的目的，就在于增加年轻住客不一样的体验，增加年轻人对布丁酒店的认可，增加重复入住率。现在布丁酒店的重复入住率高达 50%，可见，住店体验在一加一减的设计中获得了成功。

▲ 建议

读完此章，建议你用 300～500 字为自己的项目做一个营销方案。

（1）细分市场，为你的产品定位；

（2）运用互联网已取得的成果，建立营销模式；

（3）依托互联网，建立营销网络；

（4）用产品和故事粘住用户；

（5）建立消费者社区，形成口碑。

第5章 大数据物流

我们现在讨论的大数据，大多是对用户行为的分析。即通过各种用户行为：包括浏览记录、交往和购物娱乐、行动轨迹等各种用户行为产生的数据。由于这些数据本身符合海量、异构的特征，同时，通过分析，这些数据之间的关联性容易匹配某些结果现象，即有一堆的行为因子 X，同时又有一堆的结果构成 Y，我们找寻到了某种关联性，有助于我们调整后续的各种策略。

正因为这样，一些门户网站，搜索引擎和一些大的电子商务平台都会产生海量的数据。银行、医院、大型连锁商场、气象水文机构都是产生海量数据的地方，因为有了互联网，人们能够把这些数据汇集，形成大数据。通过大数据分析，找出其相关因子。各行各业对大数据的分析和运用，已经成为很多行业效率得以提高，人类很多行为进一步优化的重要原因。也正是因为大数据，互联网成为提高人类社会劳动生产率，推动人类科技进步的重要手段。

物流因为大数据的运用也正在由无序走向有序，由低效走向高效。

1
供 应 商

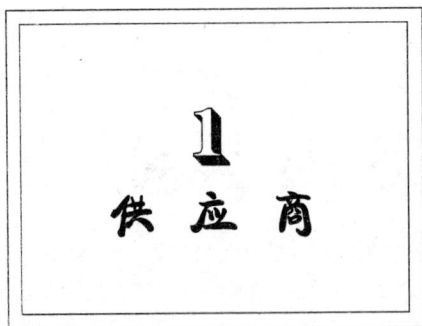

马克思在研究社会生产时讲过一个公式：$G—W…P…W'—G'$，这个公式分为三个部分：第一部分是 $G—W$，这是资本的购买行为。资本家为组织生产，必须购买自己所需要的原材料和劳动力，在此之前，还必须已经购得土地、厂房和机器设备。这是一个流通过程，在马克思看来，虽然不能创造社会价值，但十分必要。它既可以帮助上游企业实现价值，又可以为自己的生产做好准备。第二部分是 $…P…$，是我们在下一章研究的问题。$W'—G'$ 是第三部分，这是本章第二节研究的问题。

选　择

社会分工是人类社会劳动生产率得以提高的根本原因。分工能使人们专注于某一项事业，劳动技艺和劳动效率得以进一步提高；分工能使人类的某些活动变得简单重复，这正是机器发明的基本条件，机器的使用大大提高了人类社会的劳动生产率。

供应本来是生产企业一种内部行为。一般而言，企业可以通过设立一个专门的机构和几个专门的岗位来完成这项工作，但基于某些原因，很多企业都会选择由供应商来供货，以提高企业的效率。

（1）基于寻货的原因。1987 年，肯德基在北京的第一家店营业时，店内只有 8 个品种，土豆泥也是到农贸市场购买土豆自己制作。当时店里就安排专人负责到市场采购鸡、土豆等主要原材料。20 世纪 90 年代后，肯德基在全国各地扩张，各地区设立分公司，店内供应的品种也大量增加，迫切需要建立统一的采购标准（比如鸡翅、鸡腿的大小，土豆的大小品质等），建立全国性的采购网络。这样就必须培养或引进一批专业的供应商来保证原材料的供应。更重要的是，由于肯德基对原材料的苛刻条件，必须从原材料生产的源头抓起。比如鸡腿的大小品质、肉的多少、鲜嫩程度会直接决定鸡腿烹制的时间、火候、佐料等，要保证统一的标准，必须抓到源头。源头在哪里？当然在鸡的饲养上，而饲料、饲养方式又会影响鸡的质量。饲料由什么构成？谷物的种植和加工，显然，这已经不是肯德基所能承担的范围，它只能制定鸡腿的标准，把前端的各个环节交给供应商去做。因为社会分工，供应商肯定比肯德基做得更好一些。

（2）基于仓储和资金占用的原因。即使是企业实行均衡生产，企业也应当建立自己的仓库，储存一定数量的原材料，以保证生产过程不至于中断。由于采购行为是一个批次行为，生产行为是一个连续行为，因此，储存在仓库里的原材料是生产线上的原材料的 N 倍，显然，这需要占用企业大量的资金。一个大的供应商可以同时为 N 多个企业供货，使它的采购行为呈现出连续性的特征，由于同时对 N 个企业进行配送，他的库存就能保持一种高效运转的状态，从而提高整个库存的周转率，这样无疑会节约仓储空间和资金占用。对生产者而言，这将大大节约它的流动资金，提高整个资本的效率。

（3）专业的采购行为由供应商担任比企业自己担任要方便得多。比如，肯德基只要鸡腿和鸡翅，而鸡肉、鸡骨、鸡的内脏等，它是不需要的，如果按整鸡采购就会造成很大的浪费，如果按部分采购又担心其新鲜度。供应商由于可以同时服务多个厂商，他会自觉地承担这种分检工作，把各个不同的部分分送到不同的厂商那里，这样使鸡的价格由各个部分分担，降低了每一个部分的成本。

分工和竞争是降低产品价格的主要途径，这是经济学多次证明的一个原理。因此，厂商在选择供应商时，也必须坚持这一原则。

（1）要让供应商在一定的时间内、一定的范围内轮换（竞标方式），以防止自己对某一供应商的过分依赖，迫使供应商不断提高服务质量，降低产品价格。大型企业几乎每年都会召开供应商会议，其目的就是迫使供应商之间形成竞争态势，企业从中获取利益。当然，这种手法不能过分。企业之间应当以诚信为本，如果依赖买方市场的形成，一味向供应商施压，企业可能自食其果。

（2）对同一原材料的供应商至少应当配置 AB 两角，当一个供应商不能及时供货时，另一个供应商可以及时替补上来，否则就会造成断供。大的企业甚至要建立供应商体系，以应对突发事件的发生。2005 年苏丹红事件的爆发，导致肯德基的一些门店产品下架后，出现断供现象，影响了肯德基在消费者心目中的形象。2014 年发生的福喜事件也影响到了肯德基，但它在一夜之间全部更换了供应商，第二天一早人们发现，肯德基所有的品种都没有断货。这让我们不得不感叹肯德基强大的供应商管理体系。

比　　价

比价是厂商对供应商管理的一个惯用的手段。其目的就是迫使供应商降低商品价格，使厂商能降低成本，增加毛利空间。

比价也不一定就是简单的降价，它会是一个综合过程。比如在同样价格条件下，对质量的要求更高；同样价格和品质的原材料，付款周期更长；同样价格、品质、付款条件的原材料，到货批次更多。也就是说，既可以直接降低供货价格，也可以对供应商提出更高、更苛刻的要求，迫使供应商增加成本，而自己降低成本。

现在是一个买方市场。厂商把比价当作一种利器，几乎所向披靡。但降价有极限，极限就是供应商、上游生产厂商的底线是什么。

马克思把平均利润率当作一个基本的市场规律。不管你从事什么职业，你都会要求得到不低于社会平均利润的利益。正如银行贷款，不论贷给谁都会要求一个基准利率一样。

供应商的资本和上游厂商的资本都是资本，他们同样会要求得到不低于社会平均利润率的回报。如果因为比价，使他们得不到正常的回报，他们就会放弃这个行业，而转向高回报的行业，特别是供应商，它基本上是一个轻资产的行业，转向是比较容易做到的，这样当然会损害社会的生产效率。

当然，这是一种极端行为。常见的情况就是，堤内损失堤外补，你把供应商逼得走投无路，他就有可能走向另一个极端，以次充好，短斤少两，最为典型的就是"掺三聚氰胺的行为"。

由于乳企竞争激烈，2007 年、2008 年的价格战如火如荼，迫使乳企在原奶收购中继续蔓延战火。一些奶站为了降低成本，往牛奶里掺水，为了保证掺水后的牛奶蛋白质检测能过关，他们"发明"了掺入三聚氰胺"提高"牛奶中的蛋白质含量的方法。这样就出现了奶少了掺水，水多了掺三聚氰胺的恶性循环，终于导致三鹿公司"看错了秤"，在牛奶中掺入了太多的三聚氰胺；或者是"看花了眼"，直接往三聚氰胺里掺水掺牛奶，导致饮用这些"牛奶"的儿童患结石病，甚至悲惨地死去。这就是中国震惊世界的食品丑闻，似乎我们在资本原始积累的悲惨历史中都没有读过这样的故事。其罪魁祸首当然可以归结为政府监管的失职和厂商的"黑心"，更重要的原因是无序竞争所造成的铤而走险。

比价是必需的。没有比价，厂商找不到有利于自己合适的价格。但比价不是唯一的，甚至也不是最好的手段。厂商也将站在卖方的位置，同样必须接受买家的挑选和比价。实践中，供应商所供货物的质量和创新，将给厂商带来更大的利益。上游产品的质量是下游产品质量的保证，上游的创新同样会有助于下游企业的创新。

质　　量

"质量是生命"，很多企业都把这句话挂在嘴上，写在墙上，甚至对天盟誓。但如果缺乏有效监管，这只能是一个"混"字。中国层出不穷的质量事故，使这句话变得苍白无力。一些不良商人在黑暗中一边点着钞票，一边在偷着乐。

对下游企业而言，供应商既是合作伙伴，又是竞争对手，有时甚至还是窥伺你的潜伏敌人，虽然它并不一定要取你而代之，他只是想从你那里赚到更多的钱。掺假、以次充好、采用化学处理措施增加有害成分，为的是蒙混过关，获得更高的利润。

因为我们对牛奶品质的检测是通过测量蛋白质的含量来反推的，一些不良商人就发明了用三聚氰胺来增加蛋白质检测指标的方法。后来这个问题发生后，在我们的检测中专门有一项三聚氰胺的指标，一些不良商人又"发明"了用皮革蛋白代替牛奶蛋白的办法，真所谓"道高一尺，魔高一丈"，魔在暗处，魔由心生，所以"魔绛"会不断翻新，不断出现，这就注定我们的质量检测必须不断提高水平。

肯德基在苏丹红事件、速生鸡事件和福喜事件中不断"中招"，也说明了这项工作的复杂性。百胜集团（肯德基）的 CEO 苏敬轼要求品控人员学习《犯罪心理学》，读柯南·道尔的《福尔摩斯探案记》，学会察言观色，发现蛛丝马迹，去寻找潜伏的问题。他要求品控人员对供应商的基地进行"飞行"突访，对一切可疑的人和事绝不轻易放过。比如面对一个自称是做文案的却满手是老茧的人，不应该上锁的房子却上了锁，这些都是问题，必须查清楚。说谎的人可能向你掩饰什么，上锁的房子里可能有见不得阳光的东西。苏敬轼要求品控人员不能只看仪表，还必须有这种洞察力和逻辑推理能力。

企业内部必须建立互相制衡的机制，防止采购人员和供应商相互勾结。比如品控、询价、制单、验收、仓储都应当分开且相互制约，每一个环节都把控质量，质量是企业的生命。三聚氰胺事件发生后，虽然奶站继续存在，奶农继续养牛，但乳企倒下去了，甚至有人付出了自由和生命的代价。如果你真的想做一个百年企业，就要学中国的"同仁堂"，靠的就是"货真价实"四个字。肯德基为什么要用做学问的精神来做供应链管理，是因为它在中国大陆接受了太多的教训，是因为它把自己当成了一个全球标杆企业。

质量须从源头抓起。后来我们还发现鸡蛋和鸡肉中都含有三聚氰胺，溯源发现，这是因为饲料厂商在饲料中掺入了三聚氰胺。鸡、猪、牛、羊的命肯定比人贱，掺了三聚氰胺，它们也觉察不出来，但最终都报应到人的身上来了。

即使是从大自然中长出来的东西也不可靠了。前些年山东等地发生的"毒姜"、"毒蒜"、"毒大米"事件，又给中国人上了生动的一课。所以，现在谈食品安全不仅限于从田头到餐桌，还包括对土壤、水资源、落尘、空气的监测，包括农药、化肥以及其他可用于食品的一切化学药品的监管。显然，作为企业是没有这个能力的。

但在这样一个大的环境下，企业尤其是那些知名大企业和准备做百年基业的创业者，不能不依靠自己的力量建立一套防御体系，以确保原材料的质量。施工企业对钢材水泥的检测，食品企业对原材料的检测，服装企业对面料的检测，餐饮企业对食材的检测……已成为企业管理中的题中应有之义。

创　　新

质量要好上加好，价格要一低再低，这就是下游企业对供应商提出的要求。这样下去，供应商还有出路吗？

2014 年 7 月初，沃尔玛宣布酝酿一年之久的 Walmart Exchange（或称 WMX）平台开始投入试用，并向自己的 200 多家供应商推介。据沃尔玛介绍，这个利用大数据进行广告程序化购买的数字化平台，将利用沃尔玛掌握的大量消费者数据，帮助供应商有效地定位消费者，节省在广告和媒介购买上的费用，达到帮助供应商省钱的目的。

据沃尔玛在线营销副总裁介绍，每周有数百万个的消费者涌入沃尔玛实体店购物，再加上光顾沃尔玛在线和使用 APP 的消费者，每周将有 2.4 亿个消费者与沃尔玛发生直接或间接的联系。

沃尔玛创始人 Sam Walton 于 1987 年就提出过这样一个观点，零售商和供应商应该在营销和推销上进行合作，以服务于两者共同的客户。这是迄今为止最重要的商业箴言之一。WMX 正是这个商业箴言的一个具体实践，通过与供应商合作，它将成为供应链管理上的一个部分，以帮助供应商节省成本的方式，达到帮助供应商降低产品价格的目的，最终惠及双方共同的客户——终端消费者。

肯德基则推出"蓝海战略"，鼓动供应商研发新品，以增强其议价能力，取得更好的利润。此举不仅使供应商有良好的发展机会，也使肯德基在品种开发上有着良好的前瞻性。与供应商共同成长，而不是单纯的买卖关系。像肯德基豆浆、油条、黄金虾就是这种"蓝海战略"的成果。

中车株洲电力机车有限公司，有几百家配套企业，他们不仅严把零配件的质量关，而且还派出自己的工程师、技术员帮助配套企业进行技术培训、技术创新，从而从各个方面保证机车、动车的质量，在公司的技术创新和产品升级中起到了很好的作用。其中株洲联城集团的轴流通风机、离心通风机、混流通风机三大风机系列产品，铝结构件、不锈钢结构件和碳钢结构件三大结构件系列产品，不仅保证了对主车厂的供应，而且还走出国门，成为庞巴迪、阿尔斯通和三菱公司的重要合作伙伴，并实现了产品批量出口欧洲和中亚国家。

眼光短视的企业和供应商会把对方当作自己的对手，而眼光长远的企业和供应商会构建一种共同发展的关系。其实，每个企业都只是社会生产中的一个环节，对上游企业是买主，对下游企业（消费者）就是卖主，买卖双方的地位是不断互换的，要进行换位思考一点都不难。双方之间的利益肯定会存在一定的矛盾，但从长远的角度来看最终都是一致的，那就是共同服务终端消费者。如果不想构建三鹿和奶站那种共同坑害消费者的关系（共同犯罪），那么就应当构建沃尔玛和供应商，中车公司和配套厂商那种共同成长、共同发展的关系。这既是一种买卖关系的创新，更是网络时期，厂商和供应商之间一种健康的合作。

②经销商

马克思认为，社会生产的第三个环节——W′—G′是最重要的环节，资本家如果不能把自己生产出来的商品顺利卖出去，那么等待他的就一定是破产。从商品到货币是"最惊险的一跃"，一旦摔下去，"摔碎的就不仅仅是商品，而一定包括资本家本人"。

在由计划经济向市场经济转型过程中，市场营销被提到了至高无上的位置，几乎所有成功的企业家都是市场营销方面的高手和专家。随着市场经济和社会分工的发展，经销商开始成为一个引人注目的群体，他们在市场上呼风唤雨，创造的业绩丝毫不亚于生产厂商和终端商企。对于这个群体，很多企业又爱又恨，但又须臾不得离开。

终端网络

北京丰台区敦总是太子奶公司最大的经销商。最旺的一年是在北京地区销售了8000多万元的太子奶，占了太子奶全年销量的1/20，使太子奶公司成为北京地区和伊利、蒙牛、三元齐名的企业。20世纪末，敦总在太子奶公司业务员的撩拨下开始做经销商，刚开始的时候，他和他的员工，与太子奶公司的业务员一道，踩着三轮车，在北京的大街小巷挨着门店去推销，行话叫"扫街"、"铺市"，就这样经过几年的努力，他的"奇奇贸易"奇迹般地成长起来，建立了一个有6000多家门店的终端网络，并且成功地进入了北京一些重要的商超系统和餐饮系统，成为太子奶公司在北京地区最大的经销商。

正是因为他掌握了这样一个终端网络系统，一些厂家主动找上门来与他合作，他遵守和太子奶公司的协议，不做竞品，但其他产品也接了十几个，包括雀巢、茅台等知名品牌在内，进一步巩固了他在这个终端网络的地位。"奇奇贸易"每天都有二三十辆面包车在北京市的大街小巷配送，一年的流水居然有几亿元，远远超过了一般中小企业的营收和利润。

我们在前面讲过，网络为王，如果这个网络掌握在经销商手中，经销商就成了王。由于经销商是本地人，且与各终端店建立了良好的关系，一个产品在终端货架上如何表现，排面、堆头和店招如何安排，费用怎么结算，强势的经销商都能拿到最好的价格，迫使厂商不能不依靠经销商来走货。尤其是互联网尚没有进入人们日常生活的时代，做快消品的厂商几乎都离不开这样的由经销商掌控的终端网络。几乎每一个厂商都要做这样两件事：招募经销商或寻找经销商。经销商的成长也几乎都是依靠一个成长性较好的品牌，和品牌一起成长，建立网络，然后把一些企业新品招揽到自己旗下，利用现有的网络和物流系统做配送，以摊薄网络维护的各种费用。

当然，有些企业品牌变得强势起来之后，也能对经销商进行改造，比如娃哈哈、伊利、蒙牛等大品牌成长起来后，都对自己的市场体系进行了改造。通过自己的业务员来掌控终端网络，把经销商改造为配送商。企业把产品的地面推广权交给自己的业务员，原来的经销商只负责打款、提货、配送，并不负责终端促销和地面推广工作，这样从表面上看起来，是防止了经销商利用自己的本土资源做其他产品，但事实上，由于企业业务员对企业的粘性是最差的，他们同样可以搞企业的名堂，甚至有些业务员同时做着几个产品的推销工作。这样，由业务员掌控的终端网络就成了业务员为自己牟利的工具。

随着人力资源成本上升和企业对业务员管理上的一些漏洞，企业又开始把终端交回经销商手中。其实经销商利用终端网络做一些非竞品的销售，应当得到企业的鼓励，因为这样可以摊薄经销商的费用，企业也可以趁机削减一些经销商的费用。

当然，企业不掌控终端并不等于企业可以不了解终端。企业必须明白自己的产品卖到哪里去了，这是企业锁定目标市场的基本条件。当代企业可以利用互联网的成果，把终端店纳入企业社区管理，让他们的各类信息进入企业数据库。企业的业务员、业务代表，要继续发挥好市场调查、市场监测和对经销商、对终端店行为进行监管的责任，各负其责，互相监督，互相促进。

监督竞品

在市场容量一定的条件下，如何监督竞品、打压竞品，为自己的产品赢得更多的市场，是企业发展中绕不开的话题。

因为有《反不正当竞争法》，任何企业都不可能直接拿对手来说事。相反，大多数企业都会以对手为标杆，对自己的业务和管理填平补齐，比对手强的方面更加突出，比对手差的部分尽快补上来。比如格力和美的空调，格力空调首先提出节电概念，一晚可节电45%，美的则提出"一晚只需要一度电"，迫使格力换掉节电45%的广告，因为在广告上就明显地输给了美的，其实他们说的根本就不是一回事。最后格力还是坚持选择核心技术的诉求——这本来就是它的强项。

不管厂商之间的竞争如何激烈，最终都会落到市场上面。厂商对自己的业务员和经销商的一项重要工作就是：监视竞品，打压竞品。

山东无棣县的小魏是太子奶公司的经销商。虽然是一名女老板，但在十多年的经营中，养成了一种凶悍强劲的作风。即使后来太子奶在生产经营中资金断链，很多经销商对太子奶公司失去信心。但她对无棣市场的看守仍然是滴水不漏，对竞品在市场上的表现十分警惕。无棣只有40多万人，她把无棣县城和各乡镇的主要经营门店都笼络在她的网络之中。她的业务员在配送太子奶中的一个重要任务就是查看各门店经营竞品的情况。一旦发现，她会亲自上门质问。

为了维护和各终端门店的关系，她经常组织门店老板搞活动，对销售得比较好的门店进行奖励；同时，利用节假日促销的机会，把太子奶公司的一部分政策让给门店，预收货款，和各门店建立利益共同体的关系。正是她在无棣的这种强势地位，每年销量竟然可以达到600万～800万元，是太子奶在各地人均消费最高的县。

事实上一个好的经销商或一个强势的经销商，就是公司的一个独立战将。他们会利用自己的人脉关系，用自己的风格经营一片市场，和竞品展开面对面的竞争。

厂商要善待自己的经销商，尤其是那些和厂商一起成长起来的经销商，他们对厂家是有感情基础的，我们前面所讲的北京敦总和无棣小魏就是这样的经销商。他们在做太子奶之前，都是十分普通的人，家境也不太好，他们经济条件的改善和社会地位的提高，都是因为太子奶，所以即使后来太子奶公司出现困难，他们也能和公司站在一起，坚守阵地。

当然，厂商也会采取一些措施来粘住经销商，最常用的做法就是让经销商有一笔钱（或返利）留在公司账上，他们舍不得放弃这部分利益，只能和厂家站在一起。2009年元月，我奉命接管太子奶公司，针对公司对经销商的巨额欠款，沿用之前他们已采用的经销商打新款带老账的方式（比如打10万元新货款，可以带2万元老账，后来调整为1：1.15、1：1.1、1：1.05），以稳定太子奶市场。由于一些业务员（包括公司个别高管）和经销商勾结，一些经销商在公司账上余额清零后消失，损失了一部分市场。这是我进太子奶公司被上的最生动的一课（教训啊）。

另外，厂家在任何时候都要让经销商有钱赚，即使厂家由于某些原因出现了亏损，也应当保证经销商的利益；否则，经销商没有理由为你卖命。厂家和经销商毕竟只是一种合同关系，他们结成的是利益共同体，如果连利益都没有了，也就没有了共同体存在的基础。

售后服务

在引入经销商制度之后，大多数厂家会把售后服务工作交给经销商来做。此时，经销商做的工作实际上就是厂家工作的延伸，会直接影响厂家的形象。大到家具、家电的安装调试，小到小件商品的退货换货服务，都会直接影响消费者的购物和消费体验。

在我的印象中，最早重视售后服务，并对经销商售后服务团队进行统一培训的是格力公司。因为所有的空调都存在一个安装调试问题。格力空调的安装调试人员不仅技术娴熟，而且服务规范。上门套鞋套，自带工具和抹布，安装调试完毕，用户签字确认，用抹布擦去灰尘，将剩余杂物包括用户不保留的包装箱带离……这一举措在当时产生了轰动的效用。

对太子奶经销商而言，有一项重要的任务就是巡店，以帮助理货为名，使太子奶在门店端架上占据一个好的位置和有一个良好的形象，引起顾客的关注，增加产品销量。尤其是在节假日，各门店的很多产品都会搞一些促销活动，经销商为了保证产品的销量，也会有针对性地制定一些促销政策，使自己的产品在门店有一个好的表现，甚至安排导购现场推销。实际上，这也是一种售后服务，而且是更加重要的服务。

厂商应当制定售后服务的规范化文件。包括服务人员的着装、接待用语、规范动作、服务技术等，要组织专门的学习和培训，利用网络、电话等手段接受用户投诉。业务员在市场调查和市场监测过程中，也应当对经销商组织的售后服务进行指导、规范，并及时纠正他们存在的问题。

售后服务和投诉处理都是粘住用户的重要环节。由于网络通信的发达，投诉可以（也应当）由厂家直接处理，但售后服务则主要是由经销商的团队来完成。

把售后服务和投诉处理分开，由厂家直接接受用户的投诉并进行处理，既能使厂家听到用户的反映，了解用户体验中存在的不足和问题，以便厂家及时处理予以纠正。同时，对经销商也是一种监督。在商业实践中，很多问题都是因经销商的服务不到位引起的。

经销商在售后服务中不仅积累了自己的人脉关系，提高了自己在终端网络中的地位，同时，也提高了厂家在消费者心目中的地位。消费者正是通过售后服务和投诉处理来了解一个厂商的效率和形象，并因此会形成对厂家的粘度，甚至成为厂家的粉丝。因此，对售后服务做得好的经销商应当给予额外的奖励。

经销商管理

1997 年 11 月，太子奶公司以 8888 万元拿下中央电视台 1998 年度的标王后，走上了急剧扩张的道路。全国一些经销商发现了一片蓝海，甚至一些小商小贩也携带现金来到株洲，以争取本区域内的太子奶经销权。

由于标王的影响太大和传播速度太快，以致太子奶公司根本来不及准备，甚至连业务员也严重不足，更谈不上对经销商进行培训。据太子奶公司老员工回忆，那个时候很多人带着现金来公司要求做太子奶的经销商，公司也来不及甄别，不论是谁，只要拿钱来，对着地图一画，一个地方的经销权就这样丢出去了。全盛时，太子奶公司在全国有 3000 多个经销商，每个县有 1 个，甚至一些县有 3～5 个。

激情过后，公司检查经销商的情况时，发现很多人根本就没有做过生意。有拖板车的，有修皮鞋的，还有一些刚洗脚上岸的农民。公司又派不出那么多的业务员去培训指导，只能让经销商自己"摸着石头过河"，公司业务员只负责催款、发货。在这个过程中，有的经销商成长起来了，于是他们经销的区域就成了太子奶的重点市场，有些经销商根本就没有站起来，他经销的区域就成了太子奶的空白市场。由于是通过标王造成的影响，所以，全国各地的经销商都有，这样就拉长了太子奶的运输线，有些区域的运输成本高达销售额的

15% 以上，大大挤压了太子奶公司的赢利空间。

但正是太子奶经销商的蜂拥而至和先款后货模式，公司获得了一笔数额巨大的流动资金，只要不断有经销商进入，只要太子奶公司保持一个较高速度的扩张，就会有一大笔资金停留在公司账上，于是公司开始用这笔钱向北京、湖北等地扩张。

在这个过程中，公司喊出了"零风险经营，无成本生产"的口号，前一句是说给经销商听的，为了鼓励经销商经营太子奶，公司承诺凡销售不出去的产品无条件退货，为了诱惑经销商打款，公司开出各种奖励条件。有些时候，经销商打 100 万元货款，可以提走 130 多万元的货，各种奖励、返点、市场费用达到销售额的 20%～30%，大大挤占了公司的毛利空间，甚至直接导致公司经营性亏损。

后面那句是讲给自己听的。快消品这种先款后货模式，的确能解决公司流动资金问题，尤其是民营企业，向流通领域融资是其筹措流动资金的重要通道。由于产品的利润空间有限，所以，经销商的货款首先必须用来保证公司的流动资金（购买原材料和支付人工工资）。如果公司把这笔钱挪用到固定资产投资方面，必定会导致公司资金断链。太子奶公司最终吞下了这个苦果。

压倒太子奶公司最后一根稻草是 2008 年上半年归还中国银行 2 亿元的到期贷款。当时太子奶公司已经到了山穷水尽的程度，中国银行基层分行曾承诺 2 亿元的贷款可以先还后贷，甚至还可以增加 1 亿元的贷款，于是公司四处筹资，甚至不惜借高利贷、向政府求援，向经销商求援。当然，公司不会向经销商说出个"求"字来，而是搞了一个千万元巨奖，在巨额奖励和高额返点的双重诱惑下，经销商又打来了七八千万元货款，被公司全部拿去还了贷款。结果政策突变，银行收紧银根，不再给太子奶公司贷款，消息传来，经销商涌至公司要求提货，结果公司买原材料的钱也早就没有了，工人也有几个月没有发工资了。这个时候公司账上趴着经销商 3 亿多元的账款。供应商、设备商、建筑商、银行将近 30 亿元的债务全部显现出来了，几乎所有的债权人都涌至株洲总部，公司彻底没救了。

在经销商的逼迫下，一些基地采取自救办法，由经销商提现金购买原材料，公司按照 1：2、1：1.5 的方式发货，也就是说经销商打 100 万元的钱，提走 200 万～150 万元的货，这样一来，公司连工资、水电费、税全部欠下了，折腾一两个月，彻底停产了。

回顾太子奶的经历，可以用得上"成也经销商，败也经销商"这句话来概括。

成：是因为经销商的打款，使太子奶公司获得了发展资金。它在中央电视台首次竞得标王的当年，全年的销量不到 1000 万元。在那种情况下抢标王纯粹是一场豪赌，但赌成功了。在标王的感召下，经销商纷至沓来，公司从此走上快速发展的道路。由一个寂寂无闻的小企业一跃而成为全国知名的企业，成为中国乳酸菌饮料行业的第一面旗帜，也实现了他们提出的"无成本生产"理想。

败：由于公司缺乏对经销商的有效管理，把市场经营权完全交给经销商，对业务员的考核就是经销商打款提货的数量。甚至货卖给谁，公司不知道，业务员也不知道。由于经销商的趋利行为，他们和一些业务员勾结，贿赂大区经理和公司高管，利用公司打款心切，共同向公司施压，争取更高返点和折扣，骗取市场费用。甚至有些经销商根本就不做市场，把钱打到公司账上，获得高返点后，把货交给别人来做，自己成了向公司放高利贷的人。后来，我们在清查这些经销商时，发现一些人把钱打到公司账上后，就根本没有提过货，仅仅把他们打过来的 10 万元在公司账上体现为 12 万元，甚至 15 万元而已。还有一些获得高返点、高折扣和高市场费用的经销商提到货后，以低于出厂价的价格向邻近市场倾销，向一些成熟市场窜货，造成市场坍塌。对经销商管理的失败终于酿成了一坛苦酒。

经销商是企业营销利器。他可以为企业开拓市场，为企业编织终端网络，可以把企业的各项服务延伸到消费者，增加消费体验，可以为企业增加流动资金，甚至帮助企业实现"无成本生产"，可以提高商品周转速度。

上述各种"可以"并非自发和必然,这些作用的发挥和发挥的程度,取决于企业对经销商的控制和管理。从太子奶公司的成败,我们可以总结出对经销商管理的几个基本原则:

(1)经销商不是企业员工,他和企业是一种合同关系,因此,经销合同的起草和管理是企业对经销商进行管理的基础。必须有一个好的合同,必须有一套严格的合同管理制度。

(2)建立一套经销商遴选和考核制度。既可以培养新经销商,也可以选择非竞品经销商。选经销商既要看他手中的资源,也要看人。看资源主要是看他的经济实力、终端网络,看人主要是看人品,看人的进取心和开拓市场的能力。前者相当于选择合作伙伴,后者相当于选择企业员工。

(3)经销商和企业要结成利益共同体。利益关系、利益点的设置要清晰、合理。始终要坚持这个观点,经销商是用来开拓市场的,任何利益点的设置都应当和市场的开发和销售挂钩。

(4)管理经销商,一是要管经销商的铺市、售后服务的规范,符合企业要求;二是要管终端价格,使终端价格体系坚挺;三是管经销商的活动区域,严禁相互窜货;四是规范地面促销活动和推广行为。

(5)"胡萝卜"、"大棒"再加上感情互动,是巩固和经销商关系的三个基本点。但无论是胡萝卜还是大棒的使用都要有章法,这个章法就是经销合同。感情上的互动要有真情且长久坚持。建议在网上组建一个经销商社区,公司的 CEO 和营销方面的管理人员都应当在这个社区和经销商互动。

(6)最关键的是,企业不能把市场上的一切行为都委托经销商,企业应当利用网络,建立一个由自己直接控制的网络市场,即使这个市场不做买卖,也要吸引消费者到这个市场上来。通过它,企业可以掌握市场第一手资料,也能形成对经销商的威慑。

3

仓　储

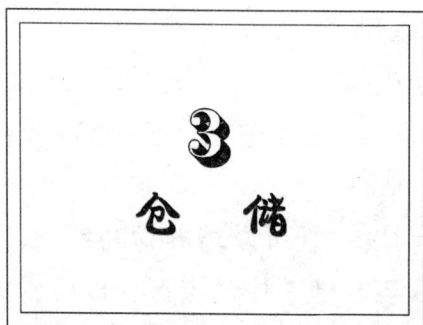

随着市场经济的发展，仓储地位日益凸显，尤其是在价格波动比较大的情况下，仓储直接给企业创造价值或造成损失。网络时代的到来，商品流通环节被大大缩减，但仓储和物流的地位进一步提高。无论网络传输速度多么快捷，货物储存的位置和移动是商品交换中必不可少的环节。本节研究基于网络时代的仓储问题。

位　　置

"云仓储"是一种实体分仓的新仓库管理战略。按照消费者分布特点，全面布局整个网上零售的仓储网点，让商家一部分货物能事先到达各个仓储网点，从而在接到订单后，可直接由仓储通过同城快递物流公司的公共分拨点实现就近配送。在现有模式中，电商拥有自己的仓库，接到订单后，将自己仓库的货物交由第三方物流公司配送。这样大大增加了配送的冗余环节，延长了物流时间，增加了流通费用。

"云仓储"模式整合整个社会资源，仓储体系将为买家、物流企业以及其他独立的商务网站等提供开放的社会化仓储服务平台。从长远看，在该仓储体系成熟的条件下，能为商家及消费者提供极大的便利，极大地提高商品流通效率。

我们前面讲过，阿里巴巴利用互联网成功地在网络世界再造了一个与现实世界同等规模的自由市场（甚至要超过），仅仅占用一个纯属公共的网络空间（几乎是免费空间），为800万多个小商户提供了相当于现实世界的门店。但这个门店与现实世界的门店还是有比较大的差别，在现实世界的门店中，消费者和卖家进行面对面交易，一手钱（卡），一手货。门店老板根据销售动态和经验，采购货物进行一定的仓储就够了。而网络门店的交易明显存在着两个环节，一是询价下单，二是发货收货。由于网络门店打破了时空限制，消费者可以自由地出入，一旦下单采购，店家就面临一个发货配送问题。如果只从某一个点配送到全国，时间的耗费和物流费用都十分可观。如果能实行就近配送，显然就能缩短消费者和商品的实际距离，做到时间和费用的双重节约。

因为阿里巴巴平台上汇集了海量的数据，根据这些大数据的分析，可以清晰地勾画出消费者的分布区域和采购货物的特点。根据这些数据，阿里巴巴将在合适地段建立仓储网点，将这一区域的消费者在今后一个时期内可能会采购的商品预先配送到仓储网点，一旦接到订单，就可以就近发货，方便商家和消费者之间就近交割（通过网络和第三方物流公司）。

在阿里巴巴的计划里，仓储网点将成为"菜鸟"系统的关键节点。根据大数据预先配置货物，根据各电商订单立即委托第三方快递公司将货物发送到消费者手中，提高消费者的购物体验。所以，确定各仓储网点的位置是这个计划实施的重中之重。

一般认为，企业仓储肯定是和企业在一起的。其实在"云仓储"概念下，生产企业（包括商业企业）就应当分享各"云仓储"的数据，以确定本企业的仓储容量和补货周期。无论从哪一个角度讲，仓储存货越多，占用企业的资金就越多，企业资本周转的速度就会下降。因此，企业仓储一定要和"云仓储"对接，尽可能减少库存，甚至实现"零库存"管理。

比如乳酸菌乳饮品的生产原材料主要是奶粉、白糖、聚乙烯和纸箱，它们占了整个原材料消耗的 4/5 以上，除了纸箱定点印制外，其他各种原料都是通用产品，各供货企业都可能运用"云仓储"技术，预先在一些重点销售区域进行配置仓储，如果我们能分享到这些数据，那么我们就可以大大减轻我们的库存，实现无缝对接。

补　货

仓储的目的就是要保证及时供货。一般而言，由于商业流通的商品品类多，顾客购买中不可预见的因素多，商业仓储管理更加复杂。

沃尔玛的供应链结构是：门店提出订货要求—补货组签发订单—供应商准备货物—营业组协调—配送中心配送—门店收货。沃尔玛仓储管理牵涉到三个部门：采购部负责制定商品促销计划及特卖促销品补充货。营运部执行公司的商品促销计划，根据商场计划，提出部分特卖商品的订货建议。补货组负责各类商场货架上的系统补货。

沃尔玛根据长期运转的经验，建立了一个自动补货系统，也称POS补货系统。这是一个保证商品及时不断地进入商场的最有效的补货系统。商场根据现货情况加上预测向供货商订货。预测包括商品销售率、运输周期、订货频率、商品销售的季节性、现货量和订货量，为每个商场订货以适应每个商场的不同要求。

补货信息来源包括：收银机和扫描终端得到的POS数据，通过预订正确的商品，以最少的库存投入，满足顾客的需求，最终降低运营成本。由于各类商品的保质期不同，储存的要求也不同。沃尔玛自动补货系统充分利用各供应商的仓库，并主动与之对接，分享数据，以保证货物不断流。

可见，沃尔玛的仓储管理，事实延伸到了供应商的仓储。由于它是一个巨大的连锁商场，许多沃尔玛的供应商都是专职的供应商，或者至少是把沃尔玛当作最重要的服务对象，首先保证对沃尔玛的即时供货。正是这样，沃尔玛的POS补货系统运转起来就要顺畅一些。

生产企业在生产经营中，由于消耗大且一般处在均衡状态，因此，它需要的原材料多且周转匀速，如果企业能与供货商建立良好的关系，原材料能及时到货，企业的补货系统相对而言要简单一些。但由于企业所需要的原材料价格，往往受各种因素影响大（比如国际油价的波动和季节性原因），会经常发生波动，企业为节约生产成本，往往需要对仓储进行调节，以套取原材料的价格差价。

太子奶生产中所需要的白糖，具有很强的季节性，聚乙烯则受国际油价影响较大。所以，供应部要经常研究这些原料的价格走势，并根据公司库存容量、生产计划和资金占用情况，调节这些原料的库存，以节约采购成本。

太子奶销售也有季节性，每年的春节、端午、中秋都会形成销售高潮，热天的销量比冬天好。每年的 11～12 月、1～4 月（除春节外）会形成销售淡季。如何在淡季组织好均衡生产，在销售高潮到来前做好备货，是太子奶成品仓储必须解决好的问题。由于太子奶保持期只有 4～6 个月，提前备货也必须予以控制。加上自己的仓储容量有限，必须与经销商衔接好，确保旺季不断货，淡季不压货。所以，太子奶原材料的补货主要是考虑价格和库存因素，成品库存管理必须延伸至经销商的仓库。由于太子奶公司实行"零风险经营"，经销商没有销售出去的货，临期产品会无条件回到太子奶公司。掌握经销商甚至是终端门店的动销状态，是太子奶成品仓库管理的关键因素。

仓库储存的目的就是为了保障供给。成品库存状态也是生产组织的重要依据。厂家必须非常重视企业和经销商仓库的动销数据，并且在生产中作出相应的安排，使之保持一种正常的库存状态。

周　　转

库存的周转速度反映一个企业的综合经营效率。

即时存货管理模式又称"零存货管理"模式，最早产生于日本的丰田汽车公司。即时存货管理（Just‐In‐Time）又称 JIT 模式。

JIT 模式可用于原材料采购环节和产品生产环节。在采购环节，其核心思想是严格按照生产需求采购各种原材料和零配件，尽可能减少不必要的存货储备。JIT 模式要求公司和供应商保持高度协作，当公司收到产品订单时，供应商能及时向公司提供生产所需要的各种原材料和零配件，公司根据订单生产出合格产品后，立即发货给客户，尽可能缩短成品在公司的库存时间。而当公司没有产品订单时，则不需要储存原材料和零配件。该模式在减少存货持有时间的同时，还能赢得供应商的价格折扣，但由于频繁的采购也会增加一定的订货成本及运输成本。

在生产环节，其核心思想是以接到实际订单来组织生产，尽量减少产成品及在产品在仓库的滞留。JIT 模式将传统生产过程中前道工序向后道工序送货，改为后道工序向前道工序取货以拉动生产，持续降低产成品和在产品的库存水平。

JIT 的实施是一个十分复杂的过程，关键在于企业有一个强大的销售能力，这种销售能力不仅能形成较大的销量，更重要还在于能保持均匀的出货速度，以保证企业的满负荷生产，这当然需要有一支强大的经销商队伍配合，否则，全凭订单来组织生产，会造成生产的不均衡性，造成企业的生产设施不能充分利用。同时，还需要建立一个强大的供货系统，和供应商保持良好的协同关系，使供应商能满足公司这种 JIT 模式的要求。

戴尔公司运用 JIT 模式颇有心得。它向计算机用户直销，削减了经销商环节，它根据用户的订单组织生产，实现了产成品、在产品、原材料和零配件较低水平的库存。

总之，JIT 模式是企业生产经营中一种较高的境界，它对企业各方面的管理都是一个挑战。产品的动销能力，生产的弹性组织能力，供应商、经销商的协同能力都要求很高。每一个环节都必须精心设计、精心组织、协调一致，不能为一个目的牺牲另一个目的。企业的目标是销售最大化、利润最大化、成本最低化。JIT 当然会降低企业的生产经营成本，因为它减少了库存，减少了资金占用，提高了资本的周转率。但如果牺牲企业的均衡生产，造成企业生产线不能充分发挥作用，劳动力窝工，甚至造成市场断货，都可能是得不偿失的行为。对于中小企业而言，适当的库存是调节生产、调节供应的蓄水池，利用好库存，在原材料价格波动的情况下，还有可能减轻价格波动对公司造成的损失，当然如果能套取一定的利差，则会形成公司的直接收益。

但即使是适当的库存，也必须保持一个较高速度的周转，任何一个物品周转速度的放慢都应当引起我们的关注，并予以调整。如果出现整个库存周转放慢的情况，则应当对我们整个生产经营系统进行彻底的检讨。所以，企业在建立仓储系统时，应当建立一套仓储监测指标，并将库存表与销售表、财务报表并列到同等重要的位置，送达决策层。根据公司实际情况，设置一些预警性指标，适时做出相关提示，以引起决策层的重视。

损　　耗

减少仓储损耗，是公司考核仓库管理的一个基本指标。

库存损耗分为两类：一类是无形损耗，另一类是有形损耗。无形损耗也叫精神损耗，比如储存期间，价格下跌造成的损失。微软曾因为 Surface RT 降价，造成库存减值 9 亿美元。由于电子产品更新快，如果有库存，超过一定期限，都可能出现这样的问题。还有一种情况就是自然磨损造成的减值，尤其是那些有保持期的产品，越到临期，价格下跌越快，一旦过期，则一文不值，这对快消品企业就是一个考验。2007 年，太子奶公司为了冲销量，把太子奶产品大量压到经销商仓库，有很多产品根本就没出经销商仓库就直接过期成废品。这一类损失达上亿元。

有形损耗又叫物质损耗。风雨侵蚀造成的自然磨损，我们在建筑工地经常见到，尤其是钢材、水泥、石灰，由于露天堆放造成的损失比较常见。有些产品则由于保管不善，因温度、湿度造成腐烂、霉变，在食品、日用品仓库保管中是经常遇到的问题。由于装卸野蛮或在运输转运过程中造成的商品耗损，一直为货主所诟病。

　　无论是精神损耗还是物质损耗，仓库管理都负有不可推卸的责任。为减少损耗，我们在仓库管理中应当坚持这些原则：

　　（1）分类保管原则。按物品的性质分类储藏、分类管理。不同的物品对温度、湿度、通风条件都会有不同的要求。仓库管理员应当根据物品的自然属性进行分类，使仓库的基本条件达到保管这些物品的要求。比如常温仓库、冷藏仓库、冷冻仓库、露天仓库……也有按物品的价值进行分类的，对价值比较大的物品予以重点保护。但无论是哪一种分类，对有保质期要求的产品一定要按日期进行分类摆放，以便及时处理。

　　（2）按先进先出、后进后出的原则促进仓库货物循环。当然如果是专门用来窖藏的产品可以例外。很多企业仓库都很大，堆放的货物比较多，有些仓库保管员偷懒，先进的产品在里面，后进的产品在外面，发放货物时顺手拿，容易造成堆放在里面的货物过期，造成损失，这是仓库管理人员的全部责任。

　　（3）制定并执行公司装卸和仓库货物移动的作业流程规范，防止因野蛮装卸或移位，造成货物的损失。对有些物品还应当进行再次包装，以确保其安全。

　　（4）严格货物入库验收制度。对入库产品的质量、包装、数量必须由专门的部门和责任人进行检测和核对，发现有不符合质量要求的产品要坚决拒绝入库，对包装出现破损的产品，应当及时更换包装。

　　（5）建立严密的巡库制度。管理人员应当经常对照入库、出库清单和库存清单，清点核对，发现错漏，要及时查明原因，并呈报有关部门按程序进行处理。

　　（6）建立定时盘点制度。一是清查账目、实物是否一致；二是对过期、临期、破损、减值的商品作出处理，甚至要追究相关责任；三是向生产、供应、销售和财务部门反馈仓储信息。

电子商务的快速成长，提高了物流在社会经济生活中的地位。国内一批现代物流企业迅速崛起，一些传统企业和新兴的商业巨头都在布局物流体系。物流不仅决定了商品流通的速度、质量，而且也是线下消费者体验的重要场景。

线路设计

物流的线路设计直接影响着货物运输成本、时效和质量。线路设计首先就在于选择合适的运输工具。

（1）海运和铁路运输的成本较低，适宜大宗货物的长距离运输。尤其是海运，由于运量大、成本低，很受大宗货物买卖双方的欢迎。但海运和铁路运输都直接受制于现有线路限制，并且运输的时间较长，不适宜小宗物品和消费者个人物品的运输。

汽车运输十分便捷。现在全国高速公路已经成网，"乡乡通"、"村村通"已基本实现，汽车运输可以入村到户，是店（电）商和消费者乐于选用的一种运输工具。但由于汽车运输的地域性很强，一旦跨区域运输，造成汽车空返的概率较大，这无疑会增加汽车运输的成本。现在一些全国性的物流公司正在整合这种运力资源，力争汽车运力充分利用，以降低单位物品的运输成本。

航空运输业在近几年发展很快。主要空运一些贵重物品，保质期短的物品。它不仅受制于现有的航空线路，而且运价高，在国内运输中，航空运输并没有什么优势。

（2）必须考虑运力的充分利用，减少运输工具的空返率。据统计，在美国，路上行驶的挂车中平均只有60%是满载的，卡车平均在20%的行驶里程中为空载，中国在这方面的数据更高。阿里巴巴提出"云物流"计划，希望提供一个公共的信息集成平台，让电子商务企业、厂商、物流企业加盟，实行信息共享。物流以信息化为基础，将信息与企业、客户对接和分享，为运转中心和终端加盟商的经营管理提供支持，实现快捷、有效运转。

阿里巴巴通过掌握和经营各仓储网点，将运输外包或与物流企业共享的方式，推动仓储与物流对接，设计出高效的运输路线。显然，阿里巴巴的这一计划如果顺利实施，其意义一点也不亚于它的B2B平台和淘宝网、天猫网的创立。它也正是凭借其现有电子商务平台的成功及其所获得的大数据，使其在"云仓储"和"云物流"的建设中占有很大的优势。

（3）利用大数据对一些运输路线进行监测和预警，减少货物在运输过程中因交通拥堵、路段隐患而产生的危险性。包括因气候原因造成的运输途中的困难，也会因为大数据的分析、监测，适时提出建议和作出规避风险的安排。

（4）物流线路的设计还必须有利于转运、分捡、配送的安排，尤其是采用航空运输、铁路运输、轮船运输都会存在这种货物转运的问题。所以，在设计物流线路时，必须充分考虑这些因素，以实现顺畅对接，防止货物在机场、码头、车站过久停留，影响货物运输时效。

（5）实现全程可控。货物在运输过程的安全性，除了自然因素外，还有人为的因素。所以物流企业应当运用现有的技术手段，对货物运输过程中实行全过程监控，防止各种意外情况的发生。如伊利在原奶运输中就采取了这些措施，还有一些贵重物品的运输也采取了必要的安保措施。

快速配送

有资料证明，最后一公里的物流费用占一件快递物品物流成本的40%以上。很多货物配送，尤其是生鲜产品的配送，往往取决于最后一公里配送的效率。现在很多物流企业都在探索解决最后一公里的问题，其中在社区设置电子货箱和自提点的试验，引起了大家的关注。

由于现在物流企业很多，大家都在激烈竞争，最后一公里既是物流难题，也是具有潜力的一块待开发的市场，大家都不愿放弃，这样造成设施和资源的浪费很大，作用发挥不出来。迫切需要一个强有力的机构，把这种社区配置点的资源统一管理起来，然后与各物流企业对接，发挥各类设施的作用，降低最后一公里的配送成本。

一个中等规模的城市有几百个居民集中居住区，而大家采购的货物又不一样，无论是电子货箱还是自提点都面临很大的问题，如果考虑冷链因素，这个投入成本是十分巨大的，而发挥效益又有一个较长的时间。很多企业企图以生鲜食品配送作为突破口，但由于生鲜食品的采购量虽然大，但通过网络下单采购的并不多。主要原因是生鲜食品缺乏统一标准，消费者无法通过网络屏幕对其进行识别，同时，目前负责采购这一块货物的主要是40~60岁的人群，这个人群对电子商务的操作有一个熟悉的过程，还有相当一部分人把每天的采购活动当作遛弯儿和锻炼，这大大降低了生鲜食品的网购率。

加上生鲜食品在存放过程中还存在缩水、减秤的现象，甚至活物（比如一只活鸡、一条活鱼）死亡都可能发生，这也是电子商务不太好解决的问题。

如果在社区建立的各种自提点或电子货箱，没有经常性的物品存入，就会导致这些设施的浪费，甚至会进一步增加最后一公里的物流成本。

电子商务的优势就在于取消了市中心的门店，以郊区仓库取代市中心门店，大大降低了门租费用，同时，通过减少营业员，节约了人力成本，使通过电子商务购物的价格有较大的下调空间。但电子商务增加了物流成本，尤其是最后一公里物流成本的上升，给消费者的购物体验增加了困难。

现在我们的一些配送设计没有打破企业之间的封锁，使这种配送变得十分复杂。如果每个物流企业都设计一套从甲地到乙地再到社区入千家万户的方案，一定会造成许多重复建设和配送劳动的浪费。正如我们在市场化改革过程中，每个企业都建立一整套的销售体系，每个企业都有一大批业务员在市场忙碌，其结果是社会资源的浪费和流通效率的下降。

其实大数据已经给了我们比较好的解决方案。如果我们所有的物流企业都能在这个平台上开放我们的数据，相信总会产生一套更为经济的解决方案。

"五全便利店"最近在一些城市发展得很好。由于它对接了水电费、电话费、宽带费的收缴，代办火车票、飞机票订购等业务，很受老百姓的欢迎，如果它能进一步敞开大门和物流企业对接，完全可以利用其密集的布点，解决最后一公里的配送问题。

配送有两大难题：一是最后一公里的配送，二是生鲜食品的配送，把二者结合起来，一定会产生一个较好的解决方案。

客户服务

在电子商务的场景下，物流配送是客户服务十分重要的环节。虽然我们的第三方物流发展得比较好，但第三方物流要健康持续稳定发展，必须主动把电商的后续服务主动承担起来，使客户的购物体验能在物流企业的服务中得到延续。

顺丰物流公司已经成为业界高价值、小众物流消费市场的龙头，旗下的"顺丰即日"、"顺丰特安"和"保单专送"等业务都有较为稳定的消费群体。近几年来，顺丰利用它在物流行业的优势，不断尝试新商业模式。早在2012年，顺丰曾以与便利店合作的方式试水实体店经营，可惜并未获成功。2014 年 5 月 18 日，顺丰在全国各大城市居民社区开设了 518 家嘿客便利店，以便进入国内的 O2O 市场，主要提供快递投寄、虚拟购物等业务。

嘿客便利店建立虚拟购物的方式，只摆放图片和终端机，使其没有传统便利店那样拥挤和狭促。它利用自己物流优势，创造出零库存、未付款尝试后再买等设计。

与传统电商相比，嘿客模式将商品选择和下单外的其他流程一手包办，为消费者最大限度地简化流程，并且货到验货再付款，也让消费者对其业务产生好感。

顺丰相对其他物流公司，最突出的优势就是冷链运输，当日即到业务。嘿客入驻居民社区，将冷链运输终端对准居民厨房，不出小区就能买到新鲜食材。同时，嘿客快件收付点也较好地解决了最后一公里的问题，降低了成本。

现在嘿客要做的就是尽快确定其主营业务，充分发挥冷链物流的优势，以生鲜食材的配送增加对消费者的粘性和消费者购物体验。用生鲜食材这种高频率的采购来支持嘿客店的日常业务，同时，向其他物流公司开放，以更加低廉的价格解决最后一公里的配送问题。对店员的选择和培训将会是一件十分重要的工作。这个要学"海底捞"，提高店员自觉服务意识，将是嘿客店成功的"最后一公里"。

物流企业的服务越来越重要，尤其是从事快递服务的物流企业。从物流公司到消费者，中间一定要依靠人的服务来链接，现在我们在这个环节还做得十分粗糙。由于人力资源成本上升，居民行踪不定，追踪送货的方式既耗时费力，也不会有好的体验。嘿客以社区便利店的方式来固定一个落地服务的场所，肯定是一个方向，但如何使这类便利店成为居民购物的体验中心，还有很长的路要走。

（1）社区便利店的建设必须进入连锁化时代。现在每个社区都有 N 多个便利店，但多数便利店仍处在"个体户"时代，发挥不了便利的作用。只有串联起来，才能形成强大的力量，和物流公司对接，才会进一步提高便利店对社区居民的粘性，逐步向社区居民购物体验中心过渡。

（2）社区便利店应当统一规范服务内容，增强其在居民心目中的地位。利用连锁优势，增强对上游企业的议价能力，使居民从便利店中真正得到实惠。

（3）便利店向物流公司开放平台，并主动与之对接，以优质低价的服务，来延伸物流公司的最后一公里。使物流企业的客户服务专业化、规范化。

▲建议

读完此章，建议你为自己起草一个供应链计划。

（1）建立供应链的目的：一是获得稳定的货物供应；二是确保货物品质；三是控制采购成本；四是减少流动资金占用；五是控制库存。在这样一组目的中进行权衡。

（2）搜索货物供应商：厂商地点；厂商资信；厂商对外合作方式。

（3）确立采购方式：直接采购；委托第三方采购；委托一家厂商代为采购。

（4）确立仓储方式：自己建立仓储系统或以第三方仓储系统为主。

（5）确立运输方式：自己建立车队；厂商送货上门；委托第三方物流。

（6）确立付款方式与厂商议价同步进行：预付款；现货交易；应付款；应付票据。

第6章　柔性化生产

　　对整个社会而言，生产活动是社会财富的源泉，但就某一个企业而言，不一定要以生产活动为中心来创造自己的价值。我们把产品设计放在第一章，因为企业要开展商业活动，首先就必须有自己的核心产品（或服务），但不一定有自己的生产车间，即使是生产企业，也可通过委托加工方式完成生产。所以，把生产组织和管理放在第六章来研究，没有把它和产品设计并列为第一章。

生产流程

前些年，很多企业都在流程再造的口号下进行改革。但无论怎样改革，作为生产管理的一些基本要素和原则仍然在发挥作用。流程再造的原则是：以用户为中心，以价值为导向，以人为本。这三个原则也是企业管理活动的三个基本原则，会贯穿生产流程的每一个环节。

计　　划

生产流程从哪里启动？从生产计划的制定开始。生产计划从哪里来？从销售部门来，从用户那里来。以用户为中心自然要成为我们制定生产计划的宗旨。

过去的生产计划主要是凭经验，带有一定的盲目性。现在有了大数据分析，会大大提高计划的精准性。但用户需求变化大，过去的数据未必就能完全推导出未来的需求，所以，建立在大数据基础上的计划仍然会有一定的盲目性。生产计划部门要根据市场变化情况，对计划不断进行修改，以反映消费者变化了的需求。

当然，引导市场需求最好的办法是不断升级自己的产品，保持产品在技术和各项指标上的领先。比如手机生产厂商，假如过去有1000万台的出货量，今年计划出1500万台，其根据是公司拥有的粉丝量，但这1500台肯定不能只是去年机型的重复，比如推出一款新机型或现有机型升级，以保持自己的市场份额。所以，我们的生产计划就不能只有产量，还要包括产品升级和新产品开发在内。

一代产品有一代消费者。如美国的《读者文摘》，在全球都有很大的影响，但是它的读者群主要集中在 20 世纪五六十年代的那批人，他们是《读者文摘》真正的粉丝，现在大多已经六七十岁了，随着这批人的老去，《读者文摘》的销量逐年下降，面临着失去市场的危险。其实每一类产品都是如此。喝玻璃瓶装太子奶的人长大了，产生了一批喝 PE 瓶装太子奶的人，这批人长大后，就一定要培养喝"利乐包"太子奶的人，虽然只是改一下包装，但代表一个时代的变迁。何况我们现在很多产品的升级换代之快，已经到了方生方死、方死方生的程度。一个批量刚投放下去，下一个批量就已经作出改进，否则，消费者就会说你 OUT 了。

生产计划要考虑充分消化自己的生产能力。一个生产能力的形成，需要投入土地、厂房、设备和基本的操作工人，这些都会构成企业的固定支出。尤其是操作工人，财务虽然把它列入流动资本，但我们一定要把它当作固定资本来管理。把这些产能充分消化，就能摊销企业固定支出，降低单位产量成本。

现在我们很多企业都有富余的生产能力，主要是已经形成的生产能力与企业的销售不太吻合，甚至有些企业，一方面大量的生产能力闲置，另一方面又不得不把自己的一部分产品委托他人加工。在这种情况下，企业一定要放下架子，把多余的生产能力以为人代工的方式消化掉。

有些企业过分看重自己的生产技术，不愿意帮人代工。实际上，除了一些高精尖的生产领域有较高的科技含量外，大多数企业的科技含量并没有那么高，完全可以对外开放。现在的小米手机算是一流手机吧，它的生产就完全依靠富士康代工，为什么雷军不怕富士康"偷"了小米的技术，雷军知道，小米的核心不是技术，而是品牌和市场，即使富士康生产出和小米一模一样的手机，如果没有小米的贴牌，它同样卖不出去。

计划还要保持足够的弹性。不仅要根据市场的变化及时作出修改，而且在计划制定过程中要留有一定的余地，使企业能根据一些突发情况进行调整。保持适当的弹性有利于生产部门根据实际情况作一些调整，为企业创造出最大的价值。

计划有年度计划、季度计划、月计划、周计划、日计划。时间越短的计划要求准确性越高。短期计划调整后，中长期计划也要及时作出调整。但每一次修订计划都是十分严肃的事情，必须有充分的理由。每一个计划期终了，都应当对计划的执行情况作出反馈，并从中总结出经验和教训。

计划一旦形成，就会成为各部门行动的依据，人力资源部门的劳动力配置，采购部门的原材料和零部件的采购，销售部门的销售指标的落实，物流和仓储部门相应的准备工作，甚至行政后勤部门都要行动起来，所以，在任何时候都不能不重视生产计划的制定、修订、执行和落实。

员　　工

马云讲，用户第一，员工第二，股东第三。流程再造的原则是以用户为中心，以人为本，说的都是一回事。一个企业经营的好坏，取决于企业的员工队伍状态，并且这里讲的员工队伍，主要是指企业的骨干队伍和基本队伍。所以，必须把员工放在企业的核心位置。

企业员工的骨干队伍是指企业的管理骨干、技术骨干和生产销售骨干。基本队伍是指企业各个领域的熟练工和业务员。他们在企业已经有了一定年限的工作经历，熟悉企业的生产经营管理。有了这两支队伍，一个企业的骨架就基本上能撑起来了。

当然，这里不否认企业核心团队的作用。雷军第二次创业时的 7 个人，马云湖畔创业时的 18 个人，这些人会构成企业的灵魂，这也是任何创业者一开始就应当建立起来的团队。但一个企业光有这样几个人是远远不够的，尤其是生产型和服务型企业。富士康能在全国开办工厂，依靠的是什么，依靠的就是他的骨干队伍和基本队伍，能在每一个新开工的基地搞"传帮带"，使新基地尽快进入最佳状态。海底捞之所以能在全国开店并且会有同样的品牌效用，靠的是它的基本服务员队伍，能到每一个新店中去带新员工，使他们尽快融入海底捞的企业文化，传承和扩散海底捞的服务品牌价值。

中国共产党在抗日战争中，开展敌后武装斗争，建立根据地，就是依靠从红军长征中走过来的队伍和在江南坚持游击斗争的红军队伍改编而来的八路军、新四军，他们的一个连长、一个排长，甚至是一个班长带着几名战士深入敌后，几年后就成为一个营、一个团、一个师甚至是一个纵队。几万人的队伍，经过 8 年抗战，打出了一个百万人的军队，并且队伍的性质不变、作风不变。所以，毛泽东讲，我们共产党人好比种子，要在人民群众中生根、开花、结果。一个 50 多人的小党，经过 28 年的奋斗，竟然争得了天下。靠的是什么，靠的是不断发展的骨干队伍、基本队伍。

同仁堂在经营管理中建立和完善了三级培训制度，即集团公司教育学院培训、商业公司组织培训及门店日常培训。坚持中医药"师傅带徒弟"、口传心授的传统育人理念，辅以多岗位培训、派出进修、竞赛比武、自学奖励等机制，强调课程体系差异化、培训资源多样化、全员培训普及化，充分调动青年员工的学习积极性，形成了人才接力梯队，并结合员工发展特点，建立了管理干部、重点专业人员、高级技工三大类人员的发展通道，因材施教，为员工提供不同的发展空间。

最值得称道的是同仁堂倾全力打造的"金字塔人才工程"战略。金字塔的塔底是员工群体，而后是首席技师、优秀中青年人才，顶层则是专家、大师。从 2005 年开始，同仁堂每两年开展一次评选活动，评比不受名额限制，够资格的全部当选。凡是评上首席员工的，企业给予每月 500 元岗位津贴；首席员工工作成绩突出，可以晋升为首席技师，每月享受 1000 元的岗位津贴；塔尖部分是企业人才的最高层——专家、大师，他们都有自己独到而精湛的技艺，是企业的核心财富。2010 年 6 月 22 日，同仁堂集团命名了 20 位德高望重、身怀绝技的中医药大师。

与金字塔工程相辅相成的是"师徒制"。集团明确规定，每名师傅最多可以带4名徒弟，师傅要签订带徒协议，带1名徒弟集团给师傅每月400元的补贴，每增加1名徒弟则增加100元补贴，最高补贴不超过700元。对于很多大师来说，津贴并不是关键，重要的是把手艺传承给下一代，让同仁堂的药德、医德代代相传。

企业的骨干队伍和基本队伍是怎样形成的？

（1）靠企业在成长过程中的文化凝练。一个企业的文化，绝不是几句简单的口号，它依靠的是企业领导人风格和企业的经营管理制度，华为之所以敢打敢拼，与任正非的军人出身，作风强硬是分不开的，任正非把他的军人作风贯穿到了华为的各项制度，形成了华为的文化。

（2）靠企业的利益机制。企业应当有意识地培养自己的骨干队伍、基本队伍，使这些人能死心塌地跟着企业干。这些人不一定就是最聪明的人，但他们一定是最忠诚的，也是最希望能和企业一起成长起来的。其实，任何一家企业都容纳不了那么多的聪明人，但可以容纳越来越多的忠诚的人、踏实肯干的人。

（3）靠企业的培训机制。有人把企业培训当成上几堂课，搞一个企业史展览，或编几本书、喊几句口号就行了。这些东西固然需要，但重要的是建立传帮带的制度，老员工带新员工，言传身教，永远都是最好的方法。

对于生产一线工人而言，通过各种措施，鼓励他们学技术，积极开展生产技术革新，开展生产竞赛活动，增强企业对员工的粘性，也是建立自己的骨干队伍、基本队伍的重要途径。

现在企业员工的流动性很大，即使像海底捞这样的企业，员工的流失率也有百分之十几（远远低于同行业的水平），没有关系，只要你的骨干队伍、基本队伍是稳定的，那么，人员的适当流动，还能增强企业生产的弹性，以应对生产经营中的非均衡状态。像太子奶的生产就具有很强的季节性特点，旺季时所有的生产线都要运转，淡季时几乎要停掉一半的生产线，这个时候就只能给职工发保底工资了，有很多员工就会离开。为了保证企业在旺季时能组织正常生产，公司对自己的骨干队伍和基本队伍的员工要以特殊的措施保护起来，比如把他们集中到尚在正常运转的生产线上来，保证他们的生产任务不减，或单独给他们以岗位补助，把他们留下来，企业的生产规模就随时可以扩大。

控　　制

控制的目的是为了建立秩序，使员工行为协调一致，完成企业下达的生产任务。

（1）建立组织。企业的生产车间和班组，是企业的基本组织。班组长和车间主任，不仅是企业的基本骨干，也是企业的基层管理者，他们和企业的老员工一道构成了企业的基石。他们作为管理者不仅要有管理的自觉，而且也要掌握一定的管理知识、技巧。企业从生产一线中选拔产生这样的基层管理者，不仅要看他们的人品，也要对他们进行基本培训，使他们既是管理者，又是员工心目中的主心骨。

（2）设计流程。车间生产要求建立井然的生产秩序，这是保证产品质量，完成生产任务的基本条件。这个秩序首先必须满足生产工艺和技术的要求，自动化程度越高的生产线，这种技术上的要求就越高，即使是手工生产线，也要建立严格的操作流程和规范动作。工人在上岗前就应当接受专门培训，使其熟悉流程、服从流程。

（3）管理过程。控制是一个过程。一个过程终了，作为管理者（包括基层管理者）应当回头看，哪些是正确的，值得总结的经验有哪些？哪些是错误的，带来的后果是什么，如何改？无论是物料还是员工，从进入车间开始就应当进入流程控制之中，不能留下任何空白和"死角"，不能允许任何细节上有不到位的地方。

（4）控制重要节点。安全生产的重点在哪里？质量控制的重点在哪里？劳动效率提高的节点在哪里？作为管理者，必须时时关注，在这些重要节点上建立严密的制度，并且在这些节点上的硬件投入也要舍得花钱。

（5）检查反馈。建立晨会、周会制度，不仅是调度生产，而且要对一天、一周的工作进行简评，尤其对存在的问题及时指出来，并提出改进的措施。晨会就是站会，几分钟，把事情说清楚就行了。周会可以总结得全面一点。无论是批评还是表扬，无论是成绩还是缺陷，都要及时反馈出来，让参与者明白自己所造成的后果和责任。

结　　果

生产过程的结果有两个：一是产出率，也就是原材料转化产成品的比率；二是合格率，在产成品中合格品的比率。

20 世纪五六十年代，在日本掀起了全面质量管理的改革。为了提高产品的合格率，对每一个工序的产品都严格进行质量检测，每一个员工都要承担产品质量的相关责任。

产品的质量能否有保证：

（1）取决于生产该产品的设备，是否符合生产工艺的要求，有些企业还会根据实际情况，对一些设备进行改装和改良，其目的是满足企业产品工艺的要求。

（2）取决于企业的生产工艺。即使是同一类产品的生产，不同的企业可能会采取不同的生产工艺，这种工艺上的差别，有时会在质量上体现出来。太子奶和其他乳酸菌饮料不同的地方就在于它比较独特的生产工艺。它采用独特的发酵工艺，使太子奶的口感更具特色。

（3）取决于企业的标准化建设。我们有国标、部标和省标，这些外部标准是企业必须强制执行的。如果没有外部标准，企业就必须建立自己的标准，即使有外部标准，企业也应当在此基础上建立自己的不低于外部标准的标准。没有标准就无从检测，当然也就谈不上保证产品质量了。

（4）取决于企业的操作规程。每个企业都应当根据其生产工艺和生产标准，建立自己的操作规程，并按操作规程的要求，对劳动力进行必要的培训。这样既可以提高企业的劳动效率，也可以保证产品的质量。

（5）取决于操作工人的劳动态度和熟练程度。虽然现在自动化程度越来越高，但企业工人在关键岗位上的操作仍起很大的作用。现在中国一些产品与日本、德国产品的质量相差甚远，并不是因为生产设备和生产工艺上的问题，而是因为劳动者的问题。由于缺乏高素质的工人，工人缺乏工匠精神，中国产品和外国产品的差距很大。

提高产成品率和全面质量管理的路径大致也差不多。这里主要强调对原材料的节约，杜绝浪费现象。当然，最大的浪费是设计上的浪费和生产所造成的浪费。只有优质的原材料才能生产出优质的产品，但一味强调优质的原材料也会造成生产中的浪费。日本汽车之所以能做到优质低价，其中一个重要的原因就在于它的所有材料的使用，都会根据汽车设计的年限提出对材料品质的要求。所以，日本汽车一旦进入报废期，它的各个部件就可能都同时进入了报废期。

生产工艺的设计要充分考虑适当性。厂房空间的利用、原材料的利用、能源的利用以及排放物的处理，这些不仅会影响产成品率，还会影响生产的综合成本。

2 标准化

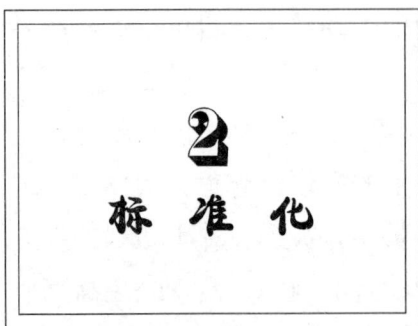

标准化是产业革命最重要的成果。一是给产品和服务提供了评价标准，方便厂商的生产组织和用户选择、体验。二是使不同制造业之间形成了许多标准的配件，推动了产业分工的发展。三是提高了产品的质量，使企业有一个赶超标准。四是促进了技术进步。

波音飞机在全世界几十个国家有几千家零部件生产企业，如果没有标准件，我们无法想象如何确保飞机的质量，如果没有这些国家和企业的合作，我们也无法想象波音公司一家又怎能独立完成如此复杂的生产。

无论是多么伟大的发明和创新，都不应当排斥标准化；相反，要充分利用标准化的成果，利用已有的标准配件，加速新产品的试制和规模生产。否则，如果所有的零部件都脱离原来的标准系统，不仅会增加生产的难度，而且每一个零部件都要重新测定它的安全和功能系数，稍有不慎就会造成安全隐患和功能缺陷。所以，我们必须重视标准化建设。

手工作坊的生命力

大工业否定了手工作坊，但大工业也不能完全取代手工作坊。至少在两个领域手工制作仍然呈现出其旺盛的生命力：一是美食制作，二是地方特色产品。尤其是中国的餐饮业，菜系多，烹制也不统一，几乎没有标准可言。所谓色、香、味俱全，也只是个人的感觉，谈不上什么标准。还有一些陶瓷工艺，用手工制作（包括绘制）与机器制作出来的就是不一样，这些东西在国外也有很高的价值，这些都是手工作坊充满生命力的地方。

但是，手工作坊的生产要扩大规模，要拥有更多的消费者，就必须为自己的产品建立一套标准。肯德基和麦当劳之所以能在全世界开连锁店，依靠的就是为自己的产品设立了标准。多大的鸡腿、多大的鸡翅，烹制时间、佐料的分量都有标准，所以，能保证全世界的消费者在不同的连锁店中，都能获得同样美味的食品。更重要的是，他们制定了服务标准，包括桌子、凳子的摆放，卫生间的清洁标准，前台的服务用语和规范，使你在全世界各地的肯德基和麦当劳感受着同样的服务。这就是标准化的力量。

网络时代的到来，为手工作坊产品的销路开辟了广阔的市场前景。一个黄太吉煎饼果子，估值居然可以达到 1 亿元。靠的就是煎饼的重量、口味、制作标准的统一，如果只是依靠一个人、一个炉子来做，哪怕 24 小时不休息，也做不到这样的规模。

2010 年前后，风投突然对中国美食大感兴趣，一些餐厅、面馆、火锅店都先后获得了风投的巨额资金，有些企业还成功上市。它们成功的诀窍都是主动为自己的产品和服务制定统一的标准，然后向各个城市复制这套标准，加快了企业扩张的速度。

2013 年 8 月，杭州甘其食包子获得了某私募基金 8000 万元的投资，轰动了中国商界。

中国人喜欢包子，从南到北，大街小巷都有许多包子铺。但由于这是手工作坊的产品，包子的味道、质量、分量都没有统一的标准，消费者也缺乏评价的标准，只能凭经验判断，即使存在什么问题，只要没有明显的质量问题，投诉都会无门。

甘其食对包子行业的革新首先就在于标准化。甘其食包子的重量是 100 克，其中 60 克皮，40 克馅料。误差范围不能超过 2 克，每家门店都是这样的标准：一模一样的"馅儿大，皮儿薄"。每天凌晨，由上海中央厨房加工的馅料运送到各个门店，然后在各个门店独立完成和面、压面、擀皮、包料等工艺。甘其食的馅料也十分讲究，肉全部取自猪前腿的夹心肉，加工过程中，肉沫始终处于 10℃ 以下的恒温控制……正是标准化，保证了各个门店出售的包子在外观、口味上有着相同的标准。

正是由于标准化，甘其食包子铺一年内就由 20 家扩张到 150 家，自然能得到投资人的青睐。

手工制作的前景在哪里？就在于标准化。把传统工艺制作成标准化的操作规程，从而使手工作坊的产品也能有一个统一的标准。中国有很多地方特色产品，尤其是美食，很有市场前景，但由于缺乏统一的标准，一直停留在小打小闹的个体经营状态。10 多年前，有人试水中式快餐，希望能和肯德基、麦当劳抗衡，但由于缺乏标准，消费者缺乏标准的体验，并没有如期打开市场。

标准化是从国外引进来的东西，是大工业时期的产物，在中国的手工作坊中还有很大的阻力。但如果创业者能成功地研制出这样的标准，使中国的传统美食、特色产品也有一个能为消费者认知的标准，能成为生产者操作的标准，那么，以中国这样广大的市场是一定能有所作为的。

立标和对标

建立标准，是企业在生产经营中一项最基本的工作。企业提供的产品和服务的标准，有的是国家标准或省、部标准，有的还没有统一标准。有统一标准的，要尽可能与统一标准对齐；没有统一标准的，自己也应当建立一个内部标准。没有标准就无法对企业生产的产品进行验收，就无法给用户一个明确的体验标准。像我们过去的包子，消费者就根本不知道大小、馅料的标准和重量，即使吃起来味道还不错，也不敢放心食用，更不能给其一个客观的评价。而甘其食率先制定出这样一个标准，并公之于众，不仅 150 多家包子铺有一个统一的制作标准，而且甘其食包子的消费者也有了一个客观的评价标准。

立标是企业生产经营中的基本要求，只有根据产品的标准，也就是产品质量等各方面的要求，我们才有可能把生产经营活动分解到各道工序、各个环节，并按标准对员工进行统一的培训，使他们的动作规范，尤其是手工劳动，这样的分解越细越好，只有这样才能使手工生产出来的产品也能长得一模一样。

对标是企业建立标准时的一个基本要求。与谁对标，有国家标准的就与国家标准对标，没有国家标准的就与部门标准或地方标准对标，如果连这样的标准也没有，也要尽可能与社会上已有的公认的标准对齐。假如你也在杭州开一家包子铺，虽然甘其食包子的标准并没有上升到政府认可的程度，但你仍要与之对齐。比如 100 克的重量，40 克的皮，60 克的馅料，你的创新将主要在面皮和馅料的制作上。

有人讲，既然创新，为什么不自己另搞一套呢？比如我做 150 克的大包子行不行，在理论上讲，当然行。但你要站在消费者的角度去想一想，他们已经习惯了 100 克的包子，早餐吃两个就够了，你现在做成 150 克，吃一个不够，吃两个又有点多。加上 150 克的包子，价钱又怎么定呢？多出的价钱是因为味道更好，还是因为个儿更大了呢？

所以，与甘其食包子标准主动对齐，突出自己特色。如果价钱低一点，消费者就会感觉到，同样大小的包子价钱更便宜；如果价钱不变，重点突出自己的特色，让消费者感到性价比的提高。

有标准才有比较，主动与标准对齐，既能满足消费者的消费习惯，又能突出自己的特色，增强消费者的体验。

现在是一个小众消费时代。很多人喜欢拿创新说事来否定标准化。其实创新不是否定标准，而是在标准的基础上突出自己的特色，甚至进一步丰富标准的内容。即使你企业的标准超出了国家标准，实际上也是在国家标准上建立的，超过的永远都只是一个部分，一些基本的标准还是应当统一的。比如智能手机，它的尺寸、屏幕的大小、是有一定规格和标准的，这些标准的形成，符合人体力学上的要求，比如人用一只手更好把握一些，放在衣服口袋里也比较方便。生产厂商创新在什么地方，在材料的选用上、加工工艺和软件配置上，当然在颜色、形状上也可以突出自己的特色。电视机的尺寸、电冰箱的高低、洗衣机的大小，都有一定的标准，不管这些标准是不是国家统一规定，我们都可以与之对接。

因为有相对不变的标准，才会突出创新的意义。即使是小众需求，也一定是在一个标准的基础上进行创新。比如衣服的型号、鞋子的大小是有一定标准的。假如这些标准都不存在了，把衣服做成裤子一样，把鞋子做成汽车大小，那样的创新还会有什么意义呢？

快速迭代是网络时代对企业提出的要求。迭代是什么？就是在原来的基础上升级和变化。什么是升级，就是在原来的基础上调整它的一些技术参数，功能、性能的提高或简化，而不是把以前的东西全部否定掉。迭代越快，改变的地方越小。但往往是一些小的改进，会使消费者明显地感到变化的存在，从而大受欢迎。如果全部改了，消费者感觉就是在使用一款新产品，甚至会因为缺乏比较而降低它的体验。比如，把智能手机做成手表一样，消费者就必须做出用手表代替手机的决定，这比他购买一款只是功能强化的手机决定要难得多。

可见，主动对标，既是企业"偷懒"的一个路径，也是企业利用现有市场销售自己产品的一个捷径，也是突出产品创新、特色的前提。

开放兼容

美国的 IBM 曾经是美国最大的计算机公司，为了确保自己在这个行业的垄断地位，它在桌面系统安装方面，采取了排斥兼容的方式。而后起的微软，在比尔·盖茨的领导下，开发出视窗，向其他软件企业开放兼容，不仅没有使它失去市场，而且使它赢得了整个世界市场。

美国麻省理工学院人工智能实验室的年轻黑客理查德·M. 斯托曼等人于 1995 年创立免费软件基金会，并发出 4 条自由宣言："无论出于何种目的，运用程序都是自由的。学习软件的工作原理应当是自由的，而出于个人意愿和计算目的的修改软件的工作方式应当是自由的……为帮助身边人而分发软件副本应当是自由的。而且分发修改过的软件版本，并将其拷贝给他人应当是自由的。这样，整个社会都有机会从你对软件所作的修改中获益。"显然，这种"自由"已不仅仅是一种软件开发方式，而且是一场更为深刻的社会运动，将带给全人类更多的福利。

创业需要胸怀。网络时代，我们提出双赢、多赢，只有多赢，无论是供应商还是经销商，无论是合作者还是竞争者，无论是生产者还是消费者，都能从中得到利益、得到发展，才能把一个产业做大、做强。

所以，我们一定要开放产业平台，或者主动融入到产业平台中去，聚集产业发展的力量。独木不成林，一棵树只有在森林中才能得到很好的成长。产业扎堆了，产业规模发展起来了，至少可以证明这个产业有着比较好的市场前景，这个产业符合国家产业政策，产业的标准已经形成。这意味着，从事这个产业的企业能获得比较好的外部环境。

我们国家最早做乳酸菌饮料的是深圳一家乡镇企业，但由于它只经营深圳那块市场，使消费者一直缺乏对乳酸菌的认识，直到太子奶公司才把乳酸菌推向全国。尤其是在宋延龄、刘树英夫妇的共同努力下，把乳酸菌饮料的标准上升为国家标准，太子奶公司成为国家标准的起草人，其影响力很快就盖住了深圳那家企业。由于国家标准的颁布，推动了这个行业的迅速发展，一批一线乳业饮料企业的加入，伊利、蒙牛、光明、娃哈哈、三元等一起把一个几亿元的小市场，做成了一个千亿元级的市场，并且继续保持着迅猛发展的势头。

因为标准的开放，生产工艺得到不断改进，在全国各地形成了强大的生产能力。一些代工企业纷涌而起，产业内部的分工得到进一步的发展，使企业做大、做强有了更为便捷的条件。蒙牛正是利用了全国牛奶的标准化生产所造成的社会生产能力，迅速成长起来的；小米如果不是依托富士康强大的加工能力，又怎能迅速跃升为全国智能手机行业的老大？

当然，开放也必须有一个度。企业的核心技术是企业竞争的利器，当然不能轻易示人。但是作为创新型企业或作为行业的开拓者，一定要尽可能开放产品的标准，并且力争成为国家标准的起草人，这种标准的制定和颁布将会导致一个产业的迅速成长，而作为行业标准起草人的企业自然能获得更好的发展机会，实际也就为企业的发展抢占了一个制高点。

太子奶公司把乳酸菌饮品标准上升为国家标准，引起了全国很多厂家的介入，太子奶公司虽然在规模上和全国一线品牌企业相去甚远，但其品牌影响力一点也不亚于一线品牌，因而获得国际著名投行7300万美金的投入，远远超过此前蒙牛获得的3100万美金。可见，太子奶品牌的影响力得到了国际投行的认可。

作为开创者，必须有做大行业的胸怀，才能做大自己的企业，必须有分享的精神，才能成为行业的领军人物。

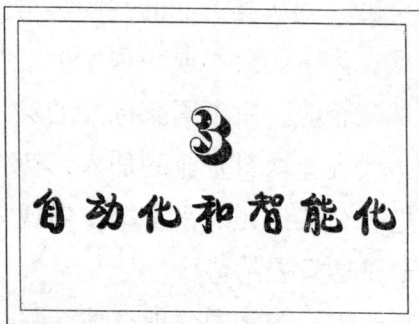

③ 自动化和智能化

中国工业面临自动化和智能化双重任务。虽然我们已基本实现了工业化，第二次工业革命的成果，在工业领域得到了广泛的运用，甚至一些第三次工业革命的成果也开始引入我们的生产领域。但由于我国工业发展水平参差不齐，我们将不仅要完成智能化的任务，也要进一步完成自动化甚至是电气化的任务。

效　　率

改革开放释放了劳动力红利，使中国作为一个人口大国的优势在20世纪八九十年代得到了充分发挥。由于劳动力价格低廉，提高了中国制造在世界市场的竞争力，使中国一跃而成为世界制造业大国。

但低廉的劳动力，一方面背离了社会主义生产目的，另一方面也妨碍我们进入高端制造业领域。因为劳动力便宜，工人几乎得不到专门的职业技能方面的培训，掌握不到先进的制造技术，不利于中国制造的升级换代。

强制的计划生育政策和高校扩招，比较早地结束了中国劳动力的红利时代。劳动力价格的急剧上升，使劳动密集型产业遇到了前所未有的挑战。一些产业纷纷转移到东南亚国家，甚至到更加落后的非洲地区。劳动效率的提高只能依靠生产设备的改进来获得了，对中国工业提出了加速自动化的要求。

劳动效率是企业考核的重要指标。它可以每百元工资产值、每个劳动力产值、每百元产值劳动工资含量等来表示。提高劳动效率也是工业管理的一个基本方向。尤其是在手工劳动和半自动化劳动场合，对劳动力训练和管理是提高劳动效率的重要途径。"科学管理"创始人泰罗就是通过研究人的动作和生产的关系，通过去掉劳动者多余的动作，规范劳动者在生产线上的操作流程，提高劳动者的熟练程度，从而达到提高劳动效率的目的，仅此一项变革，劳动效率就提高了3~5倍，可见劳动者的潜力有多大。

其实，作为企业主（资本家）而言，他更关心资本的效率。以百元资本投入所创造的价值或资本产出率、资本利润率来衡量，对他有着更现实的意义。

资本不能创造价值，但我们不能不承认在市场经济条件下，企业的生产经营都是由资本来组织的。对资本而言，是用劳动力更多一些还是用机器更多一些，主要取决于资本利润率。在劳动力价格节节攀升，劳动力红利释放殆尽的今天，越来越多的资本倾向于尽可能少地使用劳动力来组织生产，这必然会推动自动化程度的提高。

自动化不能完全取代劳动者，但劳动者将从生产主体的地位退居到辅助者的位置，这将大大降低劳动强度，但同时，用劳动量表达的劳动效率却大大提高，这绝不是简单劳动和复杂劳动的问题。由于资本更多地投放到先进的机器设备中去，更少地用于劳动力方面的支出（单个劳动力的支出同时增加），企业创造的价值不是少了，而是更多了，资本的效率得到了大幅度的提高，这正是自动化的根本动力。

显然，这会进一步提高创业门槛，使一些自动化程度比较高的领域，新创业者难以进入，这也成为一些企业实行行业垄断的理由。但自动化使产品大批量地生产出来，降低了产品的价格，给消费者带来了看得见的福利。

无论是劳动效率的提高还是资本效率的提升，都会表现为人类社会生产力的发展和进步，人类利用计算机和互联网技术的发展使劳动效率的提高得到更加有力的支持。由于计算机和大数据对人类智力的模仿，使人类对劳动的节约从体力劳动延伸到了脑力劳动领域。同时，由于互联网带来的跨界发展，又进一步从整体上提高了社会生产力的水平。无论是网络无障碍、无边际的交往，还是互联网 + 所造成的产业整合和提升都给人类带来了欣喜的变化，社会劳动得到了更大规模的节约。比如电商对流通环节的削减所造成的流通费用的下降，风电和太阳能电力的发展，造成新增能源的边际成本下降，互联网所造成的社会边际成本趋零，这一切变化都将给人类社会生产关系带来根本性的变革，在里夫金看来，这可能会直接颠覆资本主义的生产方式，但在我们看来，它会大大提高社会生产力，使人类有越来越多的时间用于自身的发展和进步。

不管今后的人类社会进入一个什么时期，作为创业者，我们始终都要关注劳动效率和资本效率这样两个指标。用更少的劳动生产出更多的产品，用同样多的资本创造出更多的社会价值，这是企业家在任何时候都应当关注的问题。自动化和智能化会使这两个指标得到根本性的改善。

效　　益

经济学有一个基本问题，即规模经济和规模不经济问题。也就是说，厂商的生产经营规模只有达到一定的程度才能取得最佳的经济效益。随着企业生产规模的扩大，生产边际成本会持续下降，从而使企业获得的效益相应地增加，被称作规模经济。但当企业规模突破一定的极限后，边际成本将不降反升，从而造成企业经济效益下降，被称作规模不经济。

合适的企业规模受制于企业市场的扩大和物流费用的控制，受制于企业的生产设备和生产工艺。随着市场规模的扩大，产品运输线路的延伸，可能会带来物流成本的上升，抵消甚至超过企业规模扩大所带来的效益。对中国这样一个大国而言，即使以国内市场作为企业的目标市场，也应当考虑企业产品运输半径的经济性。一旦超越，就应当考虑企业生产基地的布点问题。自动化生产线和智能化控制中心的建设，会大大突破原有生产规模的技术限制，使企业规模有可能朝巨无霸的方向发展。这使我们生产规模的扩大有时仅仅受制于市场规模的扩大和运输半径的经济性限制。

互联网的形成进一步打破了这种极限的半径距离，尤其是在 B2C 或 C2B 条件下，企业借助网络削减了流通中的诸多环节，大大降低了企业的营销费用。加上仓储业和物流业快速发展，使企业的仓储和物流成本都在下降。近 10 年来，中国的高速公路、铁路、高铁和航空业等基础性条件的改善，增加了企业的有效覆盖半径。

即使我们能复制一个工厂的管理模式，但过多的生产基地不仅可能造成人财物等资源上的浪费，而且还会增加管理上的难度，造成管理效率的下降。企业要尽可能利用互联网和交通网形成的便利条件，依靠生产设备和技术上的改进，尽可能在一个地方或少数几个地方扩大自己的生产规模，以取得更大的规模经济效益。

自动化和智能化会进一步提高产品的质量。中国由于缺乏一个完整的工场手工业时期，没有造成中国工人阶级对工匠精神的崇拜，加上改革开放造成的人心浮动，工人技师和工匠的缺乏，致使流水线上的工人缺乏专心致志的敬业精神，影响了中国制造的整体质量。

自动化和智能化更多地排除了生产过程中的人为因素，提高了生产过程中的精确性，从而提高了产品质量。很显然，数控机床对产品加工的精确度是人工操作机床加工精确度所不能比拟的，这完全有可能使中国制造超越工场手工业和流水线阶段，依靠自动化和智能化，使中国工业赶上或超过发达国家的水平。

这并不是说在今后的生产中，人将处于可有可无的状态。人的劳动将更多地用于革新、发明和创造。而那种机械的、标准的和规范的生产过程都将交给机器来完成。人的劳动在这个过程中最多起一些辅助性的作用。比如合上电闸、按下按钮，当然也包括设定标准和参数。其余的交给机器，使产品质量得到更好的保障。

小　众　化

小众化需求是网络时期的一个重要特点。每个人都崇尚自由，追求个性化，使这种小众市场发展很快。由于网络能把这种小众需求汇集起来，也会形成一个很大的细分市场。在中国，即使我们只做小众市场，我们也能借助网络把它做得很大。

但小众化的需求毕竟与自动化的生产是不相吻合的。西方的奢侈品很多就是手工产品甚至是纯手工产品，原因就在于只有手工打造才会形成个体的特点，才不会有批量，才值得珍藏。

问题是在中国，最精致的产品并非是纯手工产品，而是自动化生产线上的产品，而这种生产线上的产品一般都会形成很大的批量。自动化规模和市场结构的变化出现了背离的现象。

解决小众需求的问题有两种方式：一种是利用互联网商业，把全国各地的小众需求汇集起来，变小众为大众，从而满足一个或几个企业的生产能力。这种方式已被广泛应用。另一种方式就是利用工业智能化成果，直接满足小众的需求。这种方法基于这样一个判断，小众需求是在某一类产品的需求方面形成的个性化特点。比如，对智能手机的需求所形成的个性，可以通过装饰、软件设置、颜色等体现出来，但无论怎样个性化，品类都是一样的。所以，从品类的角度来看仍然是大众市场，从个性特征来看，它会形成 N 多个小众市场。智能化的解决方案，就是通过调整生产过程中的个体参数，形成个性化的产品，以满足个性化的需求。

在基本主题不变的情况下，对细节进行个性化，也是标准化和个性化结合的一个很好的方式。如奥迪 A6L 为客户提供了可供选择的 7 个不同配置的技术包、20 个单选装备和 8 种颜色，理论上可搭配出 7840 款新车型，售价从 34.68 万 ~ 71.88 万元不等。

据报道，我国用 3D 打印机成功地"打印"了 10 栋别墅。在打印过程中一次成型，只用 10 多个小时就完成了一栋别墅的"建造"，效率之高，令人咋舌。我们知道，别墅本身就是一个个性十足的产品，每个人对别墅的要求都会不一样。这种打印颇有工业化批量生产的味道，很有可能形成一模一样的产品。但由于 3D 打印机本身就是由电脑控制的，别墅的形状、大小（当然在一定的范围内）、结构都是由各种参数设定的。而调整这样的参数，完全可以满足客户的个性化需求。也就是说，用 3D 打印机我们不仅可以"批量生产"别墅，而且通过调整参数，使每一栋别墅的风格都不尽相同。

3D 打印技术现在正被广泛地研制出来，涉及人类生产的各个领域。从飞机发动机到整辆汽车，从人体器官到整栋别墅，从美食制作到家用电器，科学家和工程师使这门技术适应的领域越来越广，由于它使过去的制作方式发生了根本的变化，不仅节约了大量的人力、物力，而且也形成了对材料的节约和对材料的二次利用。更重要的还在于，它在生产每一件产品的时候都可以根据每个人的需要对技术参数重新设定一次，它使自动化以来的规模生产有了全新的解释。

机器人被越来越广泛地应用到人类生活的各个领域。由于机器人是对人的智力和灵活性的高度模拟，使它取得了越来越多的人类功能，特别是学习功能的取得，一台机器人会随着它的"知识积累"而得到改善，无论是在生产服务还是生活服务方面，一个具有学习能力的机器人将使人类得到更多个性化的帮助。

无论是3D打印技术还是机器人制造，离真正解决人类的个性化需求还有很大的距离。但目前呈现出来的发展趋势，使人类除了用手工劳动来满足人的个性化需求外，产生了一种用机器代替人工，同时又能满足人的个性需求的可能。这从生产上就提供了一种解决问题的方式。比如烹调机器人，已经可以根据每个人的口味烹制不同的菜肴，可以直接取代大厨在厨房里的劳动。服务机器人，可以取代服务员的劳动，且不知疲倦。

现在的3D打印技术和机器人技术的发展很快，主要的原因就在于人工成本的急剧上升和人类比过去变得更"懒"。但正是它们的应用，使人类的体力和脑力得到双重的节约，人类将有更多的时间用于自身的全面发展。

4
OEM

随着社会分工的发展和产能过剩时代的到来，代工企业兴起，推动了中国制造业的进步。尤其是对创业者而言，可以大幅度地缩短其创业过程，通过突出某个环节或多个环节的创新，取得创业上的成功。

轻　资　产

任何创业者都会面临一个资金和投入周期的问题。重资产造成的高门槛，几乎是初始创业者不敢问津的领域。即使你有足够的资金，要完成重资产的投入也需要一个很长的过程，短则一年半载，长则数年，这肯定会影响创业者的体验。在强手如林的时代，别说耽误一年半载，就是耽误一月数周都可能使你失去先机。所以，选择轻资产的切入方式，几乎是创业者的必由之路。

在这个方面率先做出成绩的是老牛团队。脱离伊利后利用他们掌握的市场资源，注册了一个蒙牛商标，利用当时社会上业已形成的代工能力组织生产，而把他们凑起来不是用很多的资本全部用来开拓市场，只用很短的时间就使蒙牛成为中国乳业的一线品牌。如果当时他们选择建厂生产再投放市场的传统创业路径，别说他们的这点资金不足以支持他们建一个现代化工厂，即使他们能筹到足够的资金，等他们建厂再投产，他们手上的市场资源也早就被伊利收复了，还能有他们的机会吗?

太子奶公司早期的成功就在于它的轻资产模式上。利用深圳一家企业淘汰的生产线稍加改装，在湖南株洲租赁一个几乎废弃的工厂，在短短几个月内就完成了生产调试，生产出高品质的乳酸菌饮品。太子奶公司创业团队则致力于市场的开拓，赢得了内地市场对乳酸菌饮料的认可，取得了领先地位。后来在各地"圈地运动"的蛊惑下，太子奶公司也走上了一条重资产扩张的道路。到它破产重组时，它在全国圈占了 3000 多亩土地，建了 40 多万平方米的厂房，安装了 60 多条生产线，而当时最高年产量才 16.8 亿元，也就是 20 多条生产线一年的满负荷生产量。更可怕的是，由于建设过程不配套，造成资产巨大浪费。湖南株洲基地是建设得比较好的，有 800 多亩地，5 栋厂房，还有一个造价上亿元的办公大楼。只有两个厂房安装了设备，正式投产的只有一个厂房，并且还只有 1/2 的生产线在发挥作用。这样的企业不倒闭才怪。

"重资产"的理由就是制造业的核心最终就在制造上面，如果企业不掌握这个核心环节，长期受制于人，会影响自己的市场。我们不否定有这样的行业，比如飞机制造，恐怕它的核心竞争力就在于制造而不是品牌，只有高品质的飞机才能赢得市场。世界上的民用飞机为什么长期被波音和空客所垄断，就在于它们的技术和制造能力无与伦比，中国为什么不惜代价地进入飞机制造领域，就在于看到了这个市场的前景，并且这个行业对整个中国制造业水平的提升，值得我们用数年甚至10年的时间去研发制造自己的飞机。但这样的行业不会太多，尤其是对广大创业者而言，我们进入的领域，无论我们有没有自己的产品，在生产能力普遍过剩的时代，去找这样一家能满足我们要求的代工厂并不是难事。

"轻资产"需与"哑铃型"对应，也就是说你必须掌握生产经营中的某些环节，对创业者而言，就是在产品设计和市场营销这两个环节中有所创新。这就是"哑铃"的两端。在互联网时代，要把这两端做粗做强并不需要有很大的投入，主要看你的创业团队能否找到合适的路径和方法。这正如我们前面提到的案例一样，雷军要阿黎不花一分钱把MIUI做到100万元。这就是网络给创业者提供的最好的福利。"黄太吉煎饼果子"做到1亿元的估值，居然连一分钱广告也没有投放。罗振宇的《逻辑思维》完全用讲故事的方式赢得了粉丝们的热捧。这样的创业者能需要多少投入呢？

设计一个好产品，找到属于自己的市场，用OEM的方式，快速生产、快速测试、快速投放市场，这就是现代创业者成功的秘诀，要实现如此多的快速，没有OEM，行吗？

高 品 质

小米4是这样描述自己手机金属边框的："采用奥氏体304不锈钢，40道制程193道工序，经过锻压成型的工艺，8次CNC数控机床加工打磨而成"。这种描述当然有自吹之嫌，但客观描述这种金属边框的制作工艺，小米手机以高性价比打动消费者，并非浪得虚名。不过，你以为这种金属边框的制作是由小米的专属工厂完成的吗？不是，是富士康——曾因为员工自杀事件频发而曝光率高的代工厂完成的，它在全国很多地方都有生产基地，有几十万名员工在这里打工，是中国目前最大的代工厂。它不生产自己的品牌，但全国很多知名品牌的产品都出自它的工厂。因为它拥有最先进的生产线和生产工艺，拥有熟练的劳动力。产品的品质有保证，深得各品牌企业的欢迎。

很多人以为只有自己的工厂才能生产出高品质的产品，其实不然。世界上很多知名品牌的产品就是在中国工厂生产出来的，甚至包括中国旅游者在日本哄抢的马桶盖，也是在中国西安一个代工企业生产出来的。更不要说我们耳熟能详的一些品牌，如阿迪达斯、耐克、芭比娃娃等。从某种意义上讲，中国的现代消费品工业就是从代工厂基础上发展起来的，它们最早沐浴现代工业文明的光辉，也是最早采用先进生产工艺和设备的企业。

由于代工厂的生命力就在于其生产能力（品牌企业的生命力在于其品牌的设计能力和营销能力），代工厂要维持自己的地位，就必须不断更新自己的设备，完善自己的工艺，提高工人的技能。其实中国有很多这样的企业。天津海河乳品厂，就为中国国内几乎各大品牌的乳制品企业代工。它的生产能力和工艺，甚至比一些品牌企业的生产工艺都要先进。

还有人认为，代工厂生产成本比本厂生产的成本要高，因为代工厂，除了成本还有利润。这个看法得到了雷军的支持，他说：为了保证小米手机的品质，他们找中国最好的代工厂——富士康制造，这意味着，小米的加工费比在一般代工厂的价格要高出一倍。其实不然，富士康的加工费之所以高，是因为它采用了最先进的设备和生产工艺，记得前面小米4对其金属框架的描述吗？数控机床的打磨，正是这些才是质量的保证。假如小米要自己生产出这样的手机来，同样要购置这些设备，同样需要这样的工艺，同样需要这样的劳动力，这样的投资岂不是普通手机制造业的 N 多倍。

品牌企业如果自己组织生产，必须有一大笔这样的重资产的投入，即使你有这样的资本，还必须找到这方面的专家来帮你管理工厂，重要的是你必须使工厂满负荷运转，否则，折旧费和分摊的各项费用会成倍增长。你能说自己生产出来的产品成本会比代工厂低吗？

太子奶生产车间只有在旺季才能保证满负荷运转（即使抛开那些完全闲置的厂房机器设备不算），这样的时间只有 6 ~ 9 个月。但为了保证旺季工人能及时到位，淡季工人同样要留在厂内，公司给他们发保底工资和补助，这样一来，代工厂生产成本（含利润）竟然比自己生产的成本还要低很多。由于分工发展，代工厂专注制造，无论是设备、工艺还是现场管理都不断提高。品牌企业专注产品的设计和市场营销，不断提升品牌价值，扩大市场容量，提高市场占有率，从中获得更多的利润，即使分一部分给代工厂又有何妨？

抢 市 场

在网络时代，市场有时会出现"井喷"状态，令商家猝不及防。乔布斯可能连自己也没有想到，智能手机的发展会如此迅猛，以至在短短的几年内就占据了绝大部分手机市场。VCD 和 BP 机的突然衰落也给中国企业家上了生动的一课，它使一些企业尚没有回过神来，市场就像过山车式的一闪而过。雷军们似乎也没有想到会如此快地引爆小米手机市场。乔布斯选择像工匠一样精心打造自己的产品，所以，他只能坐等山寨手机充斥市场，因为苹果手机根本就没有能力跟上这个"井喷"的速度。雷军则依靠富士康代工厂强大的加工能力，没有错过他所引爆的市场，迅速把自己的产品发送到小米粉丝手中。雷军的"迭代"和"快"字诀依凭的是什么，就是和富士康的合作。

因为有电脑和互联网，使我们的设计工作轻松了很多，"百度"或"Google"一下，我们就能获得这个行业的最新成果，所以，我们一开始就能站在别人的肩膀上向上攀登。因为互联网，我们能收集到用户海量的数据，发现他们的"痛点"，听到他们的意见，所以，一开始我们就能有一个明确的目标。因为有 3D 打印机，我们甚至能迅速把我们的产品设计变成具体的样品，并把它投放到市场上去测试。

但是，占领市场的一定是产品。一旦引爆这个市场，我们必须有足够的产品投下去。否则，其他的山寨产品就会充斥这个市场，等到你好不容易形成了生产能力，这个市场又将过去。

中国幅员辽阔，从南到北，从东到西都有几千公里的距离。太子奶通过中央电视台的标王引爆乳酸菌市场，使他们在株洲的工厂面临空前的压力，于是他们开始在北京、湖北、四川、江苏等地建厂，结果尚没有等到他布点完成，企业就走上了破产重整的道路。

其实，当时全国乳品、饮料生产能力是比较强的，太子奶的生产工艺简单，完全可以通过代工厂组织生产。如果当时太子奶团队把精力主要放在产品设计和市场开拓、维护上，它就可以借这个"井喷"的市场成为和伊利、蒙牛、娃哈哈并列的品牌。结果它企图走一条重资产扩张的道路，给了伊利、蒙牛、娃哈哈机会，他们利用其业已形成的加工能力和代工厂的能力，迅速将他们的优酸乳、酸酸乳、营养快线推向全国市场。太子奶公司由于走重资产扩张的路子，团队把精力主要放在圈钱、圈地、基建上面，搞了十几年，市场一直就没有得到很好的维护。当利乐包装已成为市场主流时，太子奶仍然是 PE 瓶装；当一些企业开始上 PT 瓶时，太子奶还在上 PE 生产线，就这样坐等市场的丢失。即使到今天，业内人士仍不否认太子奶在引爆乳酸菌饮品市场所起的作用，但这有什么用呢？市场经济不相信眼泪，也不会同情昨日的英雄。

市场是抢来的，是靠自己的产品去占领的。这里的关键就在于速度，速度从何而来，善借力者得之。

代工厂的意义

2014 年，湖南蓝思科技在深圳上市。周群飞成为全国女首富，取代广东杨惠妍的位置，这是一个全靠自己打拼出来的女企业家。但由于没有自己的品牌，媒体并没有给她应有的评价。以致后来还有记者问她：会不会生产自己的产品？周群飞回答：不会，继续做零配件供应商，为知名企业代工。几句话，令我对这个女人肃然起敬。她如此淡定，如此坚定自己的位置，这或许正是她成功的根本原因。

蓝思科技已成为全球触控功能玻璃面板最大的供应商。2014 年占到全球 50% 以上的市场份额，营业收入逾 140 亿元，净利润 11.8 亿元，员工 8 万多人。2007 年被认定为全国高技术产业化先进制造示范企业。蓝思科技的大客户包括苹果、三星和华为等，2014 年对苹果的销售收入为 68.8 亿元，占营收的比重为 47%。近 3 年，苹果一直是蓝思科技的最大客户。

周群飞因此成了当之无愧的"全球手机玻璃女王"。

谁说代工企业没有高科技，她把这块小小的玻璃做到极致，世界顶级公司都用她的玻璃，正是因为它的高科技含量、高品质的保证。十几年来，她在这个领域打拼，专注于这个领域的研发和生产工艺的改进，终于奠定了她不可撼动的位置。上市使她获得了更多的发展资金，获得了与更多企业合作的机会，她经住了上市后的诱惑。

谁说代工企业就不能有高利润、高成长空间，周群飞出身打工妹，十几年打拼成为女首富，靠的就是这个行业的高成长性和高利润。

富士康做成了世界知名的代工厂，它没有自己的品牌，也不研制自己的产品，它专心做代工，把制造业做到极致的程度，以至一些专业厂家也没有这样高的水平。蓝思科技和富士康把品牌企业当成自己的客户，把这个行业的加工制造当成市场来耕耘。他们和其他代工企业不同的地方就在于把高科技、高品质的先进制造当成了他们竞争的法宝。他们先进的设备和最先进的工艺，他们代表了这个行业的顶级制造水平，他们不必也不屑于用低廉的价格来争取客户，他们的制造能力成就用户的品牌，成就自己的市场，以至雷军以"富士康代工"作为他的手机品质的保障。

他们建立了榜样，如果你是一个工科男，如果你对制造业有着特殊的兴趣，如果你具有无与伦比的工匠精神，开办一所代工厂未必不是创业的路径。

▲建议

读完本章，建议你为自己的项目编制一个生产方案。

一、如果你想做一品牌企业，建议你

创业之初走轻资产的道路，以集中资金做产品设计和市场营销，尽快形成自己的品牌。

（1）选择合适的代工厂，考察企业的设备、工艺、技术人员、工人和资信情况；考察企业地址，以方便原材料和产品的运输，控制物流费用。

（2）控制产品的核心技术，委派专职技术人员作为驻厂代表，现场监督企业生产，以保证产品质量。

（3）控制原材料和包装材料，防止代工厂擅自加工 A 货出笼。

（4）保持企业核心技术的创新和迭代，坚持持续创新。

即使自己建工厂，也应当注意购地、厂房、设备、生产能力、销售能力的一致，以确保资金不浪费。

二、如果你准备创建一所代工企业，建议你

（1）选准切入点。比如大型企业分离出来的辅助车间，或某项专利技术与主机厂的吻合，并得到主机厂认可。

（2）在主机厂附近建厂，既可以减少物流费用，同时还能比较

容易得到主机厂技术指导，和主机厂建立比较密切的关系。

（3）关注主机厂的生产和销售情况，并掌握主机厂的资信情况，防止陷入主机厂的"陷阱"。

（4）不能吊死在一棵树上。企业为主机厂配套的同时，应当寻找其他类似企业进行配套，并且在与多个企业合作中建立自己的品牌，以便进一步打开市场。

（5）如果有过剩的生产能力，应当寻找代工业务，即使利润微薄，但也可以摊薄固定费用，降低单位产品生产成本，提高企业整体效益。

（6）做配套或做代工，也要有自己的核心技术，在关键设备和关键技术上要舍得花钱。

第7章　企业社区

在网络时代，一个企业就是一个社区，不同的人因为不同的利益牵引，甚至完全是偶然的机会走到了一起，以企业为中心结成不同的关系，企业社区也因为这些居民的入住而变得生机勃勃。所谓企业管理，实际上就是企业社区的营运。

1 居 民

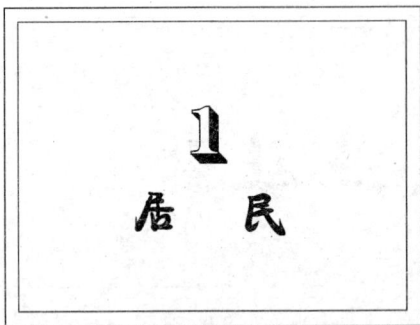

我们不太愿意把企业称作社区，更不太愿意把企业的相关人员称作居民。过去成功的企业家都把企业当作军营来打造，把员工当作军人来训练。直到今天，我们仍在称赞任正非的军人作风，称华为是一支"虎狼之师"。

其实，当独一代、独二代逐渐成长为社会的主要劳动力后，当物质丰裕和网络时代不可逆转地到来时，传统企业存在的社会基础已经发生了根本性的变化。军营式的管理意味着你不仅会没有战士，最后连军营也不会存在。更何况，企业除了员工外，还有消费者、合作者、追随者和竞争者，他们对企业是如此的重要，甚至超过了企业员工和股东的地位，他们根本就不可能遵守你的"军规"。所以，用居民来称呼企业的相关人群，是比较恰当的。

员 工

尽管马云讲，用户第一，员工第二，股东第三。但我还是把员工摆在第一的位置。因为只有员工才能构成企业社区的基本居民，也是因为这些原住居民的努力，才会有其他居民的入住，企业社区才会有人气和活力。

创办一个企业，无论大小，都是千头万绪，一个人纵有三头六臂也难以面面俱到。创业者无论是有资本、有技术（产品），还是有资源、有人脉，都需要有一干人去落实、去实现。所以，投资人在考察项目时，一般都需要与创业团队的核心成员见面，他们相信团队更甚于个人。

创业者（或发起人）在选择创业团队成员时，切忌"夹到碗里都是菜"，要考虑团队成员的专业、性格、志趣上的互补性和一致性，这更有利于形成团队的凝聚力和战斗力。作为创业者，一切才刚刚开始，前景并不明朗，对追随者没有更多的承诺，没有房、没有车、没有高收入，只能靠感情和理想，靠共同的追求。同窗几年，相互之间比较了解，可以交心，过去也没有任何利益上的冲突，有的只是一腔热血、一番志趣、共同爱好。所以，很多创业者的团队都在同学中间产生。

现实世界毕竟是一个物质的世界。我们见过太多的创业者，创业之初，同甘共苦，生死相依。而创业有成之时，兄弟反目，夫妻离异。所以，创业之际，创业团队的成员就应当明确各自的权利和义务，学会用合同约定各自的权利和责任。创业的牵头人应当有与团队成员分享创业成果的胸怀。

马云之所以能取得这么大的成功，在于他敢用企业的股权换来巨额资金，在于他大度地和团队一起分享创业成果。对企业股权作出科学的分配，是保持核心团队不被分裂的最好途径。

但是我们也要防止固定的股权结构对新人加入的妨碍。企业成长到不同时期，需要给核心团队注入新鲜的血液，千万不能形成老团队对新成员排斥的氛围，如果这样，企业永远也做不大。

对私营企业而言，销售收入由几十万元做到上亿元是一个坎，创业者在这个当口，必须建立规范的企业管理制度，一般而言是以企业股权的重新分配为标志的。从几亿元做到 10 亿元，也是一个坎，这意味着企业的核心团队要进行一次比较彻底的变更。或者是企业的核心成员接受一次脱胎换骨的提升。从 10 亿元做到 100 亿元，又是一个坎，跨过这个坎，将是企业的组织体系和流程的一次再造，是企业核心团队发生根本性的变革，创业团队将基本退出一线操作的位置。

经营企业是年轻人的事业，需要激情、胆识和坚韧不拔的意志。老年人会逐渐丧失这种精神（少数人例外），保持团队的流动性是保持企业活力、创新力的源泉所在。而要保持团队的流动性，一定要充分发挥股权的作用。

很多企业家在创办企业时，不愿意和团队成员建立股权分享机制，而是用薪酬和奖金来维系团队。殊不知，薪酬和奖金是对当期贡献的报酬，不能作为永久的报酬。

我见过这样一家企业，企业家依靠亲属和同学建立自己的创业团队，从零起步，做到了十几亿元。做到这个程度，企业家也意识到应当对自己的核心团队进行更换了，也尝试着从外面引进一些优秀的人才，甚至给予100万元、200万元级的年薪求贤。但遗憾的是新加入的成员短则两三个月，长则半年，无一例外地灰溜溜地出走了。原因何在，就在于创业团队盘踞高位，容不得新人的加入。因为他们都没有股份，只有盘踞高位，才能获得高薪，才能掌握企业资源，谋一己私利。所以，他们绝不会允许新人来抢夺他们的饭碗。

我当时问过这个老板，为什么不给这些"元老"股份，让他们老有所依，让不合适的元老退出经营层圈子。他说，公司是他借几十万元做起来的，他宁肯给高薪也不会给股份，因为这是他个人的企业。面对这样的回答，我只能无语。这个企业后来很快就衰落下去了。

企业创办之初，公司股本有限。股权如果过于集中，创业元老易生离散之心，过于分散，不利于协调股东关系，形成合力。所以，股权设计必须科学，并且应当在持股协议上作出权利责任的明确划分。

在企业核心团队的基础上建立企业的骨干团队，包括生产技术方面、市场营销方面、财务行政方面，既有专业人员，也有企业管理人员。视企业的生产经营规模而定，骨干团队应当占到企业员工总数的20%左右。他们和企业的核心团队一起，决定了企业80%的效益。

企业的基本队伍视企业的业务性质而定，应当占企业员工总数的40%～60%，他们和骨干队伍一起在核心团队的领导下，能保证企业的正常运转。

作为创业者或企业的领导人，应当非常明确企业各支团队的构成和建设，通过设计不同的利益机制，把这三支队伍牢牢掌握在自己手中。同时，从企业内部发现和培养人才，不断充实这三支队伍的力量，给企业注入新的活力。

消 费 者

用户第一，用户至上，是市场经济的产物。网络时代使这个原则没有停留在口号上。网络不仅拉近了生产者与消费者的距离，也拉近了消费者之间的距离，他们通过自媒体的方式，形成自己的力量，并且和企业主导的力量进行抗衡。在网络的作用下，即使再微弱的个体的声音，也可能被放大。

借助网络的力量，企业家削减了许多流通环节，甚至使传统的广告媒体变得毫无光彩，更多地节约了企业在这些方面的投入。但网络同样给了消费者力量，他们以前要依靠政府组织才能发出声音，现在他们可以通过自媒体发出声音，并影响企业的决策。

借助网络，消费者成为企业社区最重要的居民，企业的员工尤其是企业的核心团队、骨干团队都有责任和消费者进行互动，听取他们的意见并取得他们的支持。

显然，企业应当建立这样的机制，消费者在企业社区都应当得到很好的照顾。这对企业而言，当然会有一些投入，尤其是核心团队和骨干团队的投入，但只要你想一想企业的宗旨和使命，你就会明白这项工作有多么重要。因为你的努力，他们就有可能成为企业的"粉丝级"消费者甚至是"骨粉级"消费者。

小米团队是维护企业社区的高手，几乎进入其社区的每一个消费者都会得到团队成员的关照，他们的每一条意见都能及时得到回应。所以，小米的粉丝有2000多万名，比欧洲一个中等国家的人口还要多。正是这种粉丝的维护工作，小米手机的重复购买率达到46%，这意味着有1000多万的用户只用小米手机。在他们的带动下，小米的粉丝队伍还在不断扩大。

市场营销有一个著名的"二八"法则，即20%的消费者给企业创造80%的有效销售，粉丝营销模式就是要突出对这20%的消费者的维护。企业用优惠券、购买流量、广告等方式引导潜在的消费者关注企业产品，在这些活动中，发现和培养其中一部分用户成为企业的忠实用户。这种"忠实"的形成当然有可能是出于利益上的考虑，企业要通过利益引导，引起客户共鸣，加强对用户的粘性。传销是以利益提成的方式串起消费者，由于产品的功能被无限夸大，带有很强的欺骗性质而被查禁，而这种让消费者分享利益的做法则值得我们借鉴。

现在一些企业组织"骨粉级"的用户，对企业产品率先体验，并在网上分享，企业对这类用户给予一定的奖励，比如新产品的免费使用就是一种很好的方式。通过"骨粉"的使用，既可以测试消费者体验的实况，又可以发现产品存在的问题，并迅速作出修改。也可以采取精神激励的方式，小米每个月都会在一些城市举办"米粉节"，对维系"米粉"的向心力起了十分重要的作用。

2%的"骨粉级"消费者，他们事实上成了企业的编外员工，他们真心实意关心企业成长，企业应当和他们分享企业的成果和荣誉；20%的"粉丝级"用户，他们重复购买企业产品，甚至养成了使用企业产品的习惯，30%～50%的普通用户也有升级为"粉丝级"用户的可能，这会成为企业销售增长的潜力。

无论哪一个层级的消费者都可能进入企业社区，尤其是"骨粉级"和"粉丝级"的用户，他们会经常在企业社区发声留言，不管他们的议论是否中听，我们都要真心接受，在第一时间予以回复，不要使他们失望。

合 作 者

合作者是企业社区的重要居民。除了我们前面提到的企业供应商和经销商外，还有加盟企业、联盟企业、合作企业、威客都是企业重要的合作伙伴，他们出于利益的考虑，同样会进入企业社区，和企业进行互动。

　　企业采取加盟方式来扩大自己的规模，是我们常见的一种方式，也是一种十分有效的方式。当今世界是一个品牌的世界，企业如果推不出自己的品牌，就会被消费者忽略。所以，作为创业者，要么下定决心自创品牌，要么直接加盟品牌，分享品牌利益。前者注定是一条十分艰难的道路。但企业借助网络的力量，往往会有意想不到的收获。作为品牌的加盟商，选择品牌是一门很重要的学问，如果品牌已经成熟，比如肯德基、麦当劳、同仁堂等，加盟者能得到比较好的发展条件和比较稳定的收益，但发展空间有限，能分得的利益有限。如果选择正在成长的品牌，其发展空间比较大，能争取的利益也会更大，但存在一定的风险，可能成功，也可能失败。选择加盟品牌同自己独创品牌一样，应当对行业的前景、品牌企业的团队作认真的分析，以判断其成功的概率和寻找最佳的合作方式。

　　联盟企业是指两个或两个以上的且互相独立的企业采取一致行动。很多企业家都不喜欢这种方式，他们喜欢兼并，让与自己业务联系紧密的企业直接进入自己的体系，这样就能起到如转手臂、如翻手掌的功效。但兼并会给企业带来很多问题，会使企业资金紧张，使企业业务分散，使企业团队面临摩擦和整合……联盟当然会保留企业各自独立的业务体系和独立运行的性质，会使企业之间保持适度的竞争关系，推动企业的业务发展。一定形式的联盟会加强企业之间的相互协作和行动上的一致，从而使各自的利益都能得到保护和提升。比如，常见的有行业协会，他们在市场、产品质量、消费者体验方面制定统一的标准，来规范企业行为。还有一种是上下游企业的联盟，它们可能采取供应商、经销商、配套厂与主机厂之间的关系，以合同的方式固定下来。甚至一些大企业内部通过引入市场机制，划小企业核算单位，使之采取联盟的方式来协调各个单位之间的关系。

　　服务外包在这几年发展得很快，网络时代，由于企业间的联系十分方便，更是推动了企业各项内部业务的外部化。比如产品设计，过去是企业的核心技术，一定要由企业自己的机构和人员完成，现在可以委托专门的机构进行。企业可以采取招标的方式来选择合适的设计方案。在创客网、威客网上，各种资源汇集，大大方便了企业寻找更为合适的设计方案和设计者。再比如财务，这是企业管理的核心工作，现在我们同样可以委托专门的机构来协助企业完成。企业的法律顾问也是一个十分重要的岗位，但企业可能涉及多个领域的法律，由于专业的限制，有可能影响法律顾问的服务质量。如果我们将这些工作委托一个法律机构而不是聘一两个法律方面的人才来承担，其效果可能要好得多。此外，人力资源招聘、培训，薪酬制度的设计和企业发展战略的制定等，都可以找到这样的专业合作者，由他们提供服务。

选择合作者，一定要有与高手同行的意识，通过与他们合作来提高自己在某一领域的专业水平。借助合作者的力量，使自己能集中精力解决最为关键的环节和问题。这样你就能在某一领域做到极致，这正是企业成功的捷径。

竞 争 者

很多企业都把竞争者当成自己的敌人，百般防范，这是对竞争者的一种误会。

一个成功企业的后面一定会有很多的追随者，他们会迅速成长起来，成为新的竞争对手。这当然会表现出一定的"敌意"。但我们也应当看到，正是因为竞争者的加入，我们才可能把一个行业做大、做强，没有一个行业的强大，又怎能有一个企业的强大呢？

无论你是领导者还是追随者，你都可以从竞争对手那里学到很多东西，甚至还可以把你的对手当作自己的标杆，向它看齐，这对改进企业的经营管理是大有裨益的。很多中小企业在成长过程中，都会寻找本行业的标杆企业，向它看齐，学习它，赶上它，然后超过它。

雷军在 2014 年 12 月发表一篇文章，《小米从榜样公司那里吸收了什么》。他说他在创办小米时，研究了三个公司：一是同仁堂，有340多年的历史，它的成功诀窍就是货真价实，不管消费者能不能看见，也不管消费者能不能感受到，它都坚持这一条，不欺心，不欺人，坚持把自己的产品做到极致。二是海底捞，它凭服务员主动热情的服务，创造了超越消费者预期的价值，形成了良好的口碑，使一个极不起眼的火锅店脱颖而出。三是美国的好市多，只赚1%~14%的利润，超过14%的利润需要董事会批准，所以美国人到好市多，从来就不问价钱，只看产品是不是自己需要的。

雷军认为中国不缺产品，缺的是又好又便宜的产品。所以，他把小米打造成这样一款产品，用最好的材料、最好的工厂来制造，用最低的价格来出售（第一个宣布硬件不赚钱的手机运营商），通过网上销售，极大地降低企业的流通费用，使用户获得超过预期的高性价比手机，这正是小米成功的地方，也是榜样企业教给小米的地方。

雷军向竞争者公开其成功的秘诀，他并不担心追随者和竞争者会超过他，这是一种胸怀，更是一种自信。如果所有的手机都能把价格降到最低，这对中国的消费者会是一个福音。同时，手机的软件开发将成为手机竞争的主战场，这对中国手机事业的发展无疑会有更好的帮助。

对中国的手机制造业而言，小米的出现搅动了手机制造业的秩序，给它带来一种革命性的变革，使"巨大中华"面临严峻挑战，迫使它们改变传统的发展路径。格力不是中国最早的专业空调企业，董明珠使格力成为中国空调行业的标杆企业，虽然美的和格力打了不少年的口水战，但中国的空调业因此做大做强。

因为有竞争者，我们不孤独。中国是一个人口大国，也是一个消费大国，任何企业都不能独占中国市场，所以追随者、竞争者的进入，意味着行业得到了专业人士的认同，也因为竞争者的努力，他们以各种方式教育了消费者，引爆这个市场的需求，从而使我们在这个行业获得更多的发展机会。

因为有竞争者，我们不再麻木。自己做得怎么样，可以把竞争者当作一面镜子，竞争者使我们不敢懈怠。我们将更加关注消费者的体验和感受，将认真听取消费者的意见，我们将把竞争对手做得好的东西都学过来，为我所用。

因为有竞争者，我们将不断超越自己。人都有自己的惰性，尤其是那些已经取得成功的企业，面对脚步声越来越近的追随者，使我们不敢放任这种惰性，不断地谋求超越自己，使自己不断上升到一个新高度。没有最好，只有更好。尤其是在互联网模式下，我们的企业将获得无限的张力。

2 沟 通

沟通是维系企业社区，管理企业社区最基本的路径。我们之所以把企业当作一个社区，而不是当成一个传统的组织，是因为当代企业相关人员，无论是员工、合作者、消费者还是竞争者，他们都可以自由进入，也可以自由离去，一句"世界那么大，我想去转转"就足以反映当代人的心声。我们要使企业成为一个大的磁场，吸引各类人士入驻，我们就只能畅通企业社区的沟通渠道。

网 络

网络给我们造就了一个无边际、无障碍的世界。随着80后、90后这批网络世界的原住民，成长为我们这个社会的主力，网络对现实生活的影响几乎无所不在、无时不在。所以，我们建立企业社区首先必须依靠网络而不是依靠企业围墙。

正是因为企业在网络世界是一个无边界社区，企业居民自由出入，并且自由结成不同的社群，他们在网络社区中自由交流，发表着与企业有关，或只与自己心情有关，甚至与二者都无关的言论。他们关注企业的活动，关注企业的各种表现，关注自己在企业的位置，关注自己与周边的各种关系，他们体验着企业提供的各种产品、服务和福利，他们把自己的各种感受发到网络，引起"围观"和关注。

作为一个具有网络精神的企业，不能不充分发挥这个平台的作用，在网络世界的各个平台为自己的居民营建社区，并注意维系和经营，使之成为企业居民的精神家园。

企业官网、微博、微信、天涯社区、BBS、贴吧等网站都是建立企业网络社区的利器。因为进入这个社区的居民大多是 80 后、90 后的成员，他们有一种深深的反主流媒体的倾向，切忌在网络社区发表一些高大上的与他们不太相干的东西，要有意识在社区发现和培养意见领袖，越草根越好，使他们成为网络社区的磁场，强化企业社区的凝聚力。

企业不仅应当有网络技术人员对企业社区进行技术维护，而且其核心成员、骨干成员都应当积极参加社区活动，通过和网上居民的互动解决他们提出的问题。比如人力资源部的管理人员应当在网上和自己的员工互动，了解他们的喜怒哀乐和心理上的诉求，并利用网络缓解员工在职场上的压力，引导他们制定并实施自己的职业生涯计划。研发和技术管理人员，通过企业社区的活动，听取用户意见，甚至发动社区居民参与产品的设计活动，从中寻找灵感，设计出伟大的产品。营销部门的管理人员应当通过网络社区的活动，及时发现并解决消费者在购物和使用体验中存在的问题。

企业领导人应当是企业网络社区的活跃分子，并且学会把自己个人生活的感受甚至家庭生活的感悟也和企业居民分享，一定要使企业成长为社区，而不是企业课堂。赫畅经营的黄太吉社区，就是靠讲故事来增强企业居民的粘性，这种由一个人，突出其明星般的地位是一种尝试，其实更多的还是要靠企业团队成员都能独立经营好社区中的一个社群，以各种各样的方式使企业社区活跃起来，宁愿讨论的问题乱一点也没有关系。如果允许，企业领导人可以其鲜明的议论成为社区的话题，如同星巴克的 CEO 一样。

记住：话题是吸引社区居民关注永恒不变的东西。一个企业社区，一定要善于制造不同的话题，粘住居民。这样的话题不能固定在企业和产品或服务上，还应当跳出企业来制造话题，关于人生、理想和前途，关于家庭、亲情和爱情，关于社会、友善和诚信，关于国家、民主和法治……一定要让居民轻松、活泼和关注，并且积极参与进来，这样的话题甚至不一定与企业关联，须知企业在居民生活中只占了很小的一部分，所以不要指望所有的居民都会关注有关企业的话题，更不要指望他们只关注企业的话题。

活　　动

我们在这里讲的活动，主要是指地面活动。虽然企业通过网络组织一些活动要简单得多，投入也会少得多，但人类还是生活在现实世界之中的，现实生活中的活动比网络活动会多一些粘性和意义。

企业员工是生活在企业围墙之内的居民，他们的收入与地位都与企业密切相关，他们既是企业的客人，又是企业的主人。所以，企业的各种活动要在增加他们主人翁意识上多做一些工作，增强他们的荣誉感。员工以企业为荣，就会乐于为企业奉献。企业的年会、周年庆典以及各个法定的节假日，都是员工十分关注的事情。企业适当开展一些活动，并且适当在福利奖金方面有所考虑，更容易增加员工的凝聚力。一些规模比较大的企业还会引进一些文娱体育方面的人才，把员工的业余生活搞得更活跃一些，能提高劳动生产率。如果是一些刚刚创业的很小的公司，也可以组织一些小型活动，比如一起吃个饭、周末一起去郊游一下，可以增加沟通，巩固感情，增强凝聚力。不要把企业搞成一个冷冰冰、斤斤计较的利益体，这样容易扼杀企业的活力。现在职场竞争压力大，企业应当制造一些轻松的氛围，以调节员工的心情，缓解压力。

　　2002 年，我接手濒临倒闭的株洲高科集团，为扭转局面，推行"三项制度改革"，把株洲高科集团建成真正的企业。对那些有公务员身份和干部级别的高新区干部关系全部"冻结"（在此之前可以选择回管委会上班），对新招聘的员工全部实行企业用工制度。但由于它是高新区管委会的全资公司，无法依靠高薪吸引人，也无法通过改变身份吸引人。在这种情况下，我们提出用真挚的感情留人，用稳定的待遇留人，用发展的事业留人。公司重组后的第一年，我几乎每个月都会以个人的名义请公司中层以上的干部一起吃个饭，也安排一定的经费给部门，由部门负责人邀请自己的员工搞一些小型活动。每个季度都会通过工会组织一些有意义的活动（包括趣味运动会、晚会等）。每年春节前由全体员工及其家属一起参加的大型迎新春晚会，会把这种感情和感恩推向高潮。株洲高科的工资水平虽然不高，但各种保险和福利待遇在同类企业中是比较好的，我们的目标是力求使忠诚公司的员工在生活上无后顾之忧。最重要的是加快公司本身的发展，我们既给员工提供更多的学习机会，又给杰出的人才提供一个又一个的事业平台。我们创建了建设公司、房地产开发公司、创业投资公司、担保公司、孵化器公司、物业管理公司……每一个新公司的设立，都会为公司杰出人才提供一个施展其才华的舞台，使他们和公司一起成长。2003 年 10 月，公司合唱团参加株洲市合唱比赛获得一等奖，在公司副总上台领奖时，我发现高科员工的眼睛闪着泪花，那一刻我就知道，这支团队已经凝聚成一支不可战胜的团队。

　　用户是企业居民中的一个特殊群体，因为网络使他们结成一个整体，既可以向企业叫板，也可以为企业抬轿。前提条件就是企业的产品和服务正是消费者所需要的。与其让用户无序地发表对企业产品和服务的看法，不如把他们的评价引导到对企业的有利方面来，以形成有利于企业的口碑。所以，越来越多的企业愿意和用户建立良性互动的关系，他们不仅在网络上，而且在现实生活中也是如此。房地产开发商经常组织业主聚会或开展活动，既提高业主的粘性，又能很好地听取业主的意见，并及时作出改正，以免积攒矛盾。有些企业在搞活动中热衷于"高大上"，耗财费力不说，效果也只是一般。消费者都是城乡社区的居民，利用社区平台开展一些地面活动，既可以节约费用，又能取得较好的效果。尤其是那些与人们日常生活相关的企业，把活动送进社区是最好的选择。

企业经常和合作者举行一些地面活动，便于相互之间业务上的沟通，也便于合同的执行。邀请合作企业参与本企业的一些活动，也能进一步增强和合作企业之间的感情，保持在行动上的一致，更好地完成双方约定的合同目标。2009 年底是太子奶公司最困难的时候，我坚决兑现年初对经销商的承诺，组织一批优秀的经销商到台湾学习快消品营销，由总经理带队，我到深圳为他们接风洗尘。当时正是重组的紧要关口，市面上各种谣言四起，依靠这些经销商，我们顺利完成了春节前的生产和铺货，争取了战略投资人的进入。

现在越来越多的企业重视企业间的联系，不管是竞争企业还是合作企业。作为企业领导人经常参加一些这样的活动，在活动中获得信息，探讨企业的未来走向。甚至发起一些专题讨论，通过企业家发散性思维和跨界思维的方式，提出解决问题的新路径。

主动公布企业已经取得的一些成果，比如新产品设计、融资进度、市场占有率，这些数据的披露，有助于你在市场取得更大的主动权。因为你有新产品，市场对你寄予厚望，对老产品存在的一些缺陷也就能够容忍；因为你的融资已经取得了重大进展，你的公司不差钱，各相关企业都愿意和你合作；因为你的市场占有率提高，投资人、合作者都愿意继续支持你，消费者也愿意追随你，成为你的粉丝。

会　议

会议是一个最老套的沟通方式，也是一个最有效的沟通方式。由于会议有着十分明确的目的性，且每次会议之前都会有充分的准备，加上会议参与者都会处在一种正式的状态，这一切都有助于问题的解决。所以，如何召开有效会议，是企业管理中重要的问题。

（1）会议的主题必须十分明确，一次会议只设一个主题。

（2）会议的组织方应当在会前将会议主题告诉与会成员，并且要求做好准备。

（3）限定会议的主持人和参会人员，可有可无的人不要参会，绝不能搞陪会。会议的规模越小越好，小会能解决的问题，绝不开成大会。

（4）选定开会时间，限定开会时间。一般而言，不要在休息的时间开会，也不要使会议安排在周末下班的时候。牵涉到部门负责人的会议，不要在周一一上班就开，要他们首先熟悉本部门和安排好本部门的工作。会议时间宜短则短，如果在半天之内不能解决问题，就把会议的主题掰细了再开。

（5）会议必须有结论。主持人要根据会议讨论作出明确的结论。重要的会议必须尽快制定出会议纪要发给与会人员，以便落实会议决定。

（6）会议应当由办公室来组织，即使是专业会议，涉及公司领导和其他部门的都应当报办公室，由办公室落实开会的各项事情。

会议的种类很多，大致有以下几种：

（1）团队会议。主要是指公司核心团队或骨干团队的会议，一般每月或每周开一次。既可以研究问题，也可以是通报一段时间的工作情况并且协调各部门之间的关系。这样的会议最好是搞成例会形式。以 CEO 的名义召开，时间控制在 2 个小时以内。

（2）站会。主要部门或公司每日例会。主要通报上一日情况，安排本日工作。时间一般为 5~7 分钟。

（3）一对一会议。主要是公司领导与部门负责人之间，或两个部门负责人之间就某个具体问题进行协商。

（4）评审会。对公司的某个项目（产品设计、项目规划）进行评审，必要的时候应当聘请一些外部人员参加。

（5）头脑风暴会。每年或每半年或每季度召开一次，主要是围绕公司某一个重要的问题进行讨论，参会者不受任何拘束，目的是寻找灵感，为公司重大决策做准备。

（6）用户体验会。公司为新产品，邀请一些用户对其体验，并请用户对体验的结果作出评价，以便公司对产品进行改进。

此外，公司还有股东会、董事会，主要是负责公司的重大决策，按《公司法》的规定召开。有公司订货会、经销商会、供应商会，主要是解决公司一段时间的供应和销售问题。有公司年会，总结公司全年工作，并对员工进行表彰。这样的会可以开得更活跃一些，有些公司已经把这种会议搞成公司盛大活动。

愿　景

任何沟通都会有一定的目的性。在企业社区开展的各种活动中，都会围绕企业的目的进行。经济学把企业当作赚钱的工具，实际上这只反映企业投资者的目的。而作为企业社区居民的目的，与投资者的目的是不一样的。作为企业员工，他对企业会有不同的要求，或者是工作环境，或者是工资收入，或者是职业岗位，或者是个人成长，当然也可能是各种目的兼而有之。作为企业用户，他们希望企业提供的产品或服务能超越他们的预期。作为企业的合作者，希望能和企业共同发展，有比较稳定且日益壮大的业务。正是因为不同的居民对企业会提出不同的要求，随着职业经理人的出现，他们逐渐淡化企业对利润的追逐，而肩负起更多的社会责任。

孙正义说过，真正的领导者，应当高瞻远瞩，高举理念和愿景的旗帜，引领千军万马前进，这才是真正的领导力。领导者要让百万大军恍然大悟，感动到几乎流泪，让他们心灵震撼，甘心为其赴汤蹈火，甚至不惜生命。

企业愿景就是要指明企业发展方向，明确顾客需求，界定业务范围。市场和用户是企业愿景的核心问题，它决定了企业的目标和使命。

网络上流行着一段企业使命谣，是很能说明问题的。"不要给我衣服，我要的是迷人的形象；不要给我鞋子，我要的是两脚舒展，走路轻松；不要给我房子，我要的是安全温暖、干净快乐；不要给我书籍，我要的是阅读的愉快、知识和力量；不要给我磁带，我要的是美妙动听的乐曲；不要给我工具，我要用它创造美好物品的快乐；不要给我家具，我要的是舒适、美观和方便；不要给我东西，我要的是想法、情绪、气氛、感觉和收益。请不要给我东西。"

企业作为一个大的社区，通过网络把许多毫不相干的人聚集在一起。如果我们仍然停留在企业就是为人赚钱的认识水平上，我们凭什么驱动 80 后、90 后献身企业呢？凭什么驱动消费者来购买企业的产品和服务呢？所以，我们在确立企业愿景时，一定要考虑企业参与者的感受、想法和追求，只有当企业能为他们各自的理想提供实现的平台时，企业社区才能成为一个吸引人的地方。

为用户创造价值。只有用户认可了产品的价值，他们才会花钱购买，只有产品带给他的体验超过了预期，他才有可能成为企业的粉丝。用户才不会管你的产品是赚是赔，他们只是根据自己的需要作出评估和决定。这种对产品或服务价值的评估不会停留在其使用价值上，而会在越来越大的程度上取决于用户的心理感受和诉求。比如：穿衣不只是为了取暖或遮羞，而是使他有着更加迷人的形象。餐饮不只是为了解决饥渴，而是使他有一个温馨的氛围。所以，我们应当使自己的产品和服务越来越多地具有人文的性质，使我们的产品成为感情和思想的媒体。

为员工创造生活，对当代人而言，工作也是生活的一部分。一个人如果没有工作，不仅没有收入，而且也会使他的生活缺乏乐趣。越来越多的人关心工作环境甚于关心收入，关心企业文化甚于关心企业性质。当然，工资仍是多数人的生活保障，但工作环境、晋升机制、福利待遇、企业文化、休假制度，会越来越多地影响员工的选择。他们不仅希望企业能创造更好的工资收入，更希望能创造更好的生活。

为合作者创造机会。无论是作为加盟商、联盟商还是分包商，它们更关注在与企业合作中获得的新的发展机会。一个企业发展得越好，它给其合作者提供的机会就会越多。无论是企业的资源还是大数据，对合作企业而言都是十分重要的资源，企业向合作者开放，不仅可以给合作企业带来更多的发展机会，自己也会从中获得更多的受益。

企业的愿景会影响它和员工、用户、合作者之间的关系，企业虽然为投资者创造利润，但投资人不能把眼光只专注于利润之上，要发现企业更大的目标。不能让金钱迷住了企业的双眼，不要让铜臭腐蚀了企业的灵魂。

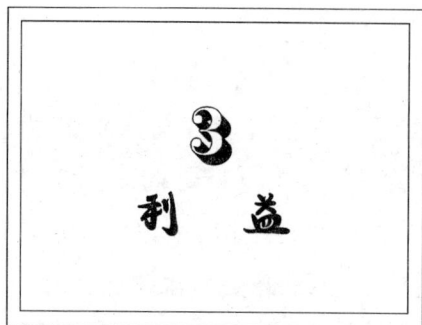

3 利益

企业不是军事组织，也不是慈善机构，说到底，企业就是一个利益共同体。为了使企业社区有较高的凝聚力，不能不对企业的利益机制进行精心设计。

高成长性前景

企业必须有一个远大的前景，才会激励创业者和他的核心团队为之付出。企业必须有较高的成长性，才能吸引各种人才加入企业的团队。不同的内部人对企业会有不同的利益诉求，我们只有设计出比较合适的利益机制，才能奠定企业成长的基础。

股权设计是现代企业最重要的制度。让企业核心团队成员持有企业股份，更容易凝聚其核心团队的力量。有些企业采用期权激励方式，吸引重要人才加盟企业，事实证明，效果很好。还有的企业向员工开放股权，让员工分享企业成长的成果，事实证明，更容易使企业的骨干团队、基本队伍保持稳定。虽然一般员工所持有的股份很少，但能拉近他们和企业之间的距离，使他们更能以主人翁的身份关心企业成长。当然，股权主要是用来解决企业资金的，股权的内部开放不能太滥，防止股权设计造成既得利益集团排斥新人和新的投资者的加入。创业者和核心团队既要有这样的胸怀，也要有这样的制度设计。

薪酬制度是企业管理中最基本的制度。薪酬制度的目的在于回报员工对企业付出的劳动，调动员工的工作积极性，充分挖掘员工的各种潜力，为企业创造更多的价值。人力资源管理专家设计过很多绩效管理制度，企图让薪酬和劳动绩效挂上钩。但无论哪一种制度，都不能解决员工的所有问题，因为不同的员工在利益上的诉求点是不一样的。况且，再精密的绩效评估，都不可能做到百分之百的客观和准确。

在薪酬设计方面应当把握以下几点：一是薪酬的竞争力状态，也就是同一岗位、同一专业技术方面的人员，在其他类似企业的收入水平，这是我们制定薪酬制度的基本要求。二是薪酬设计要便于企业对员工的绩效进行约束和管理。薪酬不一定能百分之百地反映员工创造的绩效，但薪酬的发放一定要体现按劳付酬，按绩效发薪的要求。三是保持收入的成长性。鼓励员工忠于企业，关心企业成长。

福利制度是员工越来越看重的制度。由于福利制度具有平均主义性质，企业在福利制度的设计上应当保持谨慎的态度。国家规定的"五险一金"是必须保障的，同时，有条件的企业还可以建立一些"单位人"的福利制度，对凝聚员工会起到意想不到的效果。

学习晋升制度是年轻员工重点考虑的问题。前提是企业具有高成长性，才会给员工提供更多的晋升机会，这也是企业比政府机构更能吸引人才的地方。它不像政府部门，高职位、高收入（相对而言）的岗位是固定不变的，越往上走，晋升的通道越窄。企业在发展中会自己创造出更多高职位、高收入的岗位，企业如果能建立内部选拔培养人才的机制，对年轻员工和各类人才将具有更大的吸引力。

超预期的产品（服务）价值

提供高性价比产品（服务），创造超预期的消费者体验，是企业赢得消费者最重要的路径。

赵本山的小品《卖拐》，使"忽悠"成为全国的一个热词，甚至被一些人奉为营销的最高境界——把没有价值的产品卖出去。这是对营销最大的误解。

过去，由于信息不对称，企业以其强大的经济实力掌握了话语权，用喋喋不休的广告和说教，"忽悠"消费者，即使消费者发现上当受骗了，也会由于人微言轻，很快就被企业宣传声势所淹没。

中国社会的法治基础尚不稳定，法律在市场经济生活中的缺位和软弱，助长了企业对消费者权益的漠视，以致食品安全事故可以一出再出，一些知名企业涉案竟然可以一而再再而三。网络时代的到来，自媒体的发展和消费者的觉醒，使消费者得以向不良商贩发出怒吼。

西方经济学把商品的效用和价值都当作消费者的一种主观体验。显然，消费者对商品效用的评价，不仅会根据产品的功能（客观性），而且也会受消费者主观认知的影响。所以，极致产品不仅要满足消费者的客观需求，而且能打动消费者的心，使其给出一个更高的、超出其实用价值的评价。虽然小米4的金属边框并没有给小米手机增加更多的功能，甚至对其通信效果也不会有任何改善，但它使消费者的主观感受得到了更大满足，从而被消费者给予更高的评价。极致产品不仅注重产品的功能设计，而且也会注重产品的外观设计；不仅注重产品功能器件的制作，也会关注产品的每一个细节；不仅关心产品对消费者的功能效果，也会关注消费者在购物和使用时心理上的体验。

总之，生产者不再把营销放到企业至高无上的位置，而是围绕产品开展设计、制造和销售，都力求给消费者以最好的体验。同时，还尽可能制定最低的价格，削减与产品本身无关的一切费用，使消费者能获得高性价比的产品。正如雷军，把同仁堂的质量、海底捞的服务和好市多的价格集中在他的手机上，使消费者获得超预期的体验。

共同成长的路径

任何企业都不能孤立地存在，它的发展离不开和其他企业的合作。在实践中，我们比较容易尊重消费者，也可能尊重自己的员工，但往往对我们的合作者缺乏应有的尊重，这是十分错误的。

株洲联城集团本来是一家名不见经传的劳服企业，后来经过改制，建立股份制公司，完全脱离它的母公司中车株机，但它始终尊重株机，追随株机共同成长。它用了不到 10 年的时间，就成长为一家业内著名的公司，成为法国阿尔斯通、德国西门子、英国 ABB 和中国中车的重要合作伙伴。

无论是作为供应商、经销商，还是作为配套厂、主机厂，都离不开和其他企业的合作。在企业成长的路上，我们应当学会和其他企业分享成长的心得，建立利益分享机制。尤其是那些依靠联盟、加盟发展起来的企业，一个较好的利益分享机制，正是企业成长的关键。杨陵江的"1919"之所以能得到快速发展，依靠的就是他对加盟企业慷慨的利益输送机制。

中车株机在进入 21 世纪以来快速成长，他们仅用 10 余年就建立起达到欧洲标准的高档铝合金和不锈钢全系列城轨车辆研发制造平台，产品涵盖 A、B 车型 80 公里、100 公里、120 公里三个速度等级，成为中国高端城轨装备领域的杰出代表，共为国内外 16 个城市提供城轨车辆近 6000 辆，2014 年国内市场占有率位居第一。在动车组领域，他们凭借丰富的轨道车辆研制经验、成熟的研发平台以及得天独厚的区域配套优势，曾先后研制出"蓝箭"、"中原之星"、"中华之星"等 160 公里至 270 公里速度等级的动力分散型和集中型动车组，是中国动车组技术的发祥地。他们研制的动车组还成功走出国门，先后在伊朗、乌兹别克斯坦、哈萨克斯坦、新加坡、土耳其、印度、马来西亚、南非、埃塞俄比亚、马其顿等国家获得近 30 个项目订单，出口产品包括机车、地铁、轻轨、动车组、地铁工程维护车，合同额累计 300 亿元。如果他们不是支持像株洲联城集团这样的配套企业快速成长，光依靠自己的力量是做不到的。事实上，在近十几年中，与中车株机公司配套的一二百家企业，在中车株机的帮助下都获得了快速发展的机会。

无论是沃尔玛还是肯德基，都会主动把自己的一些大数据向合作厂商开放，既帮助合作厂商创新，取得更好的效益，自己也会从中获得更多的利益。

共同成长路径的设计包括：

（1）和合作企业建立密切的关系，并且注意利益点的设计和感情的融洽，保持沟通和交流。

（2）主动向合作企业开放有关数据，开放合作路径，使合作企业掌握一定的主动权，帮助其快速发展。

（3）提供技术支持和生产上的协作，鼓励创新，分享技术与产品创新成果。

（4）向优秀的合作厂商致敬，把自己获得发展的原因，将一部分归功于与他们的合作。

互为标杆的竞争

企业在成长过程中要寻找自己的标杆企业。通过与标杆企业对齐，很容易找到自己发展中存在的问题和解决问题的办法。我们承认标杆企业也会有自己的缺陷，但它作为业内比较成功的企业，给人们展示的总是美好的一面，也是值得我们学习的一面。比如以前的诺基亚、摩托罗拉，虽然现在已经衰落下去了，但它们曾经照亮了手机企业前进的方向。

因为同属行业内企业，它们之间的竞争是不可避免的。后起之秀虽然以前辈为标杆，但设立标杆的目的就是为了赶上它、超越它。超越了他人，自己也就成了业内的标杆企业，又会成为其他企业学习的榜样，追赶的目标。

即使你做到了业内第一，也一定要寻找标杆企业，否则你就会失去方向。就像诺基亚、摩托罗拉和索尼公司一样。你的标杆在哪里，就是你的竞争对手，就是那些铆足了劲正在追赶你的企业。

雷军以同仁堂、海底捞、好市多作为小米的标杆企业，其实这正是雷军会说话的表现。我们不排除向其他行业的优秀企业同样能学到不少的东西，比如，雷军所说的质量、价格、服务，但真正能成为照出自己不足的镜子还是业内那些优秀的企业。小米真正的标杆企业是谁？是苹果公司，它的产品紧盯苹果，它的价格也是紧盯苹果。只不过他的学习不是亦步亦趋的，而是扬长避短。小米的短处是什么（与苹果相比），是产品的创新不足，所以，他只能在苹果的基础上做精致。长处是什么，长处是他熟悉互联网，熟悉投资，所以他能利用互联网削减手机的流通费用，利用自己在投资领域已经取得的成绩，能找到"花不完"的钱。正是在这样的基础上，他能不惜成本把产品做到极致，同时还能公开宣布"硬件不赚钱"，把价格降至最低。正是以苹果为标杆，雷军找到了一条小米成长的快捷道路。

学习标杆企业，对齐标杆企业，不是一味地模仿，而是要扬长避短。学习的目的就是为了超越，如果不能形成自己的优势，你就永远也不会有超越的机会，甚至连生存下去的机会也没有。

即使你成了行业的老大，你也应当从你的追随者中找到你的标杆企业。不要小觑追随者，他们敢于追随你，敢于超越你，一定是有自己的长处，而他们的长处也可能正是你的短处。自满，无论是个人还是企业，都是失败的开始。

所以，我提倡向自己的竞争对手学习。作为自己的竞争对手，一是业内企业，容易找到共同的东西。二是作为自己的竞争对手，很容易发现对方的长处，发现自己生存和发展的理由。三是作为业内企业，容易学习，也容易模仿。我们把有些竞争对手的指标，拿过来往自己身上一套，就能发现自己的差距。有时简单到调整一下自己的指标，强的保留，差的赶上去就行了。

相信自己也能成为业内标杆企业，只是你在任何时候都不松懈。你的标杆企业绝不会甘心被你赶上，他们会继续创新、继续发展。你的追随者也不会甘心在你的后面，他们一定会想法超过你，取代你的位置。所以，你必须不断找到自己的标杆企业，你的标杆企业在哪里，就在业内，甚至就在你的左右。

4 组 织

作为一个企业应当有自己的核心团队、骨干队伍和基本队伍。我们研究的就是互联网时代，如何把这些团队有效地组织起来，使其高效率地运转。

节点相连

网络时期是一个去中心、去权威、去集中的时期，这意味着我们的企业将彻底打破传统的科层结构，建立起一种网状组织。

什么是网状组织，就是在同一个层面上，组织的每一个部分，甚至每一个人都是一个节点，正是这些节点的相互链接和有机互动，才构成这种网状组织，并以组织的形式发挥作用。

既然是一个整体，除了那些节点外，还必须有一个纲绳，把这些节点串起来。这个纲绳就是企业的核心团队和骨干团队，正是他们组成了企业的基本骨架。

"二八法则"在一个组织内部同样会发生作用。企业的核心团队和骨干团队可能只占到组织 20% 的人数，但在组织中却发挥了 80% 的作用。但即使是这样，他们和普通员工之间的地位仍是平等的。况且，具体到某个人的作用而言，任何人都不可能永远在 20% 或 80% 之列。所以，我们在组织设计中，就应当让他们处在平等的位置，使他们都能脱颖而出。

显然，这样的组织将充满更加激烈的竞争。每个人都可以形成一个以自己为中心、以相邻的人为助手的视野，这更有助于我们以前所说的岗位成才。比如，你的岗位是公司档案员，在我们传统的组织架构中，可能是一个微不足道的岗位。但在网状组织结构中，如果这个岗位确实应当存在（我认为任何想做基业长青的公司都应当有这样的岗位），档案员同样可以形成以自己为中心的视角。为了把档案工作做好，各部门都应当配合他，把各自的重要文件及时归档，他也可以根据公司的管理办法向各部门提出这样的要求。他执行公司规定，不受岗位的约束，自然就能把档案工作做好。于是，他就成了公司一个重要的节点。

同样，每一个节点又是以其他节点的存在为条件的。作为档案员，你不仅要使公司各种重要文件及时归档和安全管理，而且还要保证公司相关人员的查阅方便，你的岗位的意义就在于为其他岗位提供了服务。即使你作为公司的 CEO，你的意义也在于为他人的工作创造条件，在更大问题的决策中体现自己的价值。如果你找不到资金，找不到厂房，不能给你的员工及时发放工资，不能为你的下级创造工作条件，你凭什么当 CEO？同样，你的决策和决策的实施，也离不开各个部门的配合；否则，你一个人又能干成什么事呢？

CEO 的重要性不在于个人，而在于一个团队，在于你的核心团队和骨干团队组成的企业纲绳，能把网络的各个节点都串起来，并组成一个有机的整体。

网络式的组织不在于形式而在于实质。小米除了雷军和 7 位核心成员有明确的职位外，其他的成员都只有岗位没有职级，差别只在于工资不在于名分，这当然是深得网络之精髓。其实，对大多数企业而言，组织内部的机构和一定的层级是必须存在的，这个并没有损害互联网精神，重要的是要使公司的成员都在某一个节点上，包括公司的CEO也不例外，不能有游离于网络之外的人和事。否则，就会形成特权。只要他在网络的某一个节点上，不管他的职级如何，他和其他节点的地位就是平等的，既有要求他人配合自己工作的权利，同样也有配合他人工作的义务。从CEO到一般员工无一例外，每个人都只是一个节点。

重心下移

华为任正非有一句名言：让听得见炮火声的人来指挥战斗。海尔张瑞敏在麦肯锡公司的帮助下，创立了一个"倒三角"的管理模型，把海尔的几十万名员工分成几百个小型团队，由这些团队决定新产品开发、市场推广和市场营销。他们都是传统企业的佼佼者，和80后、90后那些网络原住民相去甚远。但他们作为优秀的企业家，都意识到企业传统的管理模式已经不能适应变化了的时代。随着企业规模的扩大（都成为中国本土成长起来的跨国公司），他们都看到了传统组织模式的失灵，因此，他们几乎不约而同地发起了一场组织重心下移的改革。

（1）决策权的重心下移。传统企业把决策权集中在董事会和总经理手中，认为这是确保企业利益不受侵害的根本路径。这种管理思想的基础就是股权高于一切。只有拥有公司股份的人才是公司的主人，也只有与公司利益密切相关的人才会关心公司的利益。用股权约束公司的行政权是《公司法》的基点。但在网络时代，企业的使命已经发生了很大的变化，企业一旦成立，就会成为一个自立于股东之外的独立利益主体，企业的利益不可避免地会和股东的利益发生背离。加尔布雷斯就对职业经理人做过这样的论述。互联网使企业这种独立主体的地位更加突出。企业员工不会只因为对股权的关心来关心企业，他们出于个人的成长、福利、收入，同样地会关心企业的成长。所以，决策权下移并不会损害企业的利益，当然也不会损害股东的利益；相反，它会使企业因此受益，从而使企业的相关人都获得利益。

企业最重要的决策权是什么？就是生产什么？生产多少？卖给谁？如何卖？决策权下移，意味着市场第一线和生产第一线的人可以组成一个决策小组，由他们来决定这些问题，并且实现他们自己所作出的决策。因为他们在第一线，他们作出的决定，比高高在上的公司高管们作出的决定要客观得多、实际得多。

公司高管做什么？就是做协调，做服务。因为一项重大决策的出台和实施，绝不是几个部门、几个人就可以做好的，他们必须得到公司其他方面的支持，公司高管就是做这些工作。这使我想起《斯大林格勒保卫战》中的一个场景，斯大林最终决定把战争的指挥权交给朱可夫元帅，他自己做朱可夫的后勤部长，保证他所需要的兵员、武器的供给。公司高管也就是做这样的工作，为第一线的人做好后勤保障，而不是直接干预或指挥第一线的人工作。

（2）指挥权重心下移。决策一旦形成，就是执行问题。谁来执行，当然还是基层团队，还是那些作出决策的人。但光靠这个团队的力量还不够。比如，这个团队不可能自行生产产品，不可能完全靠自己的力量来销售产品，它必须依靠公司的生产车间（或 OEM 部去寻找代工企业），依靠公司遍布全国的销售网络。基层团队用内部市场化的办法，委托公司车间或 OEM 部加工，委托公司销售团队进行销售。在这个过程中，公司的高管会做一些铺垫和协调性的工作，但生产经营的指挥权仍是由基层团队来行使。

指挥也是协调。公司赋予基层团队指挥权，实际上就是把各团队和公司各部门当作平等的机构，每个团队和部门都是网络架构中的一个节点，每一个节点的工作都离不开其他节点的帮助，所以，自然会形成以一个节点为中心的无数个相对独立的指挥系统。

（3）薪酬权重心下移。不仅是指薪酬向第一线倾斜，而且包括基层团队的薪酬决策权也掌握在基层团队手中。这源于企业内部的模拟市场机制的推广。基层团队对本团队的收入只须根据公司的核算办法就能自然生成。在总收入形成的基础上，团队自行决定其分配办法。所以，挣多挣少，都取决于团队自己的努力。

一个这样的基层团队，多则几十人，少则十几人，甚至几个人。核算单位划小了，谁的贡献大，谁的贡献小，一目了然，困扰大企业的绩效考核问题迎刃而解，这对调动员工的积极性有着极大的帮助。

（4）向基层团队开放企业的数据平台。基层团队的决策必须有大数据支撑；否则，就有可能和企业的核心利益发生冲突。这除了建立必要的决策流程外，还必须使决策者能共享企业的各类相关数据，从而使他们的决策不至于损害企业的利益，并且因为这些大数据的支持，减少决策的盲目性。

快速反应

这是使任何一家大企业都十分挠头的问题。在传统企业那里，规模越大，组织机构和管理流程越复杂，官僚主义的气息越重，甚至是麻木不仁。这不是因为企业领导人的改变，而是传统组织架构和指挥系统必然带来的问题，也是"帕金森定律"的必然结果。

互联网从三个方面来解决这个问题。

（1）互联网提供了便捷的通信工具和决策所需要的各类数据，使远离第一线的决策者能通过网络直接感受到市场的变化。比如，企业可以在网络上建立自己的社区，欢迎相关人员进入并发表自己的看法。由于这些人与企业有着切身的利益，他们会发表自己在工作中遇到的问题，购物中的消费体验，合作中的各种困惑。同时，企业的数据中心也会不断汇集企业的各类数据，并根据企业的需要寻找各类数据之间的关联，便于决策者掌握第一手资料。

当然，工具是死的，人是活的。企业领导人要保持企业健康持续稳定的发展，就必须自觉地拿起这个工具，自觉地加入和自己的员工、消费者、合作者的互动中去，认真听取他们的意见，发现自己存在的问题。就必须不断对企业变化的数据进行分析，发现他们之间的联系，找出企业新的发展重点和增长点。

（2）互联网给我们提供了一些新的思维方式，帮助我们不断突破现有的思维定式。

到酒店就餐，最为挠头的恐怕就是点菜了。如果使每道菜式都贴上标签，消费者就可以根据消费场景来选择，比如选择"商务宴请"或"朋友聚餐"，再选择人数和预算后，菜单会自行编排。选择"小清新"或"重口味"，菜单会自动推荐。选择"宝宝最爱"就能轻易选择孩子适合的菜品……还可以更进一步，如果消费者选择"瘦身推荐"里的菜式，点餐完成后，所点菜式的卡路里、能量、维生素能同步发到你的手机上，这就是精准营销，大大增强了客户的粘性。

但这样做，仍仅仅是把互联网当成工具，重要的是要形成互联网思维，形成"开放、平等、协作、分享"的互联网精神。

开放的而不是封闭的。网络使人类突破一切围墙、一切障碍。现代企业必须拆除企业的樊篱，融入到互联网的世界中去，并且从中吸取力量，形成自己的优势。

（3）平等的而不是层级的。平等地对待每一个人、每一个企业、每一件事。我们以前讲推己及人、换位思考，其实就是讲的这件事。但那时的做法还只是停留在"大人"自律的基础上，网络使之成为必然，"大人"们继续高高在上，就会被时代抛弃。

协作而不是控制。以前的企业家有一种强烈的控制欲望，认为那是成功的捷径。网络时代，你休想去控制什么，因为网络无边无际，你有这样的想法也实现不了。你只有通过协作，形成一种广泛的协同机制，才能实现企业的目标和使命。

分享而不是独占。任何时候你都休想独占一切。你只有擅长和他人分享，才能得到他人的帮助。过去我们讲"财散人聚、财聚人散"，网络时代讲究分享、互赢和多赢。你的公司做任何事情，首先就得想想能为消费者带来什么，能够给你的合作者带来什么，能给你的员工带来什么，最后才是想一想自己能得到什么。把自己放在最后，不是一种风格，而是一种必然。把自己放在前面，你也许什么也得不到。

正是互联网给了我们一个极度扁平的岗位体系，从而建立灵活高效的管理流程。什么叫极度扁平化？就是企业的各个岗位都在同一个层次上面，企业领导人的职责就是协同各个岗位、各个基层团队的行动，有以下几种情况：

（1）沿袭过去事业部的做法。核心团队成员各带一个事业部，部际之间的协调，由核心团队的成员定期碰头即可。小米的组织大体就是如此。7个核心团队成员各带一个事业部，相互之间的配合十分默契。

（2）企业领导人直接掌控公司的各个服务保证部门（比如行政、财务、仓库等），其他各基层团队独立运作，需要公司支持直接向企业领导人提出，甚至直接协调各相关部门即可。

（3）矩阵组织形式，核心团队成员处在一个层面，其他员工在另一个层面。核心团队成员之间既有分工，又是一个领导集体。遇到问题商量一下即可执行。

无论是哪一种情况，在基层团队或公司部门内部，没有严格的等级，只有不同的岗位设置，岗位职责和岗位之间的关系，有明确的界定。两个岗位之间的事情，由两个岗位的人协商就可以了，多个岗位的事情由召集人召集一下就行了。部门和团队之间也是如此协调，这要求团队成员具有高度的自觉性和主动性。既能积极主动地完成好本岗位的工作，又能创造性地开展一些新的工作。在网络时代，谁的工作更主动，谁的创造性工作越多，他占有的或调动的资源就会越多，从而所得到的回报也就更多。正是这样，每个人都不能不更加主动地开展工作。

▲ 建议

读完本章，建议你用 300 ~ 500 字的篇幅，规划一下企业的组织：

（1）核心团队、骨干团队和基本队伍的构成；

（2）企业的利益机制（包括股权设计）；

（3）企业社区平台建设；

（4）企业的组织架构。

第8章 财务管理

　　有人从财务的角度，把新设立公司归纳为 13 项经济活动：①设立公司，股东投资股本；②向银行贷款；③购买土地，建造厂房和办公楼；④购买生产设备、办公家具和车辆；⑤采购原材料；⑥生产出第一批产品，支付工人工资；⑦销售产品，支付销售费用；⑧为下一个周期采购原材料；⑨研发产品；⑩支付管理人员工资；⑪支付银行利息；⑫支付企业所得税；⑬分配现金股利。

　　财务管理是一门专业性很强的知识。作为创业者或作为企业领导人，不一定要精通财务管理，那是由专业人员担负的工作，但一定要读懂财务报表，形成财务思维，运用财务管理知识进行决策。

　　为便于本章的叙述，我们假定 2013 年有 A、B、C 三个人各出资 200 万元、150 万元、150 万元共同组建一个 ABC 有限公司，从事某种产品的生产经营。在会计工作中会形成三个重要的财务报表：资产负债表、利润表和现金流量表。

1 资产负债

资产负债表是一张反映公司资本来源和资本使用状态的报表，它表明了公司在某一个特定时点上各种资本来源和与之对应的全部资产。它的基本公式是：

资产 ＝ 负债 ＋ 所有者权益

表 8－1　ABC 有限公司 2013～2014 年资产负债表　　单位：万元

总资产	2013 年末	2014 年末	总资产	2013 年末	2014 年末
货币资金	100	150	短期借款	200	200
交易性金融资产	0	0	应付票据	0	0
应收账款	0	100	应付账款	0	50
预付账款	50	0	应付股利	0	0
存货	150	200	流动负债合计	200	250
流动资产合计	300	450	长期借款	300	300
固定资产原值	700	650	非流动负债合计	300	300
减：累计折旧	0	50	负债合计	500	550
固定资产净值	700	650	股本	500	500
无形资产	0	0	资本公积	0	0
其他资产	0	0	盈余公积	0	15
非流动资产合计	700	650	未分配利润	0	35
			所有者权益合计	500	550
资产总计	1000	1100	负债和所有者权益总计 1000	1100	1100

资 产 管 理

从表 8 - 1 中我们可以看出，资产主要包括固定资产和流动资产两类。所谓流动资产，是指变现能力比较强的资产，如现金、银行存款、票据、应收账款、预付账款、存货之类。所谓固定资产，是指不容易变现的资产，如土地、厂房、机器设备、企业的专利权、商标权等，也叫非流动性资产。其中土地、专利权、商标权，也叫无形资产。

关于流动资产的管理，主要关注这样几个方面的内容：

（1）确保其安全性，尤其是现金和银行存款，是随时可提取并使用的，企业应当建立严格的现金和银行存款管理制度，不能留有太多的现金在出纳手中或企业的保险柜里。现在网络银行和各种支付宝的支付非常方便，大大减少了现金使用的场合。对于必要的现金支出（比如差旅费），可以建立商务卡制度，即出差人员持企业的公务卡进行消费，并接受财务人员的检查和核算。

（2）要尽可能减少应收账款、预付账款和存货，它们占用公司的资金，影响公司资本周转和创利。要为应收账款和存货建立预警机制，发现问题苗头，必须采取断然措施。比如，产成品存货增加，意味着产品在市场上的销售出了问题，企业必须从销售和生产两个方面采取措施，任何放纵都会酿成大错。

（3）要合理理财，利用闲置的现金为企业理财。尤其是那些从事零售和能占用他人资金的公司，往往会有一笔可观的现金停留在公司账上。比如像苏宁、国美、沃尔玛这样的公司，趴在公司账上的现金比较多，如何盘活这笔资金，为公司赚取营业外收益，是企业必须要解决好的问题。但由于这笔资金的所有权并不是公司的，我们在理财时要特别注意资金的安全性和可变现性。

关于固定资产的管理，主要关注以下几个方面：

（1）要管好固定资产的折旧费，这也会形成一笔很大的现金。

比如 ABC 公司的固定资产有 700 万元，每年提取 50 万元的折旧费，两年就是 100 万元，与公司的年利润相等（盈余公积 15 万元 ＋ 未分配利润 35 万元 ＋ 股利 50 万元）。并且这笔钱在公司重新购置固定资产之前是不需要动用的，假如固定资产 10 年折旧完毕（残值 200 万元），意味着 10 年内不需要动用这笔钱。企业要花好这笔钱，确保企业设备及时更新，确保这笔资金发挥更大效益。

（2）要充分发挥固定资产的作用。固定资产构成公司的固定支出，一般而言，企业核心团队、骨干团队和基本队伍成员的固定工资也是企业的固定支出，它和固定资产的折旧费一样构成企业的不变成本。即在一定的范围内，无论生产（销售）多少，支出都不会发生变化。只有以计件形式支付的工资才会和原材料一道成为企业的可变成本。要让公司的固定支出发挥更大的效益，就必须让公司的固定资产高效运转起来。如果受制于公司销售能力和市场规模，也可以通过为人代工的方式，让它充分发挥作用，以摊销不变成本。所以，公司的生产车间同样要用市场办法促其搞活，发挥现有人员和设备的作用。

（3）要盘活闲置的固定资产。几乎每个企业都会有一些这样的资产，含在嘴里是骨头，吐出来又是肉。企业还要花更多的人力、财力来保管和维护，对企业几乎没有什么作用。对于这样的资产，就应当果断处理掉，变回现金。虽然在处置中可能会造成一些损失，但总比放在自己手里白白浪费要好。

企业的每一笔投入都应当给企业带来效益，因为企业的每一笔投入都是有成本的。如果投入不能给企业带来效益，就应当果断地收回投资，即使造成一定的损失也在所不惜，以免造成更大的损失。

负债管理

负债经营是企业扩大生产经营规模的必由之路。ABC 公司投入资本 500 万元，后来又融入资金 500 万元，形成的资产规模达 1000 万元，增加了 1 倍，资产负债率为 50%。假如企业在运行中的总资产利润率是 20%，借入资金的利息率是 10%。在企业只用自有资本的情况下，投资收入率等于资金利润率 20%，而在借入资金 500 万元，资产规模扩大 1 倍的情况下，扣除 50 万元的利息，投资收入达到 150 万元，投资收入率为 30%。可见负债经营的意义。

在企业经营管理中，企业的负债经营应当把握：

（1）资产负债率保持适度。一般而言，50% 左右的负债率是比较合适的。低于 50%，企业的潜力没有挖掘出来；高于 50%，企业在运转中存在很大的风险。因为企业的负债到期都是要归还的，负债率太高，到期债务太重，可能导致企业资金断链。

（2）企业负债的绝对标准是：企业的资金利润率必须高于负债的利息率，等于或低于，都会给企业背上一个沉重的包袱。所以，我坚决反对企业借高利贷，因为任何正常经营的企业都不可能负担如此高的利息。很多中小企业就是在高利贷的盘剥下垮台的。

投资人对投资回报的期待远远超过银行。也就是说，投资人的资金成本要高于银行。在目前情况下，银行资金的成本是最低的，甚至低于一般企业债券的实际成本。如果你的经营连银行利息都负担不起，就意味着你的这个项目从财务上没有任何意义。投资人对这样的项目是没有兴趣的。

（3）负债分为长期负债和短期负债。所谓长期负债，是指负债期限在一年以上的债务。在某种意义上讲，投资人的投资也是一种长期负债，只不过是一种企业不清算就不需要归还的负债。长期负债的成本要高于短期负债，投资人的债务期限最长，所以，他要求的回报也最高。

流动负债，是指 1 年期以内的债务，有 1 年期以内的银行贷款、应付账款、应付票据。应付账款和应付票据是企业对供应商、经销商资金的一种无偿的占用（至少在账面上是这样体现的）。企业可以充分利用自己的优势，通过占用上下游资本，实现"无成本经营"。

（4）不管是流动负债还是长期负债，最终都会以到期债务，由公司归还。几乎所有的债务都需要直接或间接用现金归还，所以，企业应当提前做好准备。无论是通过经营活动产生的现金流，还是通过投资、筹资活动产生的现金流，必须有足够的能力归还到期债务。当然，债务延期也是一种方式，这只不过是一种筹资活动而已。须知，根据法律规定，企业不能清偿到期债务，债权人有权向法院申请债务人破产。如果闹到这样的程度，即使你的资金最终能够覆盖住你的全部负债，也会给企业带来巨大的负面影响。

2 成本利润

利润表又称损益表，是一张反映公司销售收入、成本、费用、所得税和盈利关系的报表。它是指过去一段时间内，通过销售产品、提供服务所确认的或获得的销售收入和与之相对应的成本及利润。

净利润＝营业收入－营业成本－营业税金及附加－（销售费用＋管理费用＋财务费用）－资产减值损失＋公允价值变动收益＋投资收益＋营业外收支－所得税

表8-2　ABC有限公司2014年度利润表　　　　单位：万元

项　目	金　额	
一、营业收入	1000	
减：营业成本	450	
营业税金及附加	50	
销售费用	150	
管理费用	150	
财务费用	50	
资产减值损失	0	

项　目	金　额	
加：公允价值变动收益	0	
投资收益	0	
二、营业利润	150	
加：营业外收入	0	
减：营业外支出	0	
三、利润总额	150	
减：所得税费	50	
四、净利润	100	
加：年初未分配利润	0	
其他转入	0	
五、可供分配利润	100	
减：提取公积金	15	
六、可供股东分配利润	85	
减：普通股股利	50	
七、未分配利润	35	

收入管理

企业收入主要包括三个部分：

（1）营业收入，是企业最主要的收入。作为生产型企业有销售收入和代工收入。销售收入是指企业出售产品和服务的总价格。代工收入是指企业为他人代工所创造的收入。代工企业收入一般只计代工费用，不计入产品原材料方面的支出。比如富士康为小米加工手机，只计入加工费用，不计手机各种原材料方面的支出。

我国会计准则是按权责发生制入账，也就是按营业收入形成的时间入账，并非按照实际收支的时间入账。所以在营业收支中会出现两个十分重要的概念：一是预付账款，二是应收账款。

商品或服务的预付账款，不是企业的营业收入，它构成了企业对预付人的负债。在现实经济生活中往往会形成企业对经销商的负债，或对消费者的负债（比如定金、订金、预付款之类）。这些负债在财务上会表现为对他人资金的无偿占用，比如我们前面所说的太子奶公司对经销商 3 亿多元的负债，房地产企业预收的订金和预付款等都是这种性质。但天下没有免费的午餐，你之所以能占用经销商或消费者的资金，就在于你给经销商或消费者让了利。比如太子奶公司给经销商的返点，房地产公司给购房者的折扣（定金以一当十）。企业使用预收款项，首先必须用来保证企业的产品和服务能及时供给，同时，要权衡占用这部分资金的财务成本。须知，返点和折扣实际上都是企业的财务成本。太子奶公司就是因为没有用好这笔资金，导致企业营销模式的失败。

应收账款是公司债权，是他人对公司资金的无偿占用，企业要尽可能减少这样的债权。公司要尽可能全面考察债务人的资信情况，并对债务人建立监督机制，对到期账款要坚决收回，对未到期账款要实施监督。如果有过期债权，还要提取损失准备金。长虹电器曾经在中国股市和家电市场都风光一时，后来为了扩大出口，完全依靠一个不靠谱的贸易公司做销售，形成了巨额的应收账款，企业就这样被应收账款拖垮。

（2）投资收入，也是公司的重要收入。尤其是公司发展起来后，对外投资几乎是不可避免的事情。公司主要是利用自己的利润、新增贷款、投资人增加的投资和停留在公司手中的现金进行投资。

2000 年左右，我的一位朋友开始涉足房地产行业。他从规划局和国土局获得 60 亩土地（蓝线范围），尚没有正式支付土地款（因为拆迁问题），就以卖"楼花"的方式获得购房者的预付款（当时可以这样操作），为了快速集结资金，他将每平方米的价格降低了将近 100 元。这样的价格使他几乎在这个项目中不能获得什么利润，但他很快就集中了几千万元的房地产预付款。

由于国土局方面的征地拆迁工作尚有一段时间。此时，他获悉附近城市有一个服装市场改造项目正在招标，有比较大的利润空间。他用这笔钱作为项目的资本金参与项目招标，比较顺利地拿下了这个项目，并很快启动。由于当时摊位非常紧俏，他接手该项目后，便以预售的方式回笼资金，赶在房地产项目正式启动之前，回笼了上亿元的资金，确保了两个项目的正常营运。完成了"空手套两只白狼"的操作。后来，他在房地产项目赚了一两千万元（主要靠商业门面），在市场改造项目赚了一亿多元。而他启动这两个项目的全部资本金还不到 100 万元。

当然，在当前土地政策和房地产开发政策下，这样的项目不可能重现。但在工业项目中，同样还可以制造这样的机会。

互联网企业有一句名言叫作"羊毛出在猪身上"。企业做产品或服务，有的是为了赚利润，有的则只是为了赚现金流，有的甚至仅仅是为了"赚吆喝"，比如京东做书店，要求每本书亏 5 元钱出售，其目的就是为了增加客户在京东的有效注册，增加京东的有效流量。如果花 5 ~ 10 元钱就能增加一个有效客户的流量，这比打广告或花钱买流量便宜多了。一些超市为了吸引消费者，每天都会推出一两款高折扣的单品，其目的也是引流客户。

企业有了有效流量，就会变成现金流量。有了现金流，就可以让它变成公司的利润。投资要考虑两个问题：一是它对公司现金流量的影响，绝不能因为对外投资造成公司资金断链。过去，很多企业就栽在这方面。二是投资必须形成收益，在赚利润还是赚现金流方面必须计算好利弊。不能盲目投资。

（3）其他收入，对企业来讲也很重要。比如，国家的政策补助，尤其是从事国家扶植的项目，会形成企业很重要的收入，一些从事农业开发的企业，几乎完全依靠国家补助才能形成公司利润。株洲高科集团是株洲高新区的全资国有公司，开发建设标准厂房的目的是招商引资，孵化工业项目，几乎没有任何利润可言，稍有不慎还要亏损。因为有了政府补助（引进工业项目所形成的税收分成），这个项目后来成为集团重要的赢利项目之一。

PPP项目是当前的热门话题，企业参与这样的项目所获得的收入，很多就是来自政府的补助收入。近两年来，中央和地方政府都公开发布很多PPP项目，但响应者不是十分踊跃，其中最重要的原因就在于，政府没有设计好企业在项目投资中的回报途径。由于这些项目的投资周期长、风险大（尤其是政府换届所造成的风险），投资人如果没有形成明确的收入路径，就不可能贸然投资，更不可能通过融资的方式把这些未来的收入提前变现。所以，PPP项目的财务可行性有两个方面：一是收入路径清晰；二是通过融资渠道，能提前将收入变现或至少能变现投资者投入的部分。

成本管理

收入和成本的关系，决定了企业的利润。在收入一定的情况下，企业利润取决于企业对成本的控制。

（1）企业的营业成本，视企业性质而定。这个成本一般占销售收入的50%～80%，也可能更低或更高。这是企业最大的成本，控制这块成本的关键在于控制采购成本、仓储物流成本、制造加工成本等，企业一般是通过改进生产工艺和流程来节约成本。但无论怎样都不能缺斤短两，以次充好，这是企业之大忌。在这个问题上，一定要向同仁堂学习，做到不欺心。

（2）企业的三项费用，包括营销费用、管理费用、财务费用。现在很多企业的营销费用占比大，快消品行业甚至占到20%以上，表8-2所列也占到了15%。须知这项费用并不会增加产品的价值和使用价值。网络商业的出现，将大大削减这笔费用。黄太吉煎饼果子使广告费用为零，小米手机通过网络营销几乎取消了流通的中间环节，至少削减了10个点的手机营销费用。电商还使门店租赁费用大幅度降低，这在商业零售业中是一项重要的支出。利用网络营销降低流通费用是一个趋势。

表 8 - 2 所列举的管理费用太高，与该公司的规模不相符合。管理费用上升，意味着公司机构臃肿、人浮于事（列入的企业研发费用可以另当别论）。一般而言，企业的管理费用应当控制在营业收入的 10% 以下，大企业应当在 5% 以下。如果实现网络组织架构，企业的管理费用是比较低的。

融资有成本。在资金使用方面，我们一定要注意节约。对于融资规模比较大的企业，要注意企业的融资结构，争取以最低的利息获得较多的资金，这在很大的程度上取决于与债权人之间的关系。比如某公司获得银行 5 亿元 3 年期的授信，就比 5 亿元 3 年期的贷款要好。如果用 3 年期的贷款，不仅 5 亿元的资金可能一下子花不出去，导致资金闲置，而且利息比较高（高出一年期贷款 1 个多百分点）。用 5 亿元 3 年期授信贷款方式，在贷款余额 5 亿元以内，按需要贷款，并且是用 1 年期的短贷，在手上囤积的资金少，利息又低，每年可以节约几百万元的利息支出。

（3）资本成本，这是我们不太关注的。当前很多企业都乐于向风投、PE 融资，这些资金以股份投入公司，表面上看不需要利息，但实际上，它们要求的回报要高得多。如果说银行只是要你的钱，它们却是要你的命。当然，做企业不一定就是为了控股赚利润，也可能是为了做大规模，实现理想，当然自己的收入随着企业规模的扩大也会有很大的增长。马云虽然不是阿里巴巴的大股东（孙正义及其软银才是大股东），但他也因此成了中国首富（孙正义是亚洲首富）。还有一种 PE，投机性极强，他们甚至会利用企业困难，和企业签订对赌协议，以获得更大的权益。由于他们从不谋求操控企业（即使控股），往往容易使企业创始人放松警惕。所以，我们在引入 PE 时，一定要对自己的企业有一个充分的估值。

作为创业者还要了解两个成本概念。

（1）机会成本。是指一种资源在用于 A 时，必须同时放弃对 B 的投资，B 投资可能获得的回报就是 A 投资的成本。比如创业者本人，在他走出学校大门时，他可以参加"国考"当公务员，也可以参加招聘进公司当文员，但他选择了创业，当公务员或当大企业职员可能获得的回报就是他创业的机会成本。一个人的机会成本越低，他就越容易决策。为什么20世纪80年代初期的创业者大多是农民和回城知青，就是他们的机会成本低，几乎除了自己创业外，没有什么其他出路。现在已经开始进入一个物质丰裕时代，被迫创业的人越来越少，所以，创业者在进行抉择前，要尽可能从容一些，准备得更充分一些，对自己了解得更深刻一些，以提高创业成功的概率。

（2）沉没成本。这在企业投资中经常发生。比如投资一个项目，资金到位后，发现项目存在一些问题，导致投下去的资金沉没，你是不是继续追加投资？一般而言，沉没的成本越大，吸引你追加投资的力量就越强，甚至会形成"虹吸"效应。企业一旦遇到这种情况，一定要对项目重新评估，并且在评估时不能考虑已经投入的资本可能会造成的损失。如果没有价值，就必须有壮士断腕的气魄，立即停止这样的项目。对已经投入的资金做紧急处理。

利润管理

利润作为企业生存和发展的基础，作为投资人的根本目的，如何增加利润是每一个企业领导人必修的功课。

既然是首先考虑的问题，在项目设计时就必须清晰地勾画出企业的利润模式。这似乎与互联网思维不一样。很多互联网企业不管三七二十一，通过烧钱烧来流量，投资人一估值，再一投资似乎什么都有了。其实，我们看到的只是成功企业的风光，没有看到一些企业在大量投资砸下去后，连水花也没有溅起一朵。原因是他自己和投资人都找不到很有前景的赢利模式。尤其是从事传统行业，即使在互联网＋的平台上来做，也必须找到你的赢利模式。否则，你投下第一笔资金后，就可能无声无息地消失了。

当然网络时代的赢利有了很大的变化。因为有了跨界，使企业可以改变传统的赢利点。雷军做小米手机，第一个宣布硬件不赚钱，直接与苹果竞争，它的赢利点在哪里？雷军认为在软件方面。甚至小米的软件也没有过人之处，如果是过去，它可以把其他手机的优秀软件直接抄袭过来就行了，但现在遇到了知识产权的保护，所以，它在印度就遭遇了"一剑封喉"。有人据此认为雷军没有找到赢利点，仍然依靠他强大的融资能力来推动小米的高速发展。从它的年度财报来看，它的赢利点还是有的，只是与它庞大的销量和估值不相称。他用互联网思维做手机制造，恐怕还得花一点时间来构建他的赢利模式。

但多数企业不会有小米这样的幸运。即使是互联网＋，也必须为自己设立一个清晰的赢利模式。仍以手机为例，如果你的软件开发能力确实很强，是可以做"硬件不赚钱"，软件赚钱。雷军如果在 MIUI 方面能形成强大的优势，是可以做这样一个模式的。

有些企业明确把一些业务，甚至就是主营业务用来赚现金流而不是利润，比如酒店、宾馆业，通过资产融资，降低自己的投入，通过现金流的回笼，来开拓其他业务，进行短期甚至是中期的投资套利。有的定位用房间、餐饮用来保本经营，通过宾馆的一些附属设施来赚钱，比如足浴、桑拿、歌舞厅之类。再比如银行业务，由于存贷利率差的缩小，这部分业务将进入微利时代，但银行可以通过理财和第三方业务，增加收入和利润。

总之，作为企业领导人可以用跨界经营的思路来谋划企业的赢利模式，但一定要保证这个赢利稳定并且能覆盖全部的投资。

在利润管理中，企业领导人应当研究新的利润点。比如，在房地产业中，商业门店和商业中心的建设；物业管理中家政服务、金钥匙管家业务的拓展。当然，每一个新经济增长点的培养和壮大，都需要一定的投入，企业也可以利用自己的资源引进外面的投资来实现自己业务的扩张。

3

现 金 流

由于现行的会计制度采取的不是现金收付制，而是权责发生制，即企业根据是否提供或取得产品（服务）来确定销售收入和成本支出，而不是根据是否收到现金或是否支出现金来确认收入和成本，这就导致企业的销售收入可能不等于现金收入，成本支出可能不等于现金支出，净利润可能不等于净现金收入。同时，由于企业经营模式的差别，有些企业赚钱却没有钱，有些企业有钱却不赚钱。而影响企业财务风险的主要因素或决定企业未来生存与发展的主要因素，恰恰就是现金收付状态。所以，在企业经营中，有现金为王的说法。在评估企业经营风险方面，现金比利润更重要。

表 8 - 3　ABC 公司 2013 年总的现金流量表　　单位：万元

项目	金额
一、经营活动产生的现金流净额	150
经营活动现金流入小计	900
经营活动现金流出小计	750
二、投资活动产生的现金流净额	0
投资活动现金流入小计	0
投资活动现金流出小计	0
三、筹资活动产生的现金流净额	−100
筹资活动产生的现金流入小计	0
筹资活动产生的现金流出小计	−100
四、汇率变动对现金流产生的影响	0
五、现金及现金等价物净增加额	50

从表 8 - 3 可以看出，企业的现金流主要由三个部分构成。

企业经营活动产生的现金流

企业经营活动产生的现金流主要有两个部分：

第一个部分是流入现金。企业因销售产品或服务所获得的现金收入。为了改善公司的现金流，我们应当想法提高公司销售产品和提供服务的获现率，即销售产品（服务）已获得的现金与应获得的现金之比。一句话就是要尽量减少销售中的应收账款（或应收票据），减少生产经营活动中的预付款，减少它们对公司现金的占用。获现率越高，也就意味着公司的产品或服务在市场上表现出越强劲的销售势头。在网络商业时期，企业通过网络直接向消费者出售自己的产品或服务，消费者通过网络用现金进行支付，是天经地义的事情。但企业与企业之间的交易就容易发生应收账款或应收票据的事情，如果企业的产品或服务直接提供给个体消费者或在市场上表现得抢手，那么企业的获现率就会高；反之，企业为了将产品（服务）销售出去，往往就会采取给对方一定账期的优惠政策，形成企业的应收账款。

当然，还有一种情况，就是连锁商业企业在市场上占有垄断地位，企业通过它来销售自己的产品，不得不给其一定的账期，这在现实经济生活中是经常发生的。董明珠为了摆脱这种被动的地位，以合资形式，在全国建立格力电器的专营店，以打破国美、苏宁的垄断，此举使格力电器在市场上抢得了一个制高点，提高了格力电器的获现率。但这种方式并非商业的最佳模式，它会抬高格力电器在流通中的费用。美的采取经销商的方式，加速资金回笼，但往往由于压货销售，使一些产品砸在经销商的仓库里，形成销售假象。这种情况，最终还得由企业自己"埋单"。

第二个部分是现金流出部分。这包括购买原材料、零配件、支付水电费、税费、工资、广告、销售费用、差旅费用、办公费用、利息等。有时，企业为了获得更好的采购条件，还会采取预付款的方式。预付款是在经营活动中为取得更好的采购条件，预先支付给企业的一部分货款。企业领导人和财务人员应当设计好企业的现金支付方式，在购物条件和现金占用上面进行权衡。

流入的现金必须大于流出的现金，这是经营活动中必须遵守的一个原则。这取决于：

（1）企业有足够的获利能力，也就是企业的销售收入必须大于成本，如果企业根本就没有利润甚至亏损，即使在一个时期能维持现金流，但从长期来看也是难以为继的。太子奶公司通过高返点、高折扣和高营销费用的方式，鼓励经销商打款提货，由于这些返点、折扣和营销费用已经蚕食了企业利润，导致企业经营亏损，这种通过经销商提前打款维持的正现金流就不可能长期持续下去，一旦企业增长放缓，企业的现金流就可能断流。我们讲现金为王，必须建立在企业有正常利润的基础上。

（2）控制好应付账款、预付账款和存货，这三类都会占用公司的现金，并且都会在销售实现之前占用公司资金（应收账款是在公司销售实现之后），给公司造成很大的压力。

（3）控制付现部分的支出，如有可能，通过银行合作，用银行票据（比如3~6个月的承兑汇票）来支付原材料的采购费用，这样做的好处，就是造成事实上的延期付款，如果企业的生产经营周期短，甚至可以在企业实现销售收入后才付款，就会形成事实上的"无本经营"。当然，通过应付账款的方式也可以做到，但企业往往会丧失一些好的价格条件（比如折扣）。

现金流是企业维持正常运转的前提条件。由于经营中产生的现金流，是企业"造血"的成果，所以，这种现金流对企业更为重要，被称作"王中王"。

企业投资活动产生的现金流

　　无论是为了扩大生产规模还是寻找新的商业机会，企业在发展中都必须进行一些商业投资活动，这样会直接影响公司的现金流。很多企业就是因为投资上的失误，导致企业资金断链，正常的生产经营无法维持，甚至走向破产。

　　湖南株洲开畅服饰有限公司，起步时依靠租赁当地开发区的厂房，由于定位准，投入少，企业成长很快，销售收入很快就过了千万元。2003 年，在当地某些领导的怂恿下，公司在园区购得 20 亩工业用地，自建 1 万多平方米的厂房，结果厂房建成之日，就是企业倒闭之时。其根本原因：①基本建设占用了公司的流动资金，甚至还占用了经销商打过来的一部分货款，导致正常经营资金断链。②由于企业老板白手起家，对自己所赚的每分钱都十分珍惜，在基建期间，老板几乎白天黑夜守在工地，结果导致企业的生产经营没有人负责。最后不得不将建好的厂房卖给别人，自己又到另外一个园区去重新起步。

　　"五谷道场"以"非油炸方便面"的健康概念异军突起，在竞争激烈的方便面市场闪电般地跻身全国销量前五。这样的成功使它决定扩大产能，它所有的投资都围绕自己熟悉的方便面进行，按理来说这是一个风险不大的投资，事实上它的销售势头也一直不错（不同于"开畅服饰"），但最终这家企业却因为资金断链而破产。当法院查封它的银行账号时，它的账户里只有区区 3000 元。其根本原因就是扩张太快，投资所产生的负现金流吞噬了它在经营中产生的正现金流。

　　研究企业投资中的现金流，必须把握：

　　（1）企业的对外投资（包括扩张），不能占用企业正常的流动资金，即使当前企业有多余的现金，如果不是因为利润造成的盈余，而是因为经营手段造成的盈余，都不能用作长期投资，即使用来投资，也必须是短期的，可以随时变现。否则，太子奶公司和"五谷道场"就是前车之鉴。当然，企业也可以通过增加资本、发行长期债券等方式来筹措项目资金，这样可以减轻企业运行的压力。

（2）企业对外投资（扩张）忌讳用短期贷款来做长期投资的事情。一旦遇到银根紧缩，企业不能以新还旧，迫使企业用流动资金来归还到期贷款。压倒太子奶公司的最后一根稻草，就是 2008 年上半年中国银行收回 2 亿元的短期贷款，而没有按其承诺的那样，及时给它新贷款（所谓先还后贷）。

（3）企业的对外投资要长短结合，要使对外投资项目尽快见效，以减轻企业资金上的压力。企业对每一笔投资都应当有明确的投资期限、回收期限，并且对企业投资形成的现金流要编制平衡表，确保企业的投资活动能达到预期目标。

（4）企业的投资活动应当控制在企业力所能及的范围内。"小蛇吞大象"固然是最高境界，但惊心动魄，能成功的也不多见，要实现这种扩张，企业必须有非凡的融资能力。

企业筹资活动产生的现金流

筹资能力是企业经营中一项十分重要的能力。

（1）必须非常熟悉各种筹资渠道，并且能利用合适的筹资渠道开展筹资活动。雷军把他成功的经验归结为三条，其中一条就是"找到花不完的钱"。尽管我们现在是一个资本丰裕时代，但要真正筹到所需要的资金，并不是一件十分容易的事情。雷军凭借其在资本市场积累的人脉和巧舌如簧编造故事的本领，使其能在资本市场上呼风唤雨。无论是找 PE 要投资还是找银行要贷款，一是要有好的人脉关系，这靠平时的积累，创业者在这方面往往是要吃点亏的。二是要讲好一个创富的故事，把自己的故事完整地呈现出来，赢得金主的兴趣。

（2）树立成本意识，明白使用任何资金都是要付出一定代价的。这个代价就是企业成本。投资人的投资是要获得股权的，股利就是投资的成本。银行贷款是要支付利息的，利息就是贷款的成本。即使你能在经营领域占用上下游合作企业的资金，你也不得不付出折扣和返点，这些都可能远远高出银行贷款的成本。资金必须用在刀刃上，必须能够创造利润。

（3）纯粹的筹资活动带来的一定是负现金流，它必须用经营中的正现金流来弥补。所以，解决投资活动现金流最好的办法，就是让投资项目尽快运转起来，通过项目的经营给企业带来新的现金流。当然，也可以通过向股东定向募集股份，向社会公开发行长期债券，上市公司增发新股等方式解决投资项目的资金问题。筹资活动的目的非常明确，就是为了保证企业在生产经营和投资活动中的正现金流，所以企业经营的好坏和项目投资见效的快慢，是影响筹资活动顺利开展的根本原因。

（4）必须为所筹资金找到一个安全退出的通道，这是推动筹资活动正常进行的前提条件，也是你必须向投资人和银行讲明白的故事。你吸引 PE 投资，那么你的公司就应当具有上市或被人收购的潜质，因为 PE 投资的退出只有在发生产权交易的场合才能实现。如果你想得到银行贷款，就必须在贷款到期时，有一笔可靠的现金出现，并能覆盖全部到期债权。

（5）在企业对外投资和扩张时期，必须实现筹资活动的正现金流，以保证企业投资活动的正常进行。企业必须掌握国家金融政策的一些变动，提前做好银行贷款和续贷的策划工作。

4 四个重点

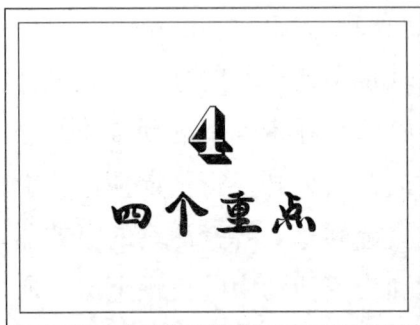

作为企业领导人不仅要读懂财务报表，而且要通过财务报表知晓企业的赢利、风险、调控和增长四大问题。盈利是企业当前取得的成绩，风险是企业面临的问题，调控是企业采取行动的手段，增长是企业的终极目标。

盈　利

对企业的盈利能力作出准确的评价，不仅要看企业是否赚钱，而且要看企业在同行业的盈利水平，看企业投资人对企业的预期。评价企业的经营业绩，就必须了解企业销售的盈利能力，资产的盈利能力和资本的盈利能力，并分析各种盈利能力的因素和成因。

销售利润率＝净利润/营业收入

该指标越高，说明营业收入的创利能力越强。而影响这一指标的重要因素就是构成营业收入的成本，包括直接费用、制造费用、销售费用、管理费用和财务费用。其中直接费用是指生产中直接消耗的物质和人工成本，制造费用是指在生产过程中所发生的各种管理费用。它取决生产工艺、生产设备和生产管理。管理费用取决于企业在营销管理、财务管理和行政管理方面的能力。

总资产利润率＝净利润÷总资产

它反映了企业资产的创利能力，这个指标越高，意味着企业资产的创利能力越强，也意味着企业资产被闲置得越少。企业的总资产由两部分构成，一部分是企业股东投入，另一部分则是企业借入资本。总资产利润率必须高于债务资本的利息率，这个差距越大说明企业资产的创利能力越强，企业借入的资本越多，给企业带来的好处越大；反之，则相反。

权益资本利润率 = 净利润 ÷ 净资产

这个指标越高，意味着权益资本的获利能力越强。其中，

权益资本 = 总资产 − 负债 = 净资产 = 投入资本 + 历年资本盈余 + 未分配利润

如果历年企业都保持盈利，企业的净资产将大于股东投入资本，意味着企业股东的最初投入已经增值。

考察权益资本的利润率是否合适，主要看投资人的心理预期，我们称之为经济利润。显然，由于投资人承担着企业的全部风险，投资人的心理预期远远高于同期资本利息率的水平。企业提高权益资本利润率，除了提高销售创利能力外，还要想法提高整个销售收入总量，提高总资产的创利水平，把企业的净利润做大。

风　　险

通过了解企业负债状况，判断企业的负债能力和财务风险，通过分析企业的收入、成本、利润状况，判断企业的经营能力和经营风险，从而进一步诊断企业财务和经营的健康状况。

（1）资产流动性指标。该系列指标主要是用来分析企业在短期内是否存在财务风险，考察企业能否清偿到期债务。所以，我们把流动性指标作为考察企业各项指标的基础。

流动比率 = 流动资产 ÷ 流动负债

该指标越高，说明企业的偿债能力越强；反之，则相反。

速动比率 =（流动资产 − 存货）÷ 流动负债

由于存货的变现能力差，所以，我们考察企业的偿债能力时，排除存货。

现金比率 = 货币资金 ÷ 流动负债

如果该指标大于1，基本上就可以判断企业不会出现偿债风险。

（2）负债管理能力。

总资产负债率＝总负债÷总资产

这就是我们常说的企业资产负债率。这个指标应当保持适中。太高，企业存在偿债风险；太低，企业的潜力尚没有完全发挥出来，影响权益资本的利润率。

权益负债比＝权益资本÷长期负债

债权人通过这个指标，判断企业长期债务的保障水平，该指标越高，越能得到保障。

基于现金的利息保障倍数＝税前经营净现金÷利息支出

因为利息是在税前列支的项目，所以，适当负债有助于企业减轻税务负担。这个倍数越高越好。

基于现金的本息保障倍数＝税前经营净现金÷（利息支出＋年应还本金）

这个指标越高，意味着企业的财务风险和经营风险越小。如果小于1，意味着企业不能清偿到期债务，面临着被申请破产的危险。所以，企业应当提早做好准备，如果经营净现金流不足，就应当通过筹资活动来增加企业的现金流。

（3）资产营运效率指标。

总资产周转率＝企业收入÷总资产

在此基础上，我们还可以考察固定资产周转率和流动资产周转率。总之，周转率越高，意味着企业资产发挥的作用越大，效率越高。企业要想提高这个指标，就必须努力提高企业的生产效率和营运效率，加快资产的周转和商品的流通。

（4）现金生成能力指标。

销售创现率＝经营净现金÷营业收入

获现率＝实际经营净现金÷应得经营净现金

要提高这两大指标，就必须严格"三控"，在采购中控制预付款；在生产中控制存货；在销售中控制应收款。总而言之，就是要千方百计控制对企业资金的占用。

调　　控

调控分两种，一是调整结构，二是控制成本。当销售利润率、总资产利润率较大幅度下降时，说明企业的现有产品或服务的创利能力下降，必须考察企业现有产品和服务的市场前景，并果断地调整产品结构，甚至调整企业的生产经营方向。最常见的是一代产品推出后，它的生命周期会由盛而衰，这个过程有的较长，有的则很短。网络时代工业产品的生命周期有一个不断缩短的趋势，所以，企业在推出一代新品后，必须有后续的新品跟进；否则，就有可能被市场抛弃。互联网时期称之为迭代。

如果该类产品出现被相关产品取代的可能，则应当果断撤出该领域，转向新的领域。比如：汽车取代马车，电动机取代蒸汽机，BB机被手机取代，VCD 被 U 盘取代。这种调整将是战略性的，企业必须作出科学的论证。

旗滨集团，在由房地产转向制造领域时，成立专门班子，进行了长达 3 年的论证，最终选择玻璃行业，并且选择正在破产重组的株洲玻璃厂作为其入口，从进入这个行业到实现"旗滨玻璃"在主板市场上市仅仅花了 5 年时间。这种战略性调整，可不是由企业领导人拍拍脑袋就行的。

当企业的流动比率、速动比率、现金比率下降，危及债务安全时，企业应当对债务结构进行调整，适当增加长期债务，"以长换短"，缓解当前偿债压力。必要的时候要考虑降低整个资产负债率，说服股东和投资人增加对企业的投资，增加自有资本的比率。

控制企业生产经营成本是企业一项长期的经常性的工作。控制成本主要有四个方面：

（1）营业成本。主要是通过技术革新、工艺改进和员工培训，提高劳动生产率，节约原材料支出。加强现场管理，降低生产管理的各项成本，要有节约一滴水、一度电、一张纸的精神，堵塞跑、冒、滴、漏现象，提高产品的合格率和成品率。

（2）营销成本。这是企业经营中一项弹性很大，且较高的成本。企业要利用互联网商业已取得的成果，实行精准营销，削减流通环节，降低流通费用。

（3）管理成本。推动企业组织的扁平化建设，精减非生产经营人员，从严控制企业的场地费用、办公费用、接待费用、车辆费用和差旅费用的支出等。

（4）财务成本。改善企业的经营状态，还必须从资产结构、资金占用结构上入手，提高企业资产的周转率。比如实现轻资产结构，充分利用社会过剩的生产能力，减少在固定资产方面的投入，发挥经销商、供应商的作用，降低企业在原材料、产成品库存方面的资金占用。

通过财务报表分析，全面了解企业的财务状况、经营环境的变化和内外部问题，分析企业的竞争优势和劣势，从而制定和调整企业经营战略，把握企业的发展机遇，实现企业持续健康发展。

试想，如果10年前的诺基亚、摩托罗拉能敏感地意识到智能手机的重要性，以它们已经形成的市场份额和雄厚的资金实力，又怎能一落千丈。如果索尼、柯达当年能意识到数码相机的革命性意义，哪里还会有后来那些数码相机厂商的机会。须知，柯达是最早研发出数码成像技术的机构。这样一些问题，一开始在财务报表上都不会体现出来，财务报表只能对过去已经发生的情况进行总结，它不能预测未来。这也正是财务保守的地方。

企业领导人必须保持对新技术的敏感性，即使不能实行彻底的变革，也应当像马化腾一样，在QQ仍如日中天的时候，能安排一支团队离开总部进行新产品的研发。一旦企业的财务状况开始预警，则立即启动新产品计划，甚至不必等到预警，也可以作为公司新增的业务展开。

增　　长

20 世纪 80 年代，迈克尔·波特提出了著名的"五力图"，用于企业的竞争战略分析，可以有效地分析企业的竞争环境。"五力"分别是：供应商的议价能力、购买者的议价能力、潜在竞争者的进入能力、替代品的替代能力和行业内现在竞争者的竞争能力。五种力量的不同组合变化，最终会影响行业盈利能力的变化。在财务报表上就会体现为：产品的毛利率（行业的竞争状态）、应收账款和存货（企业和购买方的关系）、应付账款（企业和供应商的关系）、固定资产（反映了行业的基本特征）和总资产周转率（企业的管理状况）。如果企业的毛利率下降，意味着行业竞争激烈，再提"向市场要效益"就不太合适了，而应当改为"向管理要效益"。所以，企业在发展过程中有两个重要的战略，一是差异化发展战略，二是成本领先战略。

所谓差异化发展战略，就是使企业的产品、服务、企业的形象与竞争对手有明显的区别，以获得竞争优势。这种战略的重点就是创造被全行业和顾客都视为独特的产品和服务，使企业获得高于同行业的平均利润的一种有效的竞争战略。随着中产阶级的成长，市场不断细分，小众化需求的涌现，使差异化战略的实施获得了很好的条件。互联网时期提倡的极致化思维，实际上就是建立在差异化的基础上的。只有针对小众化的需求，极致化才有决定性的意义。比如我们前面提到的为富裕阶层服务的广州丽柏广场，后面将提到的为忠于爱情群体服务的"诺誓"玫瑰。

所谓成本领先战略，是指企业通过降低自己的生产和经营成本，以低于竞争对手的产品价格，获得市场占有率。在市场竞争日趋激烈的当下，任何企业都不可能长期维持高毛利率的状况。有人认为，中国当下已经呈现出"微利时代"的一些特征。这意味着，企业应当掌握在低增长、低毛利率的状态下生存和发展的本领。过去 10 多年，超市依靠高毛利率获得了快速发展的机会，但互联网商业模式的成长和成熟，使这种高毛利时代如"昙花一现"，一些著名超市甚至还没有来得及完成全国性的布局，就遭遇了来自网商的全面冲击。据报道，仅今年上半年全国就有121家超市关门，长沙某著名超市甚至连有新开通的地铁经过也没有挽救其倒闭的命运。所以，任何企业——即使当下仍有高毛利率的企业也不能不采取"成本领先战略"，甚至利用其高毛利时期，建立自己的成本优势，抬高竞争者的进入门槛，以延长自己在某一领域的垄断地位。这意味着，即使是创业者，也不能不高度关注成本的节约，建立自己在成本管理上的优势。

作为企业领导人要时刻关注"五力图"结构，通过一些财务指标的变化，认清自己在整个行业中的地位。既可以通过差异化战略的实施来建立自己的优势，也可以通过成本领先战略来建立自己的优势。在互联网时期，这两个战略往往会为企业同时采用。

会计原则

财务有一些基本原则，值得企业领导人谨记并践行。

（1）诚信、合法原则。朱镕基总理曾在上海财经学院题词：不做假账。这是因为我们过去的假账太多。有些企业有三本账：一本账应对银行，会把企业赢利做得很好，主要是为了套取银行贷款。一本账应对税务，会把企业赢利做得很差，甚至是严重亏损，便于企业偷逃税收。一本账是自己掌握的，这本账比较真实。其实企业会计科目的设置、账务处理在国家会计制度中有明确的规定。国家法律允许企业合理避税，比如贷款利息可以在税前列支，租金也可以在税前列支，国家甚至对一些企业有减免税收的优惠政策。但企业不能隐瞒收入、偷税、逃税。做假账，既不诚信，也不合法，终究会害人害己。

（2）及时、重要原则。所谓及时，就是根据权责发生制，及时做出账务处理。有些企业为了做大本年度的收入，故意把成本延至下一年度，或者反过来做，使收入和成本不能匹配，违反了会计准则。所谓重要性就是企业不能做流水账，事无巨细，一一列入，使阅读报表的人抓不住重点。所以，一定要按会计制度所列科目录入，对其中一些重要事项，科目中没有显示的，在财务报表上作出特别说明。

（3）审慎原则。不高估收入，不低估成本（损失）。所以，财务对应收账款超过一定期限的，要预提损失准备金，对闲置的固定资产也要预提损失。比如，一栋厂房，原值 1000 万元，但长期闲置不用，记入公司资产，企业也应当预提折旧，甚至要预提变现可能造成的损失。对经营中存在的风险要充分预估。其目的都是为企业领导人的决策提供可靠数据。

有人认为，会计原则过于保守，不符合现代企业的要求。甚至有人提出要在风险中决策，在非议中发展。这些不是没有道理，但作为企业领导人，既要有承担风险、在风险中决策的意识，也不能头脑发热，不顾一切地主观蛮干。过去，很多企业的失败，不是失败在创业的路上，而是倒在成功之后扩张的路上。中国是一个市场潜力很大的国家，存在很多商业机会，一个企业领导人如果缺乏会计意识，就可能被这些显而易见的"机会"牵引，一步一步走向机会旁边的"陷阱"。

▲建议

读完此章，建议你用 300~500 字写下你对财务管理的感悟，体会一下现金和利润对你的意义。记住：对金钱和财务的敏感是创业者最重要的基因。

第9章　改革红利

一些经济学家把我国经济过去30多年的快速增长归结为人口红利带来的好处，把今后30年的发展寄希望于改革红利的释放上。

其实简单的归纳总是片面的。过去几十年如果没有改革开放，又怎能有劳动力人口红利的释放呢？今后我们的发展又怎能只靠改革红利？中国是世界上人口最多的国家，即使通过世上最严厉的计划生育政策实现了人口的低增长，但每年仍有1000多万人的新增就业人口。况且由于教育事业的发展，劳动力素质的普遍提高，加上我国经济的转型，这种高素质劳动人口带来的经济上的"红利"，同样会成为中国经济发展的重要力量。

但毫无疑问，劳动力红利的释放力度正在下降，要继续保持中国经济的中高速增长，我们必须加强改革红利的释放，国家已经意识到了这样一个问题，这无疑会对我们的创业者带来更多的利好。

1
创业平台

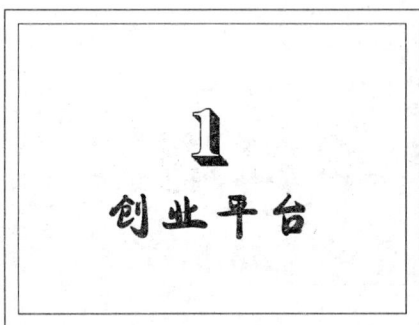

创业是一件充满风险和挑战的事业，它需要一种氛围，需要一个平台。创业者如果能借助一个良好的创业平台，就能起到事半功倍的效果，大大提高创业成功的概率。

开 发 区

1992年邓小平南方谈话公开发表以后，全国掀起了开发区热。后来经过整顿，经济技术开发区（简称经开区）和高新技术产业开发区（简称高新区）得到了比较规范的发展。无论是经开区还是高新区，都是当地政府（国家级的开发区一般是地级市政府）的派出机构，代行一级政府的权力。他们的主要任务就是创建发展平台，通过企业孵化和招商引资，促进产业发展。到目前为止，全国被确定为国家级的开发区和园区有几百家，基础设施都有比较大的改善，产业的聚集和发展也取得了明显的成果。

国家为支持开发区发展，出台了一些优惠政策，比如对所得税的减免政策。开发区视自己的财力降低企业前期创业门槛，在土地购置、厂房租赁方面给予优惠和补贴。他们建立孵化器，对创新型企业甚至给予零租金的支持。这些措施使企业在设立、发展中得到开发区的扶植而获得较好的条件。

近几年，虽然国家在土地政策上收紧了口子，但只要企业的投资能达到开发区的一些基本要求（比如产业政策和投资强度），开发区仍然会采取一些奖励政策，降低企业的购地成本。标准厂房的租售比较灵活，企业的投资、税收达到一定的规模都可以享受开发区减免租金和售价的政策待遇。

经过 20 多年的发展，一些开发区的实力（财力）已经有了很大的增长，他们对一些重点产业、企业的扶植力度更大了。湖南株洲高新技术产业开发区是一个国家级开发区，2000 年时，该区一年的财政收入只有 9600 多万元，到 2014 年时，该区的财政收入已经达到 52 亿元，是 2000 年的 50 多倍。其全资公司——株洲高科集团，2000 年时的资产规模只有 1000 万元，到 2014 年时，该公司的资产规模达到 269 亿元，其融资能力也大大增强；2000 年时，每年获得的融资尚不到 1000 万元，去年光是通过上交所公开发行的债券就达 10 亿元。正是凭着其增长的实力，开发区建立了创业投资基金、天使投资基金、担保基金，其孵化器的面积已经超过 100 万平方米。

对初创企业出台苗圃计划，财政补贴租金，扶持创业者入区创新创业；出台瞪羚企业扶持政策，向 20 家瞪羚企业发放扶持资金 2200 万元；支持企业股份制改造，鼓励和扶持企业上市，对单个拟上市企业最高补贴 100 万元；对国家级、省级研发机构入驻中国动力谷，可连续 5 年每年给予最高 300 万元的经费支持。

出台《株洲高新区科技创新引导资金管理办法》、《株洲高新区增强自主创新能力建设的实施意见》、《专利实施奖励办法》等激励创新的政策，财政每年安排不低于 1000 万元科技创新引导资金，引导企业、社会、金融机构加强对科技创新的投入。

设立"杰出英才奖"，对领军人才，给予最高 100 万元生活补助和 100 万元项目扶持资金；对优秀人才、博士，分别给予每月 2000 元、1000 元的生活津贴。

与浦发银行株洲市支行合作成立科技银行。科技银行分期投入 1 亿元，1 亿元投入可实现放贷规模 10 亿元。中小企业可以以更快的速度、更宽松的增信条件、更优惠的成本获得更大的融资额度。

从全国的情况来看，株洲高新区只是处在一个中等水平，但它对产业扶植的力度已经远远不是 15 年前可以比拟的了。现在各地的开发区除了继续在硬件建设上着力外，还进一步加大了软件建设的力度。尤其是引进天使投资、股权投资（PE）、担保投资方面的力度正在加大，很多开发区从财政角度加大了对这些机构的扶植，通过这些机构的引进，进一步放大开发区财力和政策支持的效用。

天使投资主要是针对创新创意项目的前期投资，虽然规模不大，但对项目的前期启动有着非常大的帮助，这种投资往往会和当地的孵化器结合，把孵化器的优惠政策和天使投资结合起来，帮助创新和创意的项目进一步完善设计和前期准备工作。

股权投资对天使投资扶植的项目视其进展可以进一步增加投资，帮助项目做大做强。当然，一些发展前景好、有上市潜力的企业，也是股权投资的重点。它们的介入，往往能帮助企业尽快完善上市前的准备工作，帮助企业完成上市。

担保公司主要是为中小企业的贷款提供融资担保。开发区设有专门的协调机构（如金融合作局、产业发展局、中小企业发展局之类的机构）配合融资担保工作，帮助开发区企业获得金融机构的支持，在完成对企业征信、增信方面起到了十分重要的作用，增加了银行发放中小企业贷款的信心。

开发区已经形成了一整套的行政服务机构。在中共十八大之前，很多开发区管委会就成立了"行政审批代理机构"，为入区企业代办一切手续。中共十八大以后，一些国家级、省级开发区都已经获得了在开发区设立企业的全部审批和备案权力，入区企业几乎只需要通过开发区招商局或公开对外服务一站式机构就能办妥一切手续。这种高效率的办事机制，是其他地方所没有的。

更重要的还是服务意识，开发区和地方政府不同的地方就是对企业的服务意识强。因为成立开发区的宗旨就是促进经济发展，它不像地方政府的职责多元化，在操作层面会淡化对企业的服务意识。加上成立开发区时招聘的干部和建立的干部考核机制，都把为企业服务放在最重要的位置，20多年的培养，这种意识已经深入到开发区人的心中，在开发区创业，你会比较容易得到开发区管委会的各种支持。

一般而言，开发区依托当地经济比较发达的地区（城市），在新区开疆拓土，没有什么历史遗留问题和包袱。所以，它的新城区和园区的规划建设、环境建设和各种配套建设都比较齐全。各项事业也往往是当地发展得比较好的。比如株洲高新区依托株洲这个国家老工业城市，在湘江以西的地方开拓一片新区，目前已成为株洲市最好的城区，从幼儿园、小学、中学到大学都是当地最好的学校；医院是当地规模最大、医疗技术最高、各种设施最全的；居住环境是当地最好的，高新区建成区绿化覆盖率达 41.1%，人均公共绿地 10.71 平方米，处处皆是"春有绿、夏有花、秋有果、冬有青"的城市景观；株洲市的 3 个五星级酒店有两个在高新区，这些都为高新区企业引进人才、留住人才提供了比较好的条件。

园　　区

园区作为一种经济形态是近 20 年的事情。一是因为开发区的建设，使工业园区的建设有了强劲的推力。开发区以园区作为其经济载体，成为开发区经济发展的战略支撑。二是因为城市化进程加快，原来分散在城市中心的工业企业被搬迁至园区，腾出城市中心用地发展商业和服务业。三是工业集聚发展的理论得到广泛的实践，为城市政府治理环境、发展产业提供了很好的平台。

在以经济建设为中心的思想指导下，城市政府（甚至包括乡镇政府）都以极大的热情来发展园区经济，这不仅可以改变地方面貌，而且也成为很多地方政府的政绩工程。所以，各地政府几乎都配备精干的班子来抓园区建设，2003 年株洲市各县（市）区的园区管理机构全部升格为副县级机构，并赋予本级政府在经济发展上的一切权限。很多园区就是开发区的翻版，只是它的机构没有那么庞大，地盘也要小一些。

所以，园区也是我们创新创业的一个比较好的平台。

园区具有产业集群的功能。当地政府一般会赋予园区聚集一个或几个产业的功能，并根据这些产业的共同特点，提供公共服务平台，以减轻企业的前期投资。比如，在园区设立统一的污水处理机构，在生物医药园区设立集中供热机构等。

同时，产业的集聚发展，为企业间的合作和资源共享提供了很多便利。比如：作为汽车配件企业，如果进入汽车工业园，就比较容易得到与主机厂配套的业务，由于行业集中度高，也便于企业获得更多的行业信息和行业方面的人才。

地方政府为园区创立比较好的基础设施，包括水、电、路、汽、通信等配套工程，同时还会视财力给予入园企业以购置土地、厂房等方面的优惠。由于招商引资方面的竞争，虽然很多园区不能享受国家的优惠政策，但一些地方政府仍然会出台一些"土政策"，通过地方财力的补助，吸引和支持企业入园。

园区是当地最适合经济发展的地方，也是创新创业最好的平台。但园区之间差异很大，一些国家级园区一点也不比国家级开发区差（很多国家级园区就在开发区里面），但一些地方政府设立的园区还是存在一些问题的。

此外，还有一些由企业开发的园区，或者通过 PPP 模式开发的园区（包括标准厂房和孵化器），它们的基础条件也很不错，这些园区由于有地方政府的支持，也能得到很多政策上的支持。加上园区定位准确，园区投资者动员和组织各种支持机构入园，对创业者提供较新较多的支持，在创新创业方面，一点也不亚于政府或开发区直接投资建设的园区。

义乌小商品市场、株洲服装市场、武汉汉正街、北京大栅栏、河北白沟……都是创业者从事商业服务业较好的创业平台。重要的不是地方政府给这些市场提供多少政策上的支持（比如义乌小商品市场20多年间就没有加过税），更重要的是由于市场比较专业，各种信息量的汇集，给创业者提供了更多更好的发展机会。

BAT

现代创业者如果不懂得利用 BAT，那你就 OUT 了！

BAT 是中国网络世界三个重要的门户网站——百度、阿里巴巴、腾讯。2000 年 1 月，李彦宏创立的百度，是中国最大的搜索网站，遇到什么问题就去百度一下，几乎成了网民的习惯性思维。目前，百度已经成为全球第二大独立搜索引擎和最大的中文搜索引擎。百度的成功，也使中国成为除美国、俄罗斯和韩国之外，全球仅有的 4 个拥有搜索引擎核心技术的国家之一。2005 年，百度在美国纳斯达克成功上市，并成为首家进入纳斯达克成份股的中国公司。

1999 年 12 月，马云创立的阿里巴巴，是中国目前最大的商业平台，吸引了近千万的商家入驻。

1998 年 11 月，马化腾创立的腾讯，已成为中国最大的互联网综合服务提供商之一，也是中国服务用户最多的互联网企业之一。腾讯多元化的服务包括：社交和通信服务 QQ 及微信/WeChat、社交网络平台 QQ 空间、QQ 游戏平台、门户网站腾讯网、腾讯新闻客户端和网络视频服务腾讯视频等。旗下的 QQ、微信是中国人应用最多的社交通信工具。

除了这三大门户网站外，其实像 360、当当、携程、1688、58 同城等都是时下做得不错的网站，它们也同样向一般商户开放自己的平台。苏宁易购、京东之类，也聚集了不少商家，起到了平台的作用。

如果说在现实世界，开发区、园区是承载创业的最好平台，那么在虚拟世界，这些网站也同样是创业的好平台。在过去几年，到淘宝、到微信开个店，几乎成了许多大学毕业生理想的创业"圣地"。

如果你现在的创业目标仍然是去淘宝、微信开个小店，那么是十分简单的事情，你只要打开阿里巴巴或腾讯的网站，根据它的提示，一步一步认真操作就可以了。但现在的电商是如此之多，你要在其中脱颖而出，一点也不会比在现实世界开个店容易。真正难办的是网店的营销，你必须别出心裁，制造话题，吸引人们的注意，才能让人们到你的网店去逛一逛。

即使你仍然希望在传统产业领域创业，也一定要学会利用网络的力量，只有站在互联网＋的风口上，创业的梦想才能迎风飞舞。

你可以利用网络进行产品设计。美国通用（GE）公司每年都会举行一次设计大赛，由通用出题目，通过网络向全世界征集方案，对优秀方案给予奖励。2014 年，它出的题目是用 3D 打印机打印出一个比较复杂的飞机上的零部件，既能减轻重量，又能增强其性能。结果来自印度尼西亚的一名设计人员拔得头筹，获得了 7000 美元的奖励。7000 美元，如果由自己组织设计人员去攻关，恐怕 7 万美元、70 万美元都不够吧。对熟悉设计的人来讲，很多设计只需要一个创意，有了创意，变成设计图纸和实施方案并不是难事。通过这种方式去征集创意，既廉价又实用，公司还可以获得奖掖新人的好名声。

现在国内有许多威客、创客网站，专门供人发起一些这样的设计活动，通过这样的网站，你可以找到比较适合你的方案，并且通过网站公开竞标，还会使你出的价格比较公允。

你可以通过网络来解决你在创业中一些比较棘手的问题。你不熟悉工商注册程序，没关系，打开当地政务服务网站，就能轻松搞定，甚至很多地方通过网站就可以完成注册流程。

如果你想要一个办公室、车间、工厂的装修或建筑方案，你不知道找谁来做，没关系，你可以上网，把你的基本要求发到网上去，就会有人参与比稿和竞价，你只要找几个懂行的人把把关就行了。甚至你想要一个公司的 LOGO，在网络上搞一个有奖征集，花很少的钱，就能搞定你认为很难办的事情。

如果你想找机构打理你的财务、法律、行政后勤以及其他方面的一些事务，你都可以通过网站找到解决这些问题的方案。并且你只要支付很少的钱就能把这些事情做好，比你专门雇用一个专业人才要廉价得多。

　　你可以通过网络找到资金。P2P、众筹网、网贷银行几乎可以说是为创业者和中小企业贷款量身打造的，它们的存在，会使你感到，这个世界最不缺的就是资金，而是缺少真正能给人们带来惊喜的项目。如果你找到了这样的项目，恭喜你，你离成功只有一步之遥了。

　　你可以通过网络进行询价、采购。因为你开始时的规模小，在现实世界中，你一家一家去议价，肯定会对你不利。如果你在 B2B 网站发布消息，你就能在比较中找到更有利于你的条件。你可以通过网络建立你的采购系统，这样就可以绕过一些流通环节，直接到生产厂商那里采购，降低采购成本。

　　你可以利用网络找到最适合的代工厂。中国目前的产能过剩十分普遍，一些专业的代工厂比我们想象的要好得多。只要你肯出价，几乎可以满足你的一切要求。小米要制造国内顶级手机，都是通过富士康来代工的。锤子罗永浩自称要继承苹果乔布斯的衣钵，生产真正的极致化手机，也是通过代工厂来制造的。不是只有自己生产的产品才能达到极致，极致产品首先必须有极致的构思和设计，这才是你要做好的事情，即使你委托别人来做，也一定要完善细节。至于按设计制造出产品，你可以自己造，也可以委托别人做，甚至委托别人做的可能比自己做得还要好，尤其是对创业者而言。

　　你可以利用网络进行营销。这样成功的案例不胜枚举。小米和锤子都是通过网络进行营销的。华为一直是通过实体店进行营销，但也开始利用网络发力。本书第四章专门研究 O2O 营销，并且坚持认为，现代企业如果不懂得利用网络营销，一定不会取得成功，或者不会取得引人注目的成功。因为现在的 80 后、90 后已成为社会的消费主体，他们是网络世界的原住民，如果你的营销不能进入他们的世界，又怎能取得成功呢？

　　总之，如果你想办一家真正像样的企业，你可能需要建一个官网，在网络世界为你的企业创建一个空间，让你的员工、消费者、合作者、竞争者都自由进入，你需要有微信公众号、有微博号，甚至还可以建一个 BBS，让你的企业社区充满温馨，让你的社区能吸引居民。

BAT，其实不只是他们，给了我们很多网络世界的开发区和园区。还有三大运营商，虽然他们觉悟得晚一些，这几乎是国有企业的通病，但一旦觉悟就会形成十分强大的力量，这也是国有企业实力的体现。他们也正在为我们打造新的创业平台。中国电信的"易信"，中国移动的"融合通信"，可能会比微信、阿里巴巴给我们更好的体验，今年以来，国家出台政策，要求宽带提速降费，这将为网络时代的创业者提供更加廉价、服务更加周全的平台。

正是现实世界和虚拟世界的各个创业平台的创建和不断优化，使我们的创业门槛不断降低，使我们的创业成功率不断提高。使我们今天的创业环境比以往任何时候都要好。

2 政策红利

中共十八大以来，中国政府频频出台政策，助推中国经济转型升级，营造大众创业、万众创新的氛围，研究这些政策，吃透这些政策，对我们创业的顺利推进，无疑会有很大的帮助。

产业政策

创业方向必须符合国家的产业政策，才能得到国家和各级政府的支持。无论你是向银行融资，向地方政府寻求支持，甚至是今后上市，其中最重要的一条就是，你从事的行业必须符合国家的产业政策。产业政策不胜枚举，你可以通过国家发改委和地方发改委的网站去具体查询。本书只列举一些大的方面，供你查询时参考。

从大的方向看，国家鼓励发展第三产业。根据世界各国的产业结构，中国的第三产业在今后二三十年内还会有一个超越第一、第二产业的发展速度，尤其是新兴领域的服务业发展速度会更快。比如近几年来，民营金融业开始破冰，文化产业发展来势很猛，旅游业兴旺发达，生产性服务业风头正劲，家政物业、医疗保健、养老服务等正呈现一片蓝海，传统服务业在互联网＋的概念下焕发青春。第三产业主要是为人民日常生活和生产活动服务的，只要人类这两个活动不停止，这个产业就会有广阔的市场。况且随着人民物质文化生活水平的提高和人类生产活动的不断发展，第三产业只能以更快的速度发展才能满足这种需要。

近些年来，国家出台政策鼓励发展文化产业、创意产业，支持旅游业的发展，扶植生产性服务业，一些地方政府和开发区设立文化产业园、创意产业园、电子商务产业园，在基础设施建设方面和政务服务方面更加周全，在政策支持和资金扶植方面更加配套。加上政府采购范围的扩大，会直接刺激这些领域的发展（比如养老敬老、市政维护、文化建设、数字城市等）。阿里巴巴淘宝网·中国特色馆与地方政府合作，通过技术指导、标准化、经销、物流、信息服务等，推动地方特色产品走向更大的市场。

第一产业特别是农业，是中国政府一直十分重视的领域。中国是一个人口大国，农业始终是国民经济的基础。中国不可能把 13 亿人口的吃饭问题系在他国农产品的出口上。18 亿亩耕地红线不可能被突破，粮食生产始终都会是国家重点扶植的产业。如果说发达国家对农业补助是为了增强农产品的出口竞争力，那么，中国的农业补贴政策则是为了 13 亿人口吃饭的安全。现在国家不仅制定并执行粮食等重要农产品的价格保护政策，还将一些补贴直接发放到种田农民手中，直接给种粮大户以购买农机具补贴。种田大户和家庭农场都获得了国家政策和资金上的支持。一些开发性农业，比如油茶林的种植、退耕还林、特种养殖都能得到国家一些政策支持和当地政府的一些特殊补助。在很多农业领域，从市场的角度来看，的确是微利甚至是微亏的项目，但如果把国家政策和地方政府的补助算进去，就可能成为一个利润比较丰厚的领域。

如果我们把在第一产业的创业和国家的扶贫工程结合起来做，获得的支持将更大。尤其是一些老少边穷地区，土壤、水、空气都没有污染，出产的绿色食品越来越受到消费者的追捧，如果在农产品加工、保鲜、物流上能提出有效的解决方案，不仅能得到国家政策的更多支持，而且还有广阔的市场前景。

现在全国各地正在进行土地确权工作，土地的流转将进一步加快，当前正是进入农村创业的最好时机。

中国是一个制造业大国，正在力争成为制造业强国。《中国制造2025》的出台，勾画了中国未来一个时期制造业发展的重点领域，为创业者指明了方向。现在，我们的一些制造业企业移师海外，一是为了开拓海外市场，二是为了充分利用海外人才和各种资源。这种产业转移，将进一步加快中国制造业转型升级的步伐，为新的创业者进入提供更大空间。

中共十八大以来，为了营造创业环境，国家一方面开放了很多民营资本禁入的领域，改审批制为注册备案制；另一方面正在加快"负面清单"制度改革的进程，"非禁即可"将成为我们选择产业的底线。

（1）国家明令禁止的领域，是创业者不能触碰的红线。比如涉黄赌毒领域，虽然有暴利，但触犯了国家的法律，是坚决不能触碰的，连"擦边球"也不能打。

（2）国家限制的领域。如高能耗、有污染的行业，虽然尚未禁止，我们也应当尽可能回避这些领域。环保是关系到子孙后代的大事，随着社会经济的发展，我们在环保方面的要求会越来越严格，这种产业的生存和发展条件将越来越差。当然，如果我们能在这些产业节能降耗和防治污染方面取得重大突破，或许会成为一个很有前途的产业。因为这些产业往往是一个国家的基础性产业。

（3）坚决不碰国家"负面清单"上的产业，审慎或规避国家限制的产业，果断进入国家重点扶植的产业，尤其是现在技术条件已经成熟，商业模式已经成型的领域，利用自己的创新，建立新的利润模式，你就有可能成为这个行业的佼佼者。

雷军把"找到一个市场前景广阔的行业"作为他第二次创业的领域，他选择手机制造业，他认定智能手机有着无限广阔的市场前景（比如今后还可能成为智能家居的总按钮），马云把"让天下没有难做的生意"作为其创业的方向，从他们身上会发现，找准一个大的方向，对取得大的成功有着多么重要的意义。

创业者首先必须"入对行"，这决定了创业的格局。我们一再提及国家的产业政策，不仅仅是为了获得国家政策的支持，更重要的是借"国家眼光"来判断一个产业的发展前景。因为国家在制定产业规划和产业政策时，能集中国家在这方面的精英级人才，对产业的发展条件和前景作出科学的判断，并且，国家还将倾力支持它确立的重点行业和领域。只要方向正确，我们的努力就能得到回报。我们为什么不伴随自己的政府去做自己喜欢的事呢（创业）？

就业政策

中国经济进入新常态，政府更加关注的是就业而不是 GDP，出台了许多鼓励就业的政策。创业本来就是促进就业的行为，如果能充分利用国家的就业政策，创业者将得到意想不到的好处。

大学毕业生就业是党和政府十分关注的一件大事。现在全国每年有六七百万个大学毕业生，他们经过专业学习和高等教育，是中国经济发展的未来。如果我们不能解决好他们的就业，不仅是对高等教育资源的浪费，对中国未来经济的发展也会留下隐患。但企业领导人在吸收大学毕业生时都会面临一个共同的问题，这些以独生子女为主体的大学毕业生，在扩大招生的背景下，知识掌握得并不过硬（有些大学毕业生的基本能力较差），对工作却挑三拣四，已经完全不具备他们父辈那种吃苦耐劳的精神。他们是网络时代的宠儿，缺乏纪律约束。但我们也应当看出，与他们的父辈相比，他们的知识面更广，接受新知识的能力更强，并且更具有成功的潜质（对成功的渴望更加强烈）。

所以，企业在招聘这些大学毕业生后，应当让他们到企业的基层去锻炼，让他们尽快熟悉企业各个方面的工作，然后根据他们的特长和志向，放他们到各个岗位去实习、再学习。或者鼓励他们自己创业，和他们建立"外包"关系，帮助他们在创业中实现就业。这样既可以给他们更多的自由，在这种合作中，还可以选拔一批优秀毕业生进入自己的公司。

政府有专门的政策支持企业吸收残疾人就业。当残疾人占到企业职工一定比例后，政府将在税收方面给予支持。有一些行业是比较适合残疾人就业的。他们由于先天或后天造成的一些缺陷，一旦上岗获得应有的尊重，他们比健康人更加专注，有时劳动效率会更高，产品质量会更好。一些有条件的企业应当尽可能多吸收一些残疾人就业，这不是做公益，而是对人权的尊重，也能使你的事业得到国家政策的支持而更好地发展。湖南株洲市黄程保健按摩院的老板是一个盲人，招收了大量的盲人从事保健按摩，得到了地方政府在税收方面的支持，同时，由于盲人按摩专业性很强，很受市民欢迎，事业发展得也很好，在株洲开了好几家店。

40后、50后失业人员的再就业，也是政府十分关心的事情，出台了一系列的政策，鼓励企业吸收这部分人再就业（甚至政府还会为这些人员买岗位）。40后、50后失业人员存在知识过时、劳动技能差、家庭负担重等方面的问题，但这批人往往能吃苦，懂得感恩。如果企业领导人能以心换心，往往能得到他们最好的工作成果。"海底捞"就吸引了一大批这样的失业人员作为服务员，由于张勇给了他们比较好的工资和福利、社会保险等待遇，得到了他们的真心回报，创造了金牌的海底捞服务范式，赢得了大量的回头客。

现在很多行业都出现了劳动力紧缺的问题，一些企业、行业几乎招不到年轻劳动力。比如保洁公司、家政服务公司、园林绿化公司、市政维护公司，还有服务领域的招工也越来越困难，不妨把眼光投到这些人身上，加上国家政策支持，对他们稍加培训，或许你就能得到最优秀的劳动力。

在城市化进程中，大批农村人口转城，失地农村劳动力就业问题十分突出。株洲高新区根据园区企业的需要，由劳动人事局委托当地的职业技术教育学院对他们进行岗位培训，考试合格的推荐上岗。作为入园企业通过委托政府培训劳动力，既解决政府就业难的问题，也可以为企业节约培训费用，获得政府在其他一些政策上的支持。这样的好事，何乐而不为呢？

从企业而言，就业就是利用国家和社会培养的劳动力做自己的事业，劳动力使用上还能得到政府的特别支持，这就是企业的额外福利了。所以，研究国家就业政策，对创业者是很有好处的。

当然，我们更要看到，劳动力就业的各项法律制度越来越健全了，作为企业领导人，必须熟悉《劳动法》和有关用工政策，比如：合同管理、"五险一金"政策、劳动保护制度、劳动工时制度、休假和加班规定等，这些法律和制度，是我们做好企业员工管理的基础。

创业政策

中共十八大以来，提出了几百项关于经济体制改革和法治建设的任务。这些政策的实施和目标的达成，无疑会使中国经济政治形势为之一变，一个市场经济国家，一个法治国家将呈现在全国人民面前。市场经济和法治正是创业者最需要的平台和环境。

2014 年 7 月，国家人社部等九个部委，出台了关于支持大学生创业的六大措施。

（1）普及创业教育。积极开发开设创新创业类课程，并纳入学分管理；不断丰富创业教育形式，开展灵活多样的创业实践活动。

（2）加强创业培训。以有创业愿望的大学生为重点，编制专项培训计划，安排培训资源，使每一个有创业愿望和培训需求的大学生都有机会获得创业培训。对参训大学生按规定给予培训补贴。

（3）提供工商登记和银行开户便利。依照有关法律法规规定拓宽企业出资方式，放宽住所（经营场所）登记条件，推行电子营业执照和全程电子化登记管理。减免行政事业性收费，对符合条件的创业大学生，按规定减免登记类和证照类等有关行政事业性收费。银行业金融机构进一步改进金融服务，为创业大学生办理企业开户手续提供便利和优惠。

（4）提供多渠道资金支持。实施小额担保贷款，在符合规定前提下，简化反担保手续，落实银行贷款和财政贴息，重点支持吸纳大学生较多的初创企业。

（5）提供创业经营场所支持。建设大学生创业园、留学人员创业园和创业孵化基地，为创业大学生提供创业经营场所。将创业实训、创业孵化、创业辅导相结合，创新孵化方式，完善孵化功能，提高创业孵化成功率。对创业大学生按规定给予经营场所租金补贴。

（6）加强创业公共服务。构建覆盖院校、园区、社会的创业公共服务体系。帮助符合条件的创业大学生获得相应的税费减免、资金补贴等政策扶持。搭建青年创业者交流平台，为创业投资机构、天使投资人等选择投资对象提供机会。为创业大学生提供档案保管、人事代理、职称评定、社保代理等服务。

2015年6月11日又出台了《国务院关于大力推进大众创业，万众创新若干政策措施的意见》，提出了九个方面30条政策措施，要求各地区、各部门要进一步统一思想认识，结合本地区、本部门实际明确任务分工、落实工作责任，主动作为、敢于担当，积极研究解决新问题，及时总结推广经验做法，推动各项政策措施落实到位，不断拓展大众创业、万众创新的空间。

近年来，我们明显地感受到：

（1）创办企业的条件更加放宽，手续更加简便。凡属"负面清单"上没有规定的行业都可以进入，实施工商营业执照、组织机构代码证、税务登记证"三证合一"、"一照一码"、"先照后证"、一址多照，10 万元可以注册为有限责任公司，注册资金可以分步到位，专利权和专有技术可以占注册资本金的 40%，一站式办公等，降低了创业门槛。

（2）融资更加方便。政府和金融机构联合起来给创业者提供资金上的支持。大学毕业生创业可以获得 5 万~20 万元的低息贷款。银行最高可以按照实际运营资金 70% 的比例发放创业贷款，贷款人可以专利权和农村住房、承包土地进行抵押。

2015 年 7 月，国务院印发《关于积极推进"互联网＋"行动的指导意见》，提出了 11 个具体行动，包括"互联网＋"普惠金融，探索推进互联网金融云服务平台建设，鼓励金融机构利用互联网拓宽服务覆盖面，拓展互联网金融服务创新的深度和广度。

近几年，一些民营贷款机构和互联网金融发展很快，5 家民营银行正式获得牌照，网贷公司和网络银行兴起。国家和地方政府都致力于征信系统的建设，一旦取得成功，将从根本上破解中小企业贷款难的问题。阿里小贷利用阿里巴巴所获得的大数据，使电商的贷款申请在几个小时内就能得到回复，符合条件即可以拿到钱。

（3）政府支持的力度更大。如果从事政府支持的一些项目，创业者还可以得到政府在财政和税收上的支持。大学毕业生从事个体经营 2~3 年内可以免税费。最近国务院出台进一步优惠小微企业税收的政策，年应税额在 30 万元以内的企业免所得税，月收入在 3 万元以内的部分免增值税。第三产业的"营改增"，有利于第三产业内部分工和专业化的发展。

3 借力发力

雷军讲，站在十二级台风的口上，猪都能飞起来。创业者要使自己创业顺利，一定要站对口。创业的风口在哪里？在互联网＋，在政府营造的创业氛围中，在政府的各项改革和政策措施中。

政府采购

美国军方在 20 世纪五六十年代对计算机设备的采购，推动了计算机技术的发展和互联网的形成。最近奥巴马政府又在推出精准医疗计划，推动政府对医疗保健设备、可穿戴设备的采购，可以预测，这将给美国经济带来又一次飞跃。

改革开放以来，中国政府也在逐渐规范政府采购行为。20 世纪 90 年代对电脑的集中采购，21 世纪对小汽车的采购，数字和智慧城市的建设，推动了相关产业的发展。以政府为主导的铁路、公路、机场、码头和城市基础设施建设，推动了我国工程机械产业的快速发展。湖南的三一重工和中联重科就是最大的受益者。

可见，无论是美国还是中国，无论是市场经济成熟国家还是新兴经济体，政府采购对国民经济的发展都具有强大的推动力，甚至可以直接引导科技和经济的发展方向。

政府的采购将更加透明。国家出台了《政府采购法》，财政部出台了政府采购实施细则，各级政府都在网上公布政府采购目录，采购过程也将严格按照招投标程序进行。

政府采购的范围将更加广泛。除了办公用品、交通工具的采购外，政府所需要的各种设备设施、各项工程、各项商品，甚至劳务服务都进入采购之列。为一些新型产业的发展提供了机会。

政府机关大楼的物业管理工作，原先由政府机关的勤杂工人负责，现在交给专业公司打理，不仅减轻了政府的人员负担，而且管理水平有了明显的提高。城市道路的保洁，市政设施的维护，园林绿化都开始交给社会的专业公司承包。即使政府对一些社会职责的履行，也可以通过购买专业服务的方式进行。比如委托一些专业机构，对鳏寡孤独者进行救助。一些社会公益类项目，也列入政府采购之列，比如法制宣传和科技宣传活动的开展，也可以由专业公司布置。甚至政府还会向一些民营公司购买一些岗位，以解决"零就业家庭"劳动力就业和残疾人就业问题。

马云创立阿里巴巴基本上就是在网络世界做了本该由政府做的事情。现在很多地方政府都在谋求和淘宝网·中国特色馆合作，以推动本地特色产品进入更大的市场。帮助地方政府把它的各项服务功能由现实世界引入虚拟世界，也是互联网＋时代创业的一个重要内容。

一旦获得政府采购，就将为你打开一个稳定的市场。

PPP

现在社会各界都在热议 PPP——社会资本与公共部门合作项目，中央和地方政府密集推出了几万个 PPP 项目，并且出台了 PPP 项目实施细则和指导意见。但据有关报道，民营资本参与 PPP 项目的并不很多，尚只有 10% 左右的项目有社会资本进入。这有些出乎人的意料。

其实我们对 PPP 项目并不陌生，20 世纪八九十年代就做过，那个时候是以 BOT、BT 的名义做的，很多项目做得很成功。BOT 是指建设—经营—移交，比如高速公路项目，给投资人一定期限的收费权，期满，由政府收回。BT 是指建设—移交，比如办公楼项目，投资建设完成后移交给政府，政府按投资协定，分期支付建设款，或者一次性付清款项，俗称"交钥匙工程"。现在我们讲的 PPP，实际上就是把这两种方式结合起来做，项目有回报的，通过政府特许经营，给投资人回报；回报不足的，运用政府资源进行补充调剂；或者由政府用其他资源（包括资金）进行弥补。

PPP 项目的核心就是把政府的公共资源和社会资本结合起来做。这些项目往往有比较强的公共性质，具有投资规模大、周期长、投资效益不确定等特点。政府单独做，存在效率低、筹资难等问题；社会资本单独做，难以展开并承担风险。政府密集出台 PPP 项目，实际上既希望通过加大政府投资来推动经济持续增长，同时，也希望以此拉动民间投资，增强经济发展后劲。一般人认为，这些 PPP 项目没有创业者什么事，其实不然。现在政府推出的 PPP 项目，很多是过去民营经济所不熟悉的行业，甚至是他们不敢碰的项目，现在项目参与率低，除了项目出台密集外，与民营企业家因多种原因不敢碰也有关系。

表面上看，PPP 项目需要大量资金，实际上 PPP 项目有强大的政府背书和利益上的保证，要获得融资并不是难事。

实施 PPP 项目的关键在什么地方？关键就在于项目商业模式的设计，虽然它本身并不一定是商业项目，但在政府背书、私人资本的参与下，即使是一个纯公益项目，也可以（并且必须）做成一个商业项目。知道以往的高速公路项目是怎么运作的吗？果真是通过 20 年、30 年的收费权来收回投资吗？错了！投资人会通过项目工程来赚钱，而投资的回收，早就通过将收费权抵押给银行套现出来了（或者通过股市募集资本的方式套现）。

作为创业者要介入 PPP 项目，就必须找对项目，进行精心的商业设计。现在的 PPP 项目启动率低，创业者如果能提出新的解决思路（主要是商业模式的设计），未必就没有机会。同时，创业者还可找投资人获得资本金支持。通过投资人的帮助，获得银行的支持。如果你的创业一开始就能获得一个这样的项目，那么，你的起步就比他人高出了一大截。

当然，创业者有足够的人脉关系（不是腐败的关系），还可以以你的商业设计和投资者合作，组成一个独立的项目公司（任何 PPP 项目都是一个独立的项目公司），一方面借社会资本的力量，另一方面借政府的力量，同时还可以借众筹的力量，借金融的力量，实现你的创业梦想。

PPP 的合作方式有多种。作为创业者，你不太可能以投资者的身份出现，但你可以以设计者、营运者、操作者的身份出现，关键之处在于商业模式和合作模式的设计，因为你没有足够的资本，所以注定你必须花费更多的智慧来弥补这个缺陷。你之所以能赢得 PPP 项目，一是因为你的智慧，二是因为你的大胆。

混　　改

中国国有制企业的改革经历了承包制、租赁制、股份制和中小企业的私有化改革这样一个过程，特别是在国家"抓大放小"战略指导下，县及县以下的工业企业、中小企业基本退出了国有控股的范畴。经过几十年的改革和重组，国有企业的实力不仅没有削减，而且还有所壮大。数量减少了，但企业的实力增强了，国有企业由过去普遍亏损发展为普遍赢利的状态。特别是经过股份制改革，这些中央和省级控股企业的规模都得到了比较大的扩张，一些国有企业在国家大规模的基础设施建设中得到了空前的发展。比如：石油、电力、通信、能源、铁路、航空、航运、金融，即使在一些竞争性领域，比如：房地产、食品、制造业，国有控股公司都有不俗的表现。

客观上讲，国企能得到较好的发展，有的是凭借其垄断地位，有的则是凭借其特殊的政府背景，它获得了土地、矿产资源、金融资产和地方政府政策等方面的特殊支持，当然，也与企业自身的改革和发展是分不开的。

中共十八大以来，把国企改革的重点放在"混改"上。其实"混改"并不是一个新鲜词，股份制改革就是"混改"。但这次国家把对国有企业的控制由过去控制其资产转到现在重点控制其资本上来。也就是说国家作为国有企业的控股方，将采取更加灵活的方式，减持和增持现有企业的股份，退出或进入一些企业，国家不谋求对个别企业的控股，而着重于国有资本的保值增值。借助民营资本的力量推动现有国企改革，实现国有企业真正独立运行。

"混改"意味着将有一大批国有企业的国有股所占比例下调，民营资本的代表将进入董事会，参与一些国企决策，甚至有些国有控股公司将转换身份，国家退出控股地位，完全交给民营资本来控股操盘。同时，也意味着国家将放弃一些大企业的非主营业务。比如，石油公司对加油站的控制力度将下降，对与加油站并肩而立的超市、餐厅将采取更加灵活的经营方式。

对于大国企的"混改"，创业者几乎没有任何涉足的机会，除非你就是"富二代"。但对大企业剥离出来的一些非主营业务，则有可能成为创业者借力的平台。

比如大国企经营的一些服务类小企业，一方面是为方便企业生产经营和员工的生活，另一方面也是为了给员工子弟增加一些就业机会，俗称劳服企业。这些企业已经剥离过几次，比如我们在前面所提到的株洲联城集团，前身就是株洲电力机车厂的劳服企业。但每次剥离后，又会新建一些新的劳服企业，尤其是与主机配套的一些辅助类生产车间，这些都有可能在这一轮的深化改革中再次剥离出来，这些都可以作为创业者开始的地方。

在一个大企业附近，总是会形成一个中小企业圈。这些中小企业干什么，就是为大企业提供各种服务。生活类服务，如餐饮、住宿、文化、娱乐等；生产类服务，如配件加工、维修服务、原材料供应和产品经销等。这些企业从何而来？一方面是从外面聚拢，它们发现了商机，主动和大企业对接；另一方面则是从大企业分离，通过私有化或股份化演变而来。

创业者如果对国企比较熟悉（比如是国企员工子弟），又能聚集自己的一些资源（比如技术、人脉、资金等），积极参与国企的这种改革，寻找合适的机会发力，一定能取得较好的成绩。

国企改革曾经是一些资本大鳄的盛宴，但经历了这一轮的反贪风暴后，希望国企改革能为创业者提供一个新平台。国企深化改革的目的不在于吸收资金，而在于搞活机制。创业者朝气蓬勃，又熟悉互联网技术和资源，他们的介入一定会给国企的改革注入新的活力。

▲建议

读完本章，建议你用 300 ~ 500 字，为自己的创业项目搜索一下有关政策，形成项目的政策支持体系。并根据项目特点，选择合适的创业平台，借力政府，达成目标。

第10章　创业者

　　不管我们讲多少理论和技巧，创业者才是创业成功最重要的因素。作为一名成功的创业者，除了应具备一定的专业知识外，更重要的是在他的身上一定要有一种特殊的气质和精神。

1
激情迸发

2007 年下半年，我离开株洲高科集团，临行前，公司员工给我开了一个欢送会，背景 8 个大字：激情似火，园区如画。我一直认为，作为企业管理者可以心如止水，但创业者必须激情迸发。正是因为这种激情，使他敢于挑战未知的领域，敢于承担失败的风险，敢于取得辉煌的成就。2002 年，我接手株洲高科集团，公司奄奄一息，园区一穷二白，我和我的同事靠的就是满腔热血、一股激情，"点燃科技火种，缔造产业乐园"，彻底改变了公司和园区的面貌。所以，我把激情当作是创业者最重要的素质。

创　　新

创：从无到有，缔造，开创。有过这种功绩的帝王，死后会以"祖"为其谥号。如：刘邦——汉高祖，李渊——唐高祖，玄烨——清太祖。康熙虽然不是清王朝的开国皇帝，但其一生的事业仍是开创性事业，仍以"祖"为其谥号。创业也是做前所未有的事业，不管你的企业有多大，都是以前不存在的，所以，你同样是做一件开创性的事业。

创新是要求改变，不管是产品、技术，是企业组织、市场营销还是管理模式，都可以改变。在网络时代，即使我们拷贝别人的模式，也应当作一些改变，因为你的环境、条件和别人的并不完全一样。试想，如果马云只是模仿雅虎，哪里会有今天的阿里巴巴。如果雷军只会模仿乔布斯，哪怕他再有钱也烧不出一个中国式的苹果来。因为这根本就不是钱的事。

创业者的激情从哪里来？从他敏感的认知来。他看到了别人的成功，他心向往之。他看到了机会，立即实践之。

王宁是郑州大学 2008 届的大学毕业生。有一次去香港看女朋友，逛街时，去了一家名叫"LOG—ON"的专卖店。女朋友告诉他，这是香港年轻男女最喜欢的店，顾客可以像逛超市一样选择"潮品"。王宁第一次听到"潮品"这个词，既新鲜又兴奋。所谓"潮品"并没有明确的定义，但总少不了"一线品牌，最新潮流，独特创意"等关键词。回到北京后，他决定自己做潮品店。

2010 年 10 月，王宁开了自己第一家潮品店，取了个另类的店名叫"Pop Mart"，音译名为"泡泡玛特"，直译就是"流行的集市"。他依托大型 Shopping Mail，并且弥补了大型购物中心能买到各种知名品牌的新潮服装，但却很难买到"小而美"创意潮品或配饰，所以，"泡泡玛特"一开张，就吸引了大量的潮男潮女前来光顾。一年后，王宁和他的团队就获得了 100 多万美元的天使投资，到 2014 年，他就在北京开了 10 家分店，并且成为欧美、中国香港地区、日韩等地许多知名潮品的代理商。

2012 年 11 月，"泡泡玛特"开始创立自己的动漫品牌——以熊猫为主体——"Pop Panda"，2013 年 1 月，"泡泡玛特"推出自己的潮流服饰品牌"Skull Fancy"，其饰品品牌"This is it"，以新锐、超脱、大胆等明快之美为宗旨，一上市即成为热销产品。目前，"泡泡玛特"自有品牌已经占到 40%。

2014 年 5 月，"泡泡玛特"估值过亿元，获得香港金鹰商贸集团数千万元的投资。Pop Mart 脱胎于"LOG—ON"，但又不是它的简单复制。创新成为王宁创业成功的重要原因。

专注是成功的前提。创业者一旦决定做某一个行业，就应当集中精力去关注这个行业，即使你的规模还很小，也应当关注这个行业的动态。王宁正是这样，才会在那么短的时间内就和国际的潮品品牌建立代理关系。专注是指不为其他行业所动。雷军的七字诀中有"专注"和"极致"四个字，只有专注才有可能把自己的产品做到极致。尤其是创业者，资金和精力都有限，一定要专注自己的事业，心无旁骛地干下去，把产品和服务做到极致，你就一定能取得成功。所谓"功到自然成"。

亦步亦趋地跟在别人后面，你也可能取得成功，但你永远也不能超越别人。创业者如果只是为了一份收入，现在社会能获得这种收入的地方多的是，只要你具备一定的条件（比如学历、能力），你的收入就会可观（可能比创业者的初期还要好很多）。如果你抱着这样的心思创业，我建议你还是不要跨入创业者的行列。创业者就是为了开创一份属于自己的事业，这份事业会随着自己的理想（野心）一起成长。心有多大，事业才能有多大。要做大事业，就必须有超越别人的创新，就必须敢于改变一切现成的东西。

世界一切都在改变，唯一不变的也只有改变。改变我们所看到的、所认知的、所尝试到的一切东西。雷军改变了手机的传统销售渠道，发起了一场对手机渠道商的革命。马云改变了传统商业的实体店模式，改变了商业的经营方式、场地和范围。张勇改变了服务员的心态，他创立了一种新的饭店服务模式。

因为专注，所以我们力求改变。专注才会使我们发现问题，发现机会，发现可以改变的地方和方法。要实现改变，首先就必须去掉我们的惰性，保持我们创业的激情。唯有激情，才会使我们专注对象，改变对象。专注和改变正是创新的原动力，也正是我们成功的捷径。

宣　传

在很长的时间内，中共中央组织体系中，宣传部长的位置都高于组织部长。一些爱好党史的朋友问我这是为什么？其实，你只要想一想，中共召开一大时，全国只有 50 多名党员，经过 28 年的奋斗，竟然夺得了全国政权，成为世界上最大的政党（没有之一），你就会明白其中的道理。陈独秀、李大钊、毛泽东、李达、蔡和森、何叔衡……这一批中共早期党员，哪一个不是激情迸发、血脉贲张的宣传鼓动家（他们很多人都有一个共同的职业：老师）。正是他们孜孜不倦的宣传鼓动（演讲和著作），吸引着一批又一批的热血青年成为共产主义的真实信徒。正是中国共产党的宣传发动，才使一个 50 多人的小党成长为有 8000 多万党员的大党，并长期执掌中国政权。

其实创业也是如此。你要做一番开创性的事业，就必须动员一批追随者和你一起奋斗。所以，作为创业者，必须有良好的表达能力，无论是用语言还是文字，你能说服你的合伙人和你一起奋斗，能说服你的合作者和你一起奋斗，说服消费者接受你的产品和服务。一个成功的创业者，一定是一个激情四射的宣传者、一个充满魅力的鼓动家，甚至还要有明星般的表演天赋。

马云，一个英语老师，既不是高富帅，也不是网络精英，但他总是凭着他天才般的演说，团结他的追随者一起奋斗。从最初的英语翻译社，到企业黄页，再到后来的阿里巴巴，他们从杭州到京城，再从京城到杭州，17 个人紧紧跟随他，靠的是什么？马云没有钱，没有显赫的家庭背景，没有出众的长相。但他有理想，有抱负，并且他能把他的理想和抱负向他的朋友描绘出来，让他们为他着迷，甘愿和他一起奋斗，甘愿一起受人白眼，并坚信一定能取得成功。

成功的宣传鼓动家不是忽悠。首先他必须说服自己，在说服他人之前，已经被自己的理想征服，所以，才会产生无与伦比的激情。

2012 年，蒲易创立 Roseonly（诺誓），引进全球顶级厄瓜多尔玫瑰，搭配顶级的设计、包装和物流服务，提出"一生只送一个人"的口号，以近 1000 元一枝的价格出售。业内认为这是疯子的行为，但蒲易坚信自己能够成功，并组建自己的团队，不到两年的时间就把 Roseonly 的年销售收入做到了一亿多元，Roseonly 顾客一年内的重复购买率达到40%（他的目标是70%）。

他之所以敢于这样做，就在于他发现了全国的礼品市场有上万亿元的规模，其中鲜花市场有 1200 多亿元，珠宝首饰有 4000 多亿元，两者相加有 5000 多亿元，Roseonly 专注为 1% 的人群服务，也有 50 多亿元的规模，只要找准切入点，就能引爆这个市场。于是，他提出"信者得爱，爱是唯一"的观念，并提出"一生只送一个人"，很多年轻的女性一下子就成了 Roseonly 的粉丝。

Roseonly 网站浏览者 80% 是年轻女性，而购买者 80% 以上的是男性，于是蒲易又针对女性推出了一个子品牌——Love Roseonly（爱诺誓），她们可以送给自己的闺蜜、父母、朋友和亲人。

显然，只有相信爱、相信爱情不会死亡的人才能创办出这样的事业。蒲易创办 Roseonly 时，正准备和自己的女朋友走入婚姻殿堂，他相信爱情不会死亡。正是这样一种信念，使他相信世界上会有很多人和他一样相信爱情，一生一世只为一个人送玫瑰。

坚定的信念，热情的品质，外向的性格，良好的表达，正是成为一个宣传家的基本条件。创业者几乎白手起家，除了信念、理想和热情外，一无所有。但他的热情宣传和鼓动，一定会感染身边的人，感染消费者，正是凭借这种力量，创业者可以从无到有，从小到大，从弱到强地开创出自己的事业来。

行　　动

2014 年，沃尔玛以近 5000 亿美元的营业额居世界财富 500 强的榜首，而亚马逊同期的营业额还不到它的 1/6，在榜单上排 112 位。在全球电商来势汹涌的今天，沃尔玛之所以能取得如此成绩，受益于它的创始人山姆·沃尔顿的信条：快速行动和不断试错。在电商咄咄逼人的攻势下，沃尔玛并没有一味采取守势，它利用自己在全球业已形成的实体店网络，开展网络零售。到 2013 年，沃尔玛的网上销售额就超过了亚马逊。即使是网上销售业务，沃尔玛也是第一。而中国的零售实体店节节败退。零售店百强占社会商品零售总额的比例由 2009 年的 11% 下降到 2013 年的 8.6%，与此同时，中国却以 7000 亿美元的规模成为全球最大的网络零售市场，这一网络零售总额占社会商品零售总额的 10%。阿里巴巴和京东几家电商的网络零售总额，就可以与中国连锁百强的零售总额抗衡了。

中国便利店的翘楚——好邻居，之所以能发展到今天的规模就在于快速行动，不断试错。它先后与 9 家电商合作，合作的方式有：为电商跑腿——合作的企业有京东、当当、亚马逊、拉手、百度糯米；将客流量变现——合作的企业有大麦网；便民金融——合作的企业有拉卡拉，与银行合作社区金融服务；移动支付——合作的企业有微信支付、支付宝。在这些合作中，有成功，有失败。比如与京东的合作就已经停止了，原因就在于好邻居达不到京东的要求。但也正是在不断试错、不断调整过程中，好邻居正在探索网络时代的便利店发展的新模式。

快捷行动，不断试错，快速迭代，这是网络时代成功的经验之谈。雷军的七字诀中，真正起作用的是一个字：快！他并没有使他的 MIUI 尽善尽美后才投放市场，也没有等小米饭煮熟后才请消费者入席，如果这样，他也许就错过了时机：华为尚没有在智能手机上取得突破，苹果手机已经引爆了中国的消费市场，但没有足够的产品满足市场。用户对 MIUI 和小米手机并不完全满意，没关系，在用户的牢骚尚未形成统一意见时，小米的新一代手机就出现在用户面前，前一代的毛病没有了，或许又出现了新毛病，不要紧，还可以改，迅速改，迅速迭代，甚至一周就会出现一个新品种。密集的新品，密集的迭代，你还有机会反抗吗？

实践是检验真理的唯一标准，只有在行动中才能发现你的想法是否存在问题。如果你想成为一名真正的创业者，想好的事就立即去做，即使你的想法尚不完美，在行动中也随时可以改变。

创业者要有容错的胸怀，要有纠错的勇气。一个人如果不能容许错误和失败，那么他一辈子都不可能取得真正的成功。人非圣贤，孰能无过。即使圣贤如孔夫子、孟子，也有犯错的时候；否则，他们怎么有时也会"急急如丧家犬"一样呢？创办企业，我们面对的是一个未知的世界，你不要以为通过市场调查，通过大数据就真正掌握了未来，人心不可测度，只要市场是由生产者、消费者构成，市场就不可能真正被你完全掌握。所以，你只有不断试错，才能发现市场的"痛点"。

有容错的胸怀，才会有犯错和纠错的勇气。犯错是一种勇气，你不去犯一下，又怎能知道错了呢？你连错在什么地方都不知道，你又如何纠正错误呢？所以，试错比纠错更重要。

行动起来，到实践中去，在实践中去检验你的想法。千元玫瑰有没有人买，"一生只爱一个人"有没有市场，你不去试一下，怎么知道。但是试错必须能够纠错，你必须能够知道自己错在什么地方，然后果断纠正错误。蒲易发现 Roseonly 网站的浏览者 80% 以上的是女性，而购买者 80% 是男性，这使他感到流失了一个较大的顾客群体，于是他果断推出"诺誓"的子品牌"爱诺誓"，专为女性设计，价格更便宜，使用更广泛。

2 尊重规则

激情不等于疯狂，试错不等于鲁莽。尤其是在市场经济日渐成熟、法治规则日渐完备的今天，创业者要成功，还必须养成法治精神和尊重规则的习惯。

公司章程和《公司法》

什么是公司章程，公司章程就是公司的"根本大法"，是对公司组织和行为的总体规范。如果你要注册一家公司，无论是有限责任公司还是股份有限公司，都必须提交由全体股东签字的《公司章程》

作为备案。

当然，一般的做法就是找咨询机构代拟一个公司章程，或者从网上下载一个公司章程范本，做些修改就行了。这样做，不会影响你注册，但你今后可能根本就不会按公司章程办。

我见过很多这样的民办企业，因为注册时就是夫妻、父母、兄弟为股东（多数就是夫妻俩为股东），注册时提交的公司章程就是网上下载的（或抄的），所以，整个公司就像是稍大一点的个体摊位在运转。比较普遍的行为就是自己在公司不拿工资，但自己甚至家里的任何开支都会从公司支付，公司需要资金周转时，就直接从家里拿钱过来。把自己的个人行为和公司行为混同起来。

《公司法》的立法宗旨就是把公司当成一个独立的法人，无论是投资人还是管理者都必须尊重公司的法人主体地位。作为法人应当享有的权利和必须承担的义务，在《公司法》中都有明确的规定。

（1）必须尊重公司的财产权。注册资金一旦到位，任何人都不能随意从公司抽走，也不能随便向公司注入资金。在公司存续期间，个人要从公司提取资金，只有这样几个合法途径：一是个人的工资和奖金；二是为公司业务开支的差旅费、接待费；三是投资人按规定的分红，借款本息；四是向公司提供产品或服务所得到的价格。作为创业者，必须尊重公司的财产权，即使公司就是你一个人创办的（比如夫妻股东），也必须按照《公司法》的规定来处理公司财产，无论你是向公司追加投资还是从公司提取资金，都必须依照《公司法》的规定办理，在财务上作明确的记载。

（2）必须尊重公司的法律地位。当个人行为和公司行为发生交集时，必须尊重公司的法律地位，依法进行营运。即使是投资人也不例外。比如必须通过股东会议、董事会作出决定，才能调整公司的经营方向和一些重大决策。这种独立的法律地位，在国有公司和私人家族公司中，往往都得不到应有的尊重，给企业的经营造成很大的困难。

（3）尊重公司的合法行为。公司是依法缔结的法人组织。这个法人组织一旦成立，就具有法律上的独立性，它将依法作出自己的行为。与其他法人组织（包括政府机构、公司和其他组织）、自然人之间发生关系，都必须依法依程序作出才有效。公司行为造成的后果，同样必须由公司来承担，很多后果会直接落到公司法人代表身上。公司的非法经营或行贿所构成的犯罪行为，同样会产生法律后果，无论是投资人还是管理者，因自己的行为造成公司偏离法律轨道而产生的后果，都是要承担法律责任的。

作为创业者，要创办一家公司，如同培养一个儿子，既要关心他的成长，又要尊重他的权利和地位，中国式的溺爱终究会害人害己。公司的成长需要我们爱护，公司的地位同样要受到尊重。公司自成立开始就有了独立的法人地位。作为创业者，一开始就应当熟悉《公司法》，理解《公司法》的立法精神，依照《公司法》的规定起草公司章程，并让公司章程在公司营运中起着"根本大法"的作用。

公司准则和《合同法》

人，一来到世界，他的行为就会在血缘、伦理、道德和法律的框架内慢慢养成，并对社会关系产生一定的影响。公司作为一个独立的法人，它的行为也会对社会关系产生影响，所以，公司行为同样要尊重社会规范和法律规定。

当然，公司作为一个依法设立的法人组织，它和自然人的行为有着很大的差别，自然人在社会生活中产生的血缘关系、伦理关系、道德关系几乎无处不在、无时不存，它们对自然人的约束远多于来自法律的约束。

作为独立法人的公司，对其行为的约束主要来自法律，特别是我国推行"负面清单"管理制度，法律可能成为约束企业的唯一行为规范。比如诚信问题，对自然人而言，主要是道德问题，当然如果引起了严重的后果，也可能会引起法律问题，但对企业而言，这主要是一个法律方面的问题。企业的不诚信，无论大小，都应当承担法律后果。比如虚假宣传，以次充好等。

对公司行为约束得比较广泛的《合同法》，是调节公司与组织之间、公司与自然人之间行为的法律规范。作为创业者熟悉《合同法》，能减少公司行为的盲目性，增加公司行为的合法性。《合同法》对公司行为准则作了法律上的规范，并且对公司签订的所有合同作了原则上的规定，对 8 类合同还作了细则规定，除了《合同法》，《劳动法》、《知识产权保护法》、《消费者权益保护法》、《反不正当竞争法》、《反垄断法》等，只不过是这种合同行为的进一步延伸。

公司签订合同，必须遵守下列原则：

（1）诚实守信原则。合同签订的任何一方都不能有欺骗行为，一旦存在欺骗，合同即告无效，造成损失，欺骗方负有赔偿责任，造成法律后果，追究欺骗方法律责任。

（2）平等自愿原则。不论签订合同各方有多大的差别，但在合同行为中的法律地位是完全平等的，任何一方都不能把自己的意志强加给另外一方，双方意愿的表达必须得到充分的尊重。合同中的各个条款不能显失公平，不能签霸王合同。如果合同显失公平，即使双方均已签字，也可以经法律宣告无效。所以，中国国企（比如电信、邮政、航运、电力等）的一些格式合同一直受到消费者和法律界人士的诟病。

（3）合法原则。各方签订的合同内容，必须符合国家法律规定。如果合同内容违法，不仅合同无效，而且还要追究签订合同各方的法律责任。比如开设地下赌场、毒品买卖、人体器官地下交易、使用童工等，都是法律明令禁止的。

（4）责任落实原则。合同一旦签订，签订各方都有落实合同条款的义务和责任。如果有违约行为，违约方必须支付违约金，即使没有造成实际损失，也必须支付给守约方。如果造成损失，违约方还必须赔偿损失。合同一旦签订，就会造成后果，签约各方都必须谨慎从事，并且在公司管理中，为合同的成立设定条件和程序，以保证合同行为的安全可靠。

订立合同行为有多种。在法律上，我们提倡签订书面合同，但在现实经济生活中，非书面合同大量存在。

（1）口头合同。比如双方在自由市场上的一个买卖行为。顾客从摊主手中买走一把蔬菜，价格、品质、数量均当面确定并成交。如果顾客回去以后发现蔬菜内部变质甚至食用后引起中毒，摊主同样要负法律责任。当然，这种口头合同最困难的就是举证，双方要承认有过这样的行为，或经过第三方的证明。

（2）电报、短信、录音合同，尤其是后两种情况越来越多。法律规定，经过鉴定的信息、录音同样可以作为法律证据，当然也可以视为双方签订的合同行为。所以，我们在日常经济生活中要注意保留这样的合同，尤其是在网络商业活动中，买卖双方的聊天记录都可以作为合同构成的要件。

（3）要约、响应合同。日常生活中，一方向不特定人发出要约，得到响应，合同即告成立。比如出租车空驶被路人拦下，路人如果愿意按规定付费且在出租车服务的范围之内，出租车就不能拒载，必须履行承诺，提供服务。比如电影票一旦售出，电影院就对观众负有义务，必须按约定的时间上映，哪怕只有一名观众；否则，电影院就要承担法律责任。

（4）书面合同。在日常经济生活中是一件郑重其事的行为，一般事情比较重要，或者不能即时完成双方约定的行为，双方在签约之前可能要经过多轮谈判。

无论签订什么合同，签约者都不要忽视细节。企业管理者应当要求公司的法律顾问或专门的法律机构把关。

公司权利和《知识产权保护法》

知识产权越来越受到人们的重视，尤其是近 10 年来，中国企业申请专利的数字已经跃居世界前列，这主要是因为中国企业从知识产权保护中得到了越来越多的好处。华为之所以能成功地打入欧洲市场，靠的就是它高性价比的产品。它的通信产品性能不亚于欧美产品，但其价格只有它们的40%～60%，从而赢得了欧洲客户的青睐。华为之所以能开出这样低的价格，就在于它有自己独创的技术体系支撑。

《中国制造2025》把创立品牌作为振兴中国制造的重要目标。品牌正是制造业产业链的最高端，没有自己的品牌，你的整个制造业都只能处于给别人打工的位置，很多中国制造的商品，一旦贴上外国商标，立即身价百倍，这样的事例不胜枚举。经济学家郎咸宁最早提出价值链问题，并且毫不客气地指出中国制造业处于价值链最低端这一事实，这种状况至今并没有根本的改变。一些在国内还有些价值的品牌一走出国门就不行，为什么？一是因为品牌的影响力非常有限，二是因为支撑这个品牌的设计、专有技术并没有真正建立起来。

比如中国的李宁、安踏在国内运动服饰中还是有些地位的，但与耐克、阿迪达斯相比，无论是品牌还是品质都存在很大的差距。小米手机为什么到印度后被"一剑封喉"，就是它涉嫌使用了诺基亚的技术。可以说中国制造业在过去几十年中之所以得到快速发展，很大程度上就是受益于"山寨"的成功，但"山寨"模式只能存在于国内，到国外就必然遇到法律上的麻烦。尤其是一些欧美国家，知识产权的法律保护在他们那里已经有四五百年的历史了，早已是深入人心，所以，只要涉嫌知识产权侵权，就必然受到封杀。

尊重他人的知识产权，必须做好自己的知识产权保护。商标权、著作权、专利权、专有技术、商誉，这些都是企业的知识产权。现在我国在这方面的立法也已经完备，最近又设立了专门的知识产权法院，专门受理知识产权方面的纠纷。显然，这一改革措施会促进知识产权在中国法律地位的提高。

现在高校有一种很不好的风气，就是论文抄袭，这使自己的毕业生缺乏对他人著作权的应有尊重。著作权在互联网时代是一个很重要的知识产权，尤其是 IT 企业，它的产品就是软件，就是编码，很容易被人破译，如果没有相应的法律保护，就容易被人侵权。

中国目前市场上容易造成侵权的，一是软件，二是药品，这两个方面被欧美国家非议很多。有人曾对美国制药行业作过统计：开发一种新药平均需要花费 14.9 年的时间和 5 亿美元。在这 5 亿美元的研发费用中，又有 40% 也就是 2 亿美元是在进入临床试验阶段之前就要投入的。在进入临床试验阶段的药品又只有 18% 能获得最终批准。也就是说，前期投入的 2 亿美元大多数都打了水漂，可见开发一个新药的难度。而要复制一种药品则很简单，现在的仪器设备要剖析一个药品的成分只是举手之间的事情。如果没有专利法予以保护，谁还会投入巨资进行新药研究？又怎能有医药上的进步？专利技术和垄断是两回事，前者受法律保护，后者则受法律追究。近几年来，我们加大了对垄断打击的力度，同时我们还要加大打击侵犯专利行为的力度，使中国的"山寨"无所遁形。

作为互联网＋时代的创业者，尊重知识产权是其基本素质之一。一个品牌、一个专利、一个著作权，将构成我们今后财富的主要内容。什么是创业，创业就是创新，因为只有建立在创新基础上的创业才能脱颖而出。要使创新成为全民的行为，使创新能长期坚持下去，没有相应的法律保护，没有养成尊重知识产权的良好习惯，行吗？尊重他人，也就是尊重自己。

同时，企业要学会运用《保密条款》和《同业禁止》等合同条款来约束自己的员工和竞争对手的行为，以保护自己的权利不受侵害。

公司义务和《劳动法》、《消费者权益保护法》、《税法》

人一来到这个世界就有一定的责任，对家庭、对社会、对国家都要承担一定的义务，企业也是如此。作为企业管理者固然要向自己的股东负责，也必须把对员工、对消费者、对国家应尽的义务摆在同等重要的位置。

有三部重要的法律界定了企业在这些方面应尽的义务。

《劳动法》规定了对劳动者的全面保护，出台时几乎遭到了所有企业的抵制。近几年来，由于"劳动力红利"逐渐消失，"劳动力荒"成为一些制造业和服务业发展的障碍。企业不得不从《劳动法》中寻找出路。张勇的"海底捞"之所以能打造出特色服务来争取回头客，就在于他的员工得到了较好的待遇。有多好的待遇呢？员工的"五险一金"全部到位，员工的工资不低于平均工资水平（服务行业的工资是偏低的），员工的住宿得到保障，对员工的家庭生活（比如子女上学）也比较关心，除了后一条外，其余各条都在《劳动法》中有明确规定，都是企业对员工应尽的义务，张勇只不过是遵守了《劳动法》的有关规定，他的"海底捞"竟然因此一举成名。

有什么样的员工就会有什么样的企业。中国的消费者总是对中国式的服务不满意，其实根本的原因就在于为你服务的员工得到的是最低工资，是平均劳动工资以下的工资。中国的制造业一直处于较低水平，甚至连马桶盖也要到日本去"抢"，其背后是中国第一线的工人所得到的工资往往是最低的。在同样的劳动时间内，中国工人的工资是发达国家工人工资的 1/8 ~ 1/5，这样低的工资水平，没有给你制造出只有人家 1/5 质量水平的产品就已经是很不错的了。

工资是做什么用的？工资是劳动者生产和再生产的条件。发达国家一个劳动力的工资收入往往可以养活一家老小，它们真正做到了劳动力生产和再生产。中国的工资能做什么，除了能养活劳动者本人外，所剩无几。三口之家，需要有两个人工作，才能过上体面的生活。低工资水平，自然只能提供低素质的劳动者。创业者要打造极致产品，要提供极致服务，就必须给工人"极致"工资，《劳动法》教给你，也就是你必须做到的。如果等到法律追究你的行为了，证明你的企业基本上是不成功的。因为你连员工的工资都付不起，连自己的员工都保护不了，你拿什么去与别人竞争呢？

我们高喊"顾客是上帝"，不如把《消费者权益保护法》落到实处。消费者需要什么权？简而言之就是知情权，也就是说他要知道这个产品的价格、性能、质量、配套服务是不是真如你所说的那样。其实做生意，做的就是诚信，中国传统商界流行的一句话就是"童叟无欺"，什么是欺？就是骗，就是巧取豪夺，这是商业中的大忌讳。的确，中国的商业诚信存在着很大的问题，不仅是小商小贩有问题，就是一些知名企业的诚信也存在问题。过去，物资紧缺，厂商支配消费者，现在开始进入物质丰裕时代，消费者懂得了货比三家，不诚信的商业行为在社会上越来越失去市场。

企业应当如何落实《消费者权益保护法》，两个字就够了——诚信！不要那么多的口号，只要把你产品和服务的真相告诉消费者就行了。也许有人担心，告诉了真相就赚不到钱了。其实在商业社会中，企业赚取合理的利润是天经地义的事情，如果你的产品紧俏，多赚一点也没有关系。美国的好市多、沃尔玛以诚信立店，消费者到那里购物只要看货物是不是自己需要的就行了，消费者知道，他们只赚一点点，不必货比三家的！

有些企业把实业报国、社会责任喊得震天响，背后却干些偷税逃税的勾当。企业对国家尽什么义务——依法纳税。当然我们可以合理避税，这是个什么"理"？这个理也是国家的法律，比如国家对高新技术产业特别优惠，可以减半征收所得税。你的企业获批了高新技术企业，你就可以得到这样的待遇。再比如，《税法》规定，租金和银行贷款利息是可以在所得税前扣除，这部分利润就可以不缴纳所得税。国务院为促进小微企业发展，规定年应税额在 30 万元以下的可以不交所得税。

作为创业者应该了解《税法》，了解企业对国家应尽的义务，在此基础上为企业设计一个合法的纳税模式。你可以少捐点款，少做点公益，少谈些实业报国的道理，但你必须依法交税，这才是你对国家应尽的义务。

3 工匠精神

很多人都想做百年企业，但真正能做到百年以上的企业并不多。在中国，最为人称道的同仁堂，已经有340多年的历史，它的成功经验就是"炮制虽繁必不敢省人工，品味虽贵必不敢减物力"。企业首先就是做产品、做服务，把产品和服务做到精致、做到"货真价实"是企业生存的基础。所以，企业的经营者必须有匠人精神，把自己的产品和服务都做到极致。

学习能力

你要成为一个好的匠人，首先就在于你的学习能力。手工时期的匠人跟师傅学习，一学就是3年，不仅学师傅的技艺，而且还要学师傅的为人。即使是那些站柜台看似简单的活，没有几年工夫也是出不了师的。

作为创业者，却是很少有师傅指导的，基本上是靠自学。学什么？如何学？

（1）向同行学习。有人讲，同行是冤家，同行是竞争对手。为什么要学习同行呢？各个行业都会有些不同，创业者入行，模仿同行的佼佼者是比较容易上道的。雷军说他做手机学同仁堂的货真价实，学海底捞的服务，学好市多的低价。故意不提同行的标杆企业，如苹果公司。这正是他会说话的本事。谁都知道，做智能手机如果真是忽视了苹果，一定是不能取得成功的。因为至今仍无人能撼动它的地位。雷军口头不说学习苹果，但事实上他死盯着苹果不放。他为什么要做极致产品，这是乔布斯教会他的，做不出极致产品就没有市场。

小米没有那么多的原创技术，只能用顶级的材料和顶级的加工把产品做精致，然后把价格降下去，降至苹果的 1/3～1/2，如果他把价格订到和苹果一样，谁还会买他的产品？所以，他不能不宣布硬件不赚钱。这也是他学习苹果，另辟蹊径趟出来的一条道路。

作为创业者，根据自己的情况和目标，在业内选择一个标杆企业，以它为榜样，开始自己的创业，能比较容易找到自己的方向。当然，识别标杆企业也不是一件容易的事，这需要你的眼光，与以前找一个好师傅差不多。找错了师傅，可能误导你一辈子；找错了标杆企业，也可能会误导你的创业。所以，学习标杆企业一定是学习它的长处，不能亦步亦趋，如果能像雷军一样，真正做到取长补短，可能会缩短你取得成功的时间。

如果你从事制造业，你就把制造业中产品做得最好的企业找出来，作为你的标杆企业，即使你的产品当下还不能超过它，但你也一定要学习它、模仿它、赶上它，就像雷军学习苹果一样。然后在这样的基础上把价格降下来，甚至宣布这款产品不赚钱。因为你没有创新，你也想像苹果一样赚钱，连门都没有，找一个新路径赚钱（比如软件），以此形成自己的优势。当时的 360 就是这样学习和超过金山的，雷军也用这一手从苹果那里分得了很大的一块市场。模仿标杆企业做出同样精致的产品，通过互联网跨界经营建立新的商业模式。

商业是直接面对消费者的。消费者最关心什么？最关心价格和服务。在同等服务条件下，你把价格降下来；在同等价格条件下，你把服务提上去。前者如 7 天连锁酒店，后者如海底捞。如果你从事这个行业，想一想你能做些什么，把自己能做的做到最好，然后在本行业找个标杆企业比较一下，确立自己的位置和优势。

学习不只是模仿，如果只是模仿，你永远也长不大，永远成不了行业第一。学习是把别人的长处或别人的看家本领学到手，然后，找到人家的不足，形成自己的特点，只有这样，才能超越人家。

（2）向书本学习。企业家很累，创业者更累。但不管有多累，每天都要安排一点时间读书。这里讲读书，不是看报纸杂志，更不是看手机信息，虽然那也是一种学习。读书还是要读经典，读纸质的书。读经典的目的是为了使自己的心灵受益，读纸质的书是为了方便你思考——能在书上标出重点，并随手写下自己的感受，能随时回头看自己读过的部分。

当然，如果能隔段时间到学校去进修一下会更好一些。长江商学院、中欧商学院、北大和清华的商学院，都很受企业家的欢迎。到学校读书有三大好处：一是远离浮躁，让自己静一静，好好思考一下过去的得失。二是有师长帮助，通过交流能大为受益，旁观者清，何况老师和同学都可能是这方面的高人。三是能系统学习，就能使你系统地思考。学而不思则罔。学习碎片化，思考也就是点滴，这对一个企业领导人来讲是比较危险的。因为企业管理往往是牵一发而动全身，自以为是的一个好点子，可能不仅不会给企业带来预想的好效果，而且还可能造成新的隐患。

（3）向自己的同事学习，不管他们是你的合伙人还是你的员工。作为创业者，一定要发现他们的长处和自己的不足。用他人的长处来弥补自己的不足，既是一种工作方法，也是一种学习方法。

怎么学，就是多听他们的意见。与他们多沟通，真心实意地向他们请教。有一个技巧，就是你在征求意见时，切忌把自己的想法先说出来，那样会妨碍他人的独立思考。因为你毕竟是老板，你的意见会影响他人的思维。

每个人都有自己的长处，每个人都值得我们学习，孔子讲，三人行，必有我师。

无论向谁学习，都必须保持自己的独立思考。作为企业领导人每天至少应当有一两个小时的时间来思考一些问题。早晨起床时想一想一天的工作安排，晚上睡觉前想一想一天工作的得失，并把这些思考用笔记下来，每隔一段时间回头看一看，整理一下，就会发现自己的成熟与进步。

细节决定成败

福建人黄华坤做沙发做了30年。他的"左右沙发"把坐垫和靠背的角度设计成103度，是他的"沙发坐感小组"坐了上万次找出来的角度，他们认为这样的角度能让人的脊柱与沙发弧度完全吻合，符合人体最佳坐姿，有效化解人体压力。过去很少有人去研究人体坐姿，进而去研究沙发的角度，所以，很多沙发看起来漂亮，但坐起来感觉不舒服。左右沙发提出"坐的关怀，座的艺术"的理念，提出这种关怀就是要让人感到幸福，人坐在沙发上有一种被"包"起来的感觉——一种被人用手捧着的感觉，一种来自父母呵护的感觉。

2012年，黄华坤推出"健康沙发"概念，增加了4个智能DIY功能：智能伸缩功能，满足消费者各种坐姿舒适的要求；智能捶打按摩功能，就像家里有一位私人专属的按摩专家；智能温控功能，让沙发冬暖夏凉，促进血液循环；智能音乐功能，带给消费者不一样的视听体验。

10年前社会上流行一本书叫《细节决定成败》，书中列举了许多这样的事例，因为一个细节上的问题导致功败垂成。作为创业者要取得成功，在方向确定下来后，细节确实可以决定一个人的成败。

互联网时期，无论是讲产品还是讲服务，都喜欢用极致二字作为目标。极致如何形成，就在于细节。汽车的功能差不多，但汽车价格之间的差别又是何其大，比较一下名车和一般汽车的差别，我们就会发现主要就体现在细节上。我们看一个机械产品，只要看看它的光洁度和接口处的细节处理，就可以判断它的质量了。一个注重细节的企业，它的产品质量再差也不会差到哪里去。

海底捞和其他火锅店有什么不同，就在于从客人进店的第一时间开始，一直到客人离开店的这一段时间内，他们提供的服务会考虑到每一个细节，入情入理，入脑入心，无微不至。

把细节做完美的前提就是要用心去做事。把你的心思全部放到企业上，你就会发现企业管理中一些细节上的问题。比如，你进厂门时，保安是不是尽责；走在厂区，地面是不是干净整洁；走进车间，车间秩序是不是整齐划一……如果不是，你就要问一下为什么？如何改？日本人发明了 QC——全面质量管理，他们发现影响产品品质不是某一个环节的问题，而是与全部的生产管理有关系，所以，他们突出全面二字。全面就是指所有的环节都严格按照操作规程来做，比如一个螺丝在安装前要用干抹布擦三遍，就不能只擦两遍。成本控制也是全面控制，不能停留在某一个环节。比如洗手间的水龙头是否关紧？车间的跑冒滴漏的问题是否存在？

细节出自关心。因为你关爱她，你才会想她所想，才会关注她的衣着、言行，甚至每一个眼神。一定要拿出谈恋爱的劲头来办企业，只有这样，你才会把你的心思全部用在企业上，才会注意企业管理中的每一个细节。

因为只有你注重细节了，你的设计师、工程师、会计师和你的所有员工才会注重细节。你和你的员工都注重细节了，极致产品、极致服务才会出自你的企业。有了这些，你还担心你不能获胜吗？你还担心你的创业不能成功吗？

精益求精

如果要用最精练的语言解释什么叫工匠精神，我选择用精益求精这个词来表达。

2014 年奥巴马到日本进行了 3 天的访问。第一餐就安排在一家街边小店吃日本寿司。这家寿司店的店面极小，只能容下 10 个人就餐，设在地下，无洗手间。区区小店竟然用来接待外国元首。原来小店大厨乃鼎鼎大名的米其林三星大厨小野二郎，他仅凭一种日本非常简单的手握寿司，连夺三届米其林大奖，可称得上世界奇人。

时年已经 85 岁的小野，进入寿司行业已经 70 余年，从来就没有休息过，即使在获得日本政府大奖的当天，也赶回去继续琢磨手握寿司，以致晚上常常梦见自己在手捏寿司。他认为，事情越简单，隐藏的学问越大。最大的学问就在于如何把简单的环节做到极致。小野虽然是店主，但寿司之事，总是亲力亲为。做寿司的食材——米、鱼、虾、章鱼，一定要选最好最新鲜的，用最好的部分。虾，一定要在客人进店前30分钟下锅，不能煮熟了放在冰箱里面。章鱼，使用前首先由店员用手揉搓45分钟，才能做到软中带韧，弹中略脆。他认为寿司的生命如同樱花，最佳味道只在转瞬之间。

寿司小店只有主厨定制的各种寿司，其最低消费高达3万日元（折合人民币约1800元），用餐时间也只有短短的15分钟，但食客仍是引颈企盼，以品尝过小野寿司为荣。

这就是工匠精神。守着小店终其一生，把自己的全部心血都放在如何制作最好的寿司上面。不求店面豪华，不求扩大规模，更不求全国全球连锁。远离时代的浮躁，把产品真正做到极致。

美国金伯利克拉克公司（KC），为了寻找旗下一款婴儿湿巾销量下降的原因，让志愿者佩戴装有摄像机的眼镜，记录用户在使用婴儿湿巾的全过程，发现用户在给婴儿换湿巾时总是手忙脚乱。于是，KC公司决定改良婴儿湿巾的包装，使妈妈们能单手操作，使旗下的婴儿湿巾销量持续上升。

无论是做产品还是做管理，最容易忽视的就是细节，最不能忽视的也是细节。往往在大的方面大家都做得很好，也看不出什么高低。无论是寿司还是湿巾，可能全世界都差不多，表面上看并不会有什么差别，但销量和影响力的差距为什么会那样大，有的供不应求，有的却无人问津。差在什么地方，就差在细节上。

中国古代也有不少这样的工匠，终其一生都只琢磨一个事情，传说中的木匠鲁班、修建河北赵州桥的石匠李春，就是这样的工匠。但在市场经济的大潮中，大家都在求扩张、求效益，很多人都忽视产品的品质，忽视生产和管理中的细节，导致我们的一些产品总是存在瑕疵，我们的一些企业也总是经不起风浪。主要的原因就在于我们太浮躁，太急于求成。

中国的市场很大，机会很多。作为创业者要专心致志做好一件事很不容易。稍稍取得些成功，就容易被各种机会牵引，企业稍有起色，就急于向全国扩张，所以，做什么事情都很难做到极致。太子奶公司本来在长株潭市场做活性乳酸菌奶饮料（每瓶有 180 亿乳酸菌），开始时也做得很不错，尤其是少年儿童，几乎每天一瓶（他们的口号是每天一瓶太子奶，天天补充乳酸菌）。由于乳酸菌只能在低温状态下存活，保质期只有 20 来天。后来，他们为了向全国市场扩张，放弃了活性乳酸菌饮料的生产，把产品做成常温产品，乳酸菌仅仅成了一个噱头。而日本的养乐多，坚持 70 年只做活性乳酸菌，在中国市场不动声色地开疆拓土，一点一点蚕食中国市场。中国本土企业很少有做得如此从容、如此淡定的。原因就在于，我们面对的诱惑太多，我们太浮躁。

现在我们进入网络时代，几乎使我们的创业者一开始就会面对一个无比巨大的市场。13 亿中国人啊，每人消费 1 元，就是 13 亿元；消费 10 元，就是 130 亿元；消费 100 元，就是 1300 亿元。任何一款产品做好了，都可以进入世界 500 强。何况网络已经把世界和我们都联系在一起了，我们面对的市场更大，诱惑更多了。

中国有一个全球最大潜力的市场，这既是工匠精神的大敌，也是工匠精神最有力的支撑。因为不论你做什么产品，专心致志地做好、做极致，就一定有市场，并且会有一个很大的市场。比如做活性乳酸菌饮料，你把产品做好了，把市场管理好了，把一个单品做到 100 亿元、1000 亿元又有何难？创业者一定要有耐心，做好每一件事，不要急于扩张，不要急于捕捉机会，做自己爱做能长做的事情。一点一点去积累，这在网络时代很不容易做到，但如果你这样做了，你的成功将无人可以替代。

4 保持初心

世界上有两种东西最令人着迷：一是权力，二是金钱。过去，人们为这两个东西拼个你死我活、血流成河。进入现代社会后，人们越来越倾向建立一种文明制度，来规范人们对这两种东西的角逐。前者不再依靠战争，而是民主；后者不再依靠掠夺，而是创业。

由于每个人的精力有限，生命有限，一个人同时在这两个方面取得成功的机会不会太多，过去可以，因为国家都可以是个人的，权力和财富从而可以夺得。但全国皇帝只有一个，而且还属于家族继承，你不用革命的方式几乎不可以达到这样的境地。所以，刘邦当上皇帝后，问其老父：我与老大挣得的家业谁大？

在现代社会（民主法治国家），你选择了权力，就只能在官场角逐打拼，越往上走越难，是一个真正的金字塔，你要在政坛上取得成功，除能力、品德、人脉外，还要看你的运气。如果你选择了财富，那么你就选择了创业，请你保持初心，你同样可以改变世界。

追求财富

过去的中国人羞于表达对财富的渴望和追求，这与中国的传统文化有关，"君子耻于言利"、"为富不仁"等观念深入骨髓，把财富和小人，把财富和不仁等同起来。市场经济为财富正了名，也教育了中国人对财富意义的认识。

财富有什么用？

财富可以改变你和你的家庭的生活。我们经常讲要报答父母的养育之恩，怎么报答？首先你得让他们老有所养、老有所依。如果我们赚到了足够的钱，就可以让他们不为衣食担忧、忙碌，可以让他们冬天到海南岛度假，夏天到丽江避暑，就可以让他们生病时看最好的医生，让他们在物质生活方面极尽完备。这才是孝顺父母。如果你大学毕业多年，还得依靠父母生活，成为"啃老族"中的一员，凭什么说你是孝子？如果你的父母到了正式退休的年纪还要为生活忙碌，你是不是应当反省一下自己。所以，你如果想做一个孝子，如果你想光宗耀祖，追求财富是一个不错的选择。

财富可以帮你实现爱心。当然，献爱心的方式很多，当志愿者做公益虽然难，但比向汶川地震灾区捐款 1 亿元容易多了，并且效果也是不可同日而语。你到养老院一年做 100 个义工（另外 200 个要为自己挣钱）有价值，还是你捐建一个养老院，聘请专业的护理员更有价值呢？其答案不言而喻。有个信佛的朋友对我说，你要做善事，也必须有能力，虽然佛不计较你的能力大小。但你的能力越强，你做的善事就可以是越多越大，佛自然是欢喜的。星云大师要传佛法，他找刘长乐（凤凰卫视总裁）好还是找人力车夫好，当然还是找刘长乐更好一些，因为只有刘长乐能把星云大师的声音，传遍全球。如何做更多的善事，财富可以帮你增强这方面的能力。

财富可以改变世界。有人讲：男人通过征服世界来征服女人，女人则通过征服男人来征服世界，过去很多历史人物就是这样实践的。改变世界是很多人的梦想，但在历史上能真正改变世界的人不会很多。过去我们特别看重的政治人物，其实是风流政治人物，真正改变了历史的并不很多。

政治家可以用他的纲领、策略改变世界，企业家则用他的产品和服务改变世界。很多年后，人们肯定会忘了"造城"的市长书记，但一定不会忘记阿里巴巴的马云、腾讯的马化腾和百度的李彦宏。万达王健林的商业广场、万科王石的城市花园、格力董明珠的空调、海尔张瑞敏的冰箱、联想柳传志的电脑、吉利李书福的汽车……不正是他们改变了我们的生活，改变了我们的世界吗？

　　财富可以使你青史留名。的确，中国历史上因财富留名的人并不多，但这是过去，因为历史是统治者写的，家族式的统治者只记录他们家族的历史。现在家族统治结束了，历史由人民来写，凡是对社会作出过杰出贡献的人物，人们都会记得他。同仁堂有 340 多年的历史，同仁堂的员工一定会记得同仁堂的创始人乐显扬，通用也有 100 多年的历史，通用公司的员工有谁不记得爱迪生？打造一个百年基业的企业，也可以留名百年；如果有千年的基业，同样可以留名千载。

　　2014 年，有权威杂志列举了影响世界的 70 个杰出人物，中国除了习近平、李克强入选外，还有马云、马化腾，也许 10 年、20 年后，这一期的政治人物将退出这个榜单（任期缘故），经济人物仍然可以留在这个榜单上（取决于他们个人的努力）。

　　所以，当你大学毕业后，你选择了自主创业的道路，那么，要恭喜你，你选对了。你成功的概率将远远超过你那些考上公务员的同学。有统计资料说，创业者的成功率只有 2%，但即使是这样，也远比从政成功的概率大得多。如果以当上省长、省委书记为成功的话，那么，这个概率大概不到万分之一。

　　如果你选择了财富这条路，你就一定要坚持下去，不要羡慕权贵们在舞台中央的风光，不要羡慕他们手中的公权力。和权力和谐相处，但绝不和权力交叉，保持和权力的距离。即使你已经取得了成功，权力向你抛出媚眼，你也不要欣喜若狂。保持初心，保持你对财富的渴望和追求，保持你创业时的那种单纯。记住，你的财富来自你对它的执着和追求，即使权力也可能给你带来新财富，但这不是你的初恋，权力因为羡慕你的财富才恋上你，你要保持警惕，最好的办法就是保持你对权力的距离，保持你对财富的单纯。

抱团创业

　　每一个成功的创业者都不是"独行侠"，而是一个团队。每一个团队要取得成功都不能孤立存在，必须和别的团队一起合作，即使竞争，也比孤立要好。认识到这些，你就必须永远都有一种"抱团创业"的精神。

建立自己的核心团队，你首先必须找对人，找到关键的人，成为你的核心团队成员。在很多时候，找对人比找对项目更重要。创业千头万绪，绝不是一个人能独立完成的事情，除非你就满足只做一个个体摊贩。所谓核心团队，是指有共同追求，能交心，在专业和性格上能互补的一群人，可能是三五人，也可能是一二十人，但再大的公司核心团队的成员也不能再多了。一旦人太多，相互交流就会有困难，就难以做到默契，难以做到水乳交融。所谓核心团队成员，是指不必依靠制度，而是依靠利益、依靠感情联系起来的一班人。他们心甘情愿地做你的配角，为你解决各个方面的问题。

核心团队的成员必须建立共同的利益机制，比如股份，不一定均等，但一定要有。因为你从事的是商业活动，商业活动是讲求利益的。对企业而言，最根本的利益就是股份。你一定要舍得股份，因为有股份，大家才会齐心把企业做好，才会服从企业的根本利益。

核心团队成员是相对稳定的，没有这种稳定性，企业就难以发展起来。但稳定并不等于凝固，发展到一定阶段，即使是核心团队也要补充新鲜血液，这是企业与时俱进的根本。况且企业达到一定规模后，经营管理的理念都要发生改变，成员如果不能改变观念，不管他是谁都得离开，否则就会成为企业成长的障碍。如果让他盘踞高位不退，就会造成企业发展的阻力。必须有人来代替他的位置。

其实，任何一个企业的创业过程中，即使是核心团队的成员也可能自行离去。马云在阿里巴巴上市后感叹：十几年来，聪明的人都离开了阿里巴巴，但留下来的人都发了财。颇有些调侃的味道，但也说出了实情。很多人有一种宁为鸡头不为凤尾的心态。往往自己在一个地方当助手久了，就会滋生出一种自己来扛大旗的想法。其实，当个凤尾，有何不好？企业做大了，每个成员都有独当一面的机会。如果你在创业团队中只是一个二传手，你会少了很多的风险和压力，当好二传手，实际上也是不错的选择。在很多的时候，在成功的企业当二传手施展才华的机会，比自己独树一帜的机会还要多一些，毕竟手上的资源要多得多。

所谓"团"也指整个公司团队。进入网络时代，你的员工和以前时代的员工不一样了。现在有两种倾向特别明显，一是越来越多的人希望自由选择上班时间，实行"弹性工作制度"。我刚到太子奶公司时，有个负责外联的员工希望工作时间能更有弹性一些，"你不必考核我是否每天都在上班，我保证完成你交给我的任务"。因为她的工作岗位就是外联，如果你把她的工作时间盯死在办公室，她的工作反倒是不好开展。所以，对于这样的员工，你大可只问结果，不问过程。很多时候，我们并不需要通过面对面地协商来保持工作协调，完全可以借助网络的力量来协调每个部门、每个人的工作。所以，建立弹性工作制是完全可能的。二是个人独立承包制。企业讲岗位责任制，就是每一个人都有自己的职责，如果这份职责能够独立，你就可以让它独立，采取个人（或小团队）承包的方式，让他在规定的时间完成就好。比如设计人员、策划人员、财务人员，甚至是产品经理、营销经理，他们的工作都有很强的独立性，可以由个人承包，也可以由小团队承包。可以让他们上班的时间更自由一些，甚至让他们接点私活也未尝不可。或者完成任务后，打打游戏，读读书都是可以的。

所以，这个团队你就不能抱在手里，而应当放宽一些，使其成员更自由一些，这样，他们的创造力和积极性可能会发挥得更好一些。

所谓"团"还应当包括你的外部合作伙伴在内。2006年以来，国内出现了很多众包网站，就是把原本属于企业内部的一些工作以网上招标的方式向社会发包，这样就可以把企业一些临时需要很多人手才能做好的工作，通过外包的方式来解决。实际上企业在成长过程中，要和许多外部机构建立长期的合作关系。房产公司和设计机构的合作、和销售公司的合作，生产企业和供应商、经销商的合作，品牌企业和加盟商的合作。合作的方式有多种。很多公司做到一定规模后，就会滋生出"肥水不流外人田"的想法，原来外包的事项，想拿回来自己做，自己赚自己的钱。

太子奶公司就做过这样的事。由于纸箱用量大，他们就成立一家纸箱厂，结果又没做好，自己需要的做不出来，做出来的东西又存在这样或那样的问题，外面的业务也没有接到，生产能力不能充分发挥作用，企业亏损，把自己搞得很狼狈。

原来吃"外卖"的公司，发现需要用餐的员工多了，觉得这个钱可以自己赚，于是就在内部办一个食堂，结果，几乎没有能把食堂做好的企业。原来依靠物流公司来搞运输，自己办个车队后，成本不降反升，因为车子闲置起来的时间太多，管理中的漏洞太多，这样的事情实在是太多了。

关键是建立利益分享机制。只做自己最擅长的事情，保持和外部企业的合作关系，和他们共同发展。

还有一种加盟的方式值得我们关注。即使电商发展很快，商业连锁也是一种趋势。连锁有两层意思：一是商业品牌建设。商业是和消费者直接打交道的行业，为了方便消费者的选择，增强对消费者的粘性，就有必要建立自己的品牌，建立统一的经营模式。二是采取独立加盟的方式而不是直营的方式。直营的主要问题就是经营管理权责不清，造成直营管理中的漏洞。加盟商有着自己独立的利益，品牌店只对其进行指导、培训、监督和检查，而经营管理上的具体工作全部由加盟店自己负责，并承担由此产生的一切后果。

如果你做的是品牌店，记住不要剥削加盟店，让加盟店赚到他们该赚的部分，甚至还要帮助他们赚更多的钱，就像杨陵江的 1919 一样。品牌店赚什么？赚流量，让"羊毛出在猪身上"；或者利用自己的议价能力，向上游企业赚更多的价差。比如：加盟店直接进货，由于它的销量有限，拿到的折扣不会太高，某种酒的价格为 50 元/瓶。

品牌店统一进货，由于需求量大，该价格就可能降到 45 元/瓶，那么你给加盟店的价格是多少，可以是 50 元，也可以更低一点，但绝对不断能高出 50 元；否则，加盟店就有意见了。

如果你做的是加盟店，把自己的店做好后，如果想要发展，你还可以多开几家店，因为你对这个品牌熟悉，并且建立了良好的人脉关系，为什么不利用这个品牌来扩张呢？中国的市场很大，你有的是发展机会，只要你觉得品牌店的利益分享机制是合理的就行了。

保持初心

国外有句话很是激动人心：一流人才去经商，二三流人才去从政。中国不一样，从古至今都是最聪明的人去从政，所谓"学而优则仕"，只有二三流的人才去经商。中国的官场比较复杂，不是聪明人根本就搞不好，而商场相对要单纯一些。比如事关个人成长的业绩考评，商场很清楚，那就是利润，你赚了钱就可以扩张，就可以干你想干的事（不违法就行）。但官场业绩你永远也看不懂，提拔了，你不知道什么地方做好了；没有提拔，也不知道什么地方没有做好。何况官场斗争历来就比职场斗争复杂百倍。

所以，如果你当初选择了创业，并且创业获得了成功，就不要再去想官场的事情，更不要在官场的诱惑下，走上官商勾结的道路，历来都没有好下场。曾经被中国商场奉为典范的胡雪岩，最后也就败在官商勾结上。不要以为你有几个钱买通一两个官员就能去呼风唤雨了，刘志军怎么样，徐才厚怎么样，周永康怎么样？他们都倒了，如果你与他们有关联，能不连累到你？何况，对官场而言，你永远也只是外人，他们需要的是你手中的钱，或者是为了个人的需要，或者是为了他们所谓的政绩。其实，没有他们你同样可以发展，甚至会发展得更好，你创业之初不就是这样走过来的吗？

李克强总理讲：升官发财，各行其道。过去我们可能做不到，因为政府控制了全部资源，离开政府，你可能一事无成。现在国家正在进一步完善市场经济体制和法治建设，虽然法治还不是十分健全，市场也还存在缺陷，但基本上可以做到有法可依了，你完全可以在法律的框架范围内，在市场经济制度的框架下独立发展。

离官场远一点，既是为了保证自己的安全，也是为了官场的洁净。虽然我们的官场还掌握着大量的经济资源，商业活动仍然无法完全摆脱政府，但保持距离，规范操作，是我们创业经商的"底线"。

俗话讲：在官言官，在商言商。在官场当然是为了提升，在商场则是为了赚钱，二者只能平行，各行其道，不能交叉。交叉了，就是我们的制度出了问题，就会造成两败俱伤的后果。

守住初心，守住我们创业时对财富的渴望，守住我们当初对自由创业的那份热爱，始终追求自己的事业。我非常赞同松下幸之助的那句名言：经营的最终目的不是利益，而只是将寄托在我们肩上的大众的希望通过数字表现出来，完成我们对社会的义务。企业的责任是把大众需要的东西，变得像自来水一样便宜。

后 记

　　2015 年 10 月 19 日晚 7 时的中央电视台新闻联播有三条重要新闻，为本书圆满收官提供了三个重要的素材。

　　一是习近平主席应大不列颠及爱尔兰联合王国女王伊丽莎白二世的邀请前往英国访问。伦敦和曼彻斯特街头充满了中国元素，英国工商界和民众期待习主席的到来，伦敦商学院（在全球排名第二）的学生正在上汉语语言课，大家齐声朗诵中国唐代诗人王之涣的《登鹳雀楼》："白日依山尽，黄河入海流；欲穷千里目，更上一层楼。"我们知道，英国是瓦特、史蒂文森、牛顿和达尔文的故乡，是世界上第一次工业革命的发源地，是现代创新创业的沃土。习主席的访问，无疑会开启中英关系的"黄金时代"，也一定会推动西方创新创业文化向东方的进一步传播。

二是李克强总理在北京出席"大众创业、万众创新"活动周开幕式。在展览馆内，他不仅关注小微企业和个人创新创业的成果，也关注知名大企业创新创业的成果。从 2015 年 3 月全国人大会上，李总理发出创新创业倡议，并号召大家站对互联网＋的风口以来，中国政府为厚植创新创业沃土，出台了一系列改革措施和政策激励办法。从城市到乡村，从大专院校到科研院所，从网络世界到现实世界，无论是何人在何地创新创业，无论是最终成功还是暂时失败，无一不受到国家的支持和鼓励，受到社会的宽容和褒扬。我们深深地感到：在中国，一个伟大的创新创业时代已经到来。

三是 2015 年前三季度 GDP 增长速度为 6.9%，在年初预计区间。中国经济增速正在由高速区间向中高速区间平稳过渡，继续领跑世界经济。中国经济和社会转型平稳推进，就业形势稳定，居民收入增长跑在 GDP 前面。过去我们一直期待的内需拉动经济增长模型正在悄然形成，服务业已成为中国经济增长的主要力量。美国以中国 1/4 的人口数量形成了世界上最强大的内需力量，中国内需将持续提升，由此形成的经济动力将超乎我们的想象。

世界开始聚焦中国的发展。毋庸置疑，我们生活在一个伟大的时代，我们期待每一个创业者都能站对时代的风口，站对互联网＋的风口。不论你是初次创业还是再次创业，但愿本书能为你梳理出一个正确的创业流程。

也许你会以为本书只谈创业，不谈创新，但请记住：真正的创业一定要以创新为基础，真正的创新也一定要以创业为归宿。期待继续关注我们的"创业起航"微信公众号：cyqihang123，让我们共同分享创业感悟。

在本书即将付梓之际，我衷心地感谢周武先生、张志强先生、袁军先生为本书的写作收集和提供了大量的资料，感谢何爱民先生、贺星先生、周刚先生、陈国华先生、李晋先生为此书的写作和出版提供了诸多便利的条件。还要感谢曹新良先生对此书的写作和出版提出了良好的建议和帮助。同时，感谢经济管理出版社及本书责任编辑张马先生，感谢他们对本书的赏识和为本书出版所做的细致的工作。

本书中引用了上百个案例，有的来自报刊文章，有的来自各类专著，请原谅我不能在此一一致谢，如果此书还有值得一读的地方，一定是大家共同的贡献。

最后，我要将本书献给我的父亲，他在 2009 年去世前于重病期间说的那句话一直萦绕在我的耳边：绝不等死！他这样说也是这样做的，我也要用这句话激励我自己——生命不息，学习不止，奋斗不止。

作者
2015 年 11 月